BLAUE
REIHE

Aus der BLAUEN REIHE empfehlen wir:

Innovationen bei sozialen Dienstleistungen (Band 2)
978-3-8029-5492-4

Kostenmanagement in Sozialunternehmen
978-3-8029-5469-6

Betriebswirtschaftslehre in Sozialunternehmen
978-3-8029-5471-9

Fundraising: Betriebswirtschaftliche und organisatorische Grundlagen für die Praxis sozialer Organisationen
978-3-8029-5488-7

Digitale Arbeitswelten von helfenden Berufen
978-3-8029-5490-0

Wir freuen uns über Ihr Interesse an diesem Buch. Gerne stellen wir Ihnen zusätzliche Informationen zu diesem Programmsegment zur Verfügung.

Bitte sprechen Sie uns an:

E-Mail: WALHALLA@WALHALLA.de
http://www.WALHALLA.de

Walhalla Fachverlag · Haus an der Eisernen Brücke · 93042 Regensburg
Telefon (0941) 56 84-0   Telefax (0941) 56 84-111

Paul Brandl · Thomas Prinz (Hrsg.)

INNOVATIONEN BEI SOZIALEN DIENSTLEISTUNGEN

Theoretische Ansätze für eine innovative Zukunft
Band 1

Bibliografische Information der Deutschen Nationalbibliothek

Die Deutsche Nationalbibliothek verzeichnet diese Publikation in der Deutschen National-bibliografie; detaillierte bibliografische Daten sind im Internet über http://dnb.dnb.de abrufbar.

Zitiervorschlag:

Brandl, P./Prinz, T. (2020): Innovationen bei sozialen Dienstleistungen (Band 1)

Walhalla Fachverlag, Regensburg

Herausgeber der BLAUEN REIHE sind:

- Prof. Dr. Paul Brandl, Fachhochschule Oberösterreich
- Prof. Dr. Astrid Herold-Majumdar, Hochschule für angewandte Wissenschaften München
- Prof. Dr. Thomas Prinz, Fachhochschule Oberösterreich
- Prof. Dr. Klaus Schellberg, Evangelische Hochschule Nürnberg
- Prof. Dr. Armin Schneider, Hochschule Koblenz

Weitere Infos zum Herausgeber-Team und zur BLAUEN REIHE finden Sie unter: www.fokus-sozialmanagement.de

Hinweis: Unsere Werke sind stets bemüht, Sie nach bestem Wissen zu informieren. Alle An-gaben in diesem Buch sind sorgfältig zusammengetragen und geprüft. Durch Neuerungen in der Gesetzgebung, Rechtsprechung, neue wissenschaftliche Erkenntnisse sowie durch den Zeitablauf ergeben sich zwangsläufig Änderungen. Bitte haben Sie deshalb Verständnis dafür, dass wir für die Vollständigkeit und Richtigkeit des Inhalts keine Haftung übernehmen.

Produktion: Walhalla Fachverlag, 93042 Regensburg
Umschlaggestaltung: grubergrafik, Augsburg
Printed in Germany
ISBN 978-3-8029-5491-7

SBL-SDK-0220-26733-POD

Inhaltsverzeichnis

www.WALHALLA.de

Abbildungsverzeichnis

1. Einleitung

Die Sozialwirtschaft benötigt weiterhin dringend Innovationsschübe, sowohl im theoretischen Kontext als auch in der praktischen Anwendung. Der Kostendruck, schwindende Budgets, aber auch veraltete Strukturen in manch sozialer Organisation haben inzwischen – verbunden mit einem zunehmenden Personalmangel – fast den letzten Tropfen aus der teilweise schon prozessoptimierten Leistungsfrucht gepresst. Noch weniger Interaktion mit betreuten Menschen ist bald nicht mehr sinnvoll machbar und stößt immer öfter an Qualitäts- und ethische Grenzen, in allen Branchen der Sozialwirtschaft. Doch wo ansetzen? Im gesamten System, bei den Ideen für die Zukunft, durch Hereinnahme der Digitalisierung, Probieren neuer Führungstechniken und zeitgemäßer Personalentwicklung – letztlich bei sozialer Innovation. Eine Exkursion mit Studierenden des Masterstudiengangs Gesundheits-, Sozial- und Public Management mit dem Titel „International Best Practice" bestärkte die Idee der Herausgeber, eine Publikation zum Themenbereich „Soziale Innovation" mit Beiträgen aus dem DACH-Bereich zu gestalten. Erleichtert wurde dies durch unsere Mitgliedschaft und Tätigkeit im Rahmen der Internationalen Arbeitsgemeinschaft für Sozialwirtschaft/ Sozialmanagement (INAS).

Es sollte ein Blick in die nähere Zukunft von sozialen Dienstleistern werden. Es ist ein Blick in die Glaskugel, der die Zukunft der Sozialwirtschaft mehr oder minder scharf darzustellen versucht. Wir wollen Führungskräfte, Lehrende und Student/innen auf die Reise in die nahe Zukunft sozialer Dienstleister mitnehmen und zum Mitmachen sowie zum Übertragen auf ihre eigenen Organisationen animieren. Führungskräfte sehen wir in der Figur des aktiven Werklmanns, der Innovationen anstoßen, fördern und umsetzen soll.

Lehrende sollen ihre Student/innen auf die nahe Zukunft in ihrem Berufsleben vorbereiten, indem sie eine theoretische Basis legen und praktische Beispiele für deren Umsetzung bieten. Student/innen sollen nicht nur im Sinne des Zuhörens in Vorlesungen und Kennenlernens im Rahmen von Exkursionen, sondern auch tunlichst in einer Art Simulation in Lehrveranstaltungen und Praktika verbunden mit Abschlussarbeiten an der Entwicklung der Zukunft der Sozialwirtschaft beteiligt sein. Schnell kamen wir unter Beschuss von Kolleg/innen aus anderen Hochschulen, die gleich am Beginn eine genaue Definition unseres Begriffs „Soziale Innovation" einforderten: „Geht es um soziale Innovationen oder um Innovationen bei sozialen Dienstleistern? Was ist genau eure Definition?" Wir gehen davon aus, dass wir nach einer jahrelangen Wachstumsphase der Sozialwirtschaft an einem Wendepunkt des Denkens hinsichtlich der Weiterentwicklung angelangt sind. Angesichts von begrenzten Ressourcen, Personalmangel und demografischen Entwicklungen gilt es, die Sozialwirtschaft als vierten Sektor in der Wirtschaft „Soziale Dienstleistungen" neu zu denken. Wir sind aufgebrochen, Beispiele und Beiträge zu suchen und zu finden, die

- zeigen, was als soziale Innovation im weiteren Sinne gesehen werden kann.

- neue theoretische Ansätze einfangen, die die Prozesse und Dienstleistungen der Sozialwirtschaft verändern (werden) – verbunden mit neuen Anforderungen und Möglichkeiten für die Arbeitnehmer/innen.

- praktische Beispiele im DACH-Bereich darstellen, die Ideen realisieren wollen – als eine Art „Blick über die Schulter".

- methodisch neue Wege beschreiten und dies auch sichtbar machen – im Sinne von „Tue Gutes und rede davon".

- zeigen, dass es viel zum Nachmachen und Übertragen in andere Organisationen gibt – ohne schlechtes Gewissen.

Die Auswahl der Artikel stellt nicht den Anspruch, „alles" abzudecken, sondern will eine Vielfalt an Gedanken darstellen, die uns in den letzten Jahren berührt haben. Wir haben uns vorgenommen, für Aufsichtsräte, Führungskräfte, Student/innen des Sozialmanagements und interessierte Mitarbeiter/nnen Anregungen zum Weitermachen und Übertragen zu präsentieren.

Der rote Faden der vorliegenden Publikation: Ein theoretischer und ein praktischer Teil, der sich am Prozessmanagement mit seinen Kern-, Unterstützungs- und Lenkungsprozessen ausrichtet und somit bereits eine Denkstruktur vorgibt, welche auf die Ebene der Sozialwirtschaft transponiert wurde. Das folgende Bild ist ein erster Schritt, die operativen und strategischen Zusammenhänge in der Sozialwirtschaft vor dem Hintergrund einer Prozesslandkarte zu skizzieren.

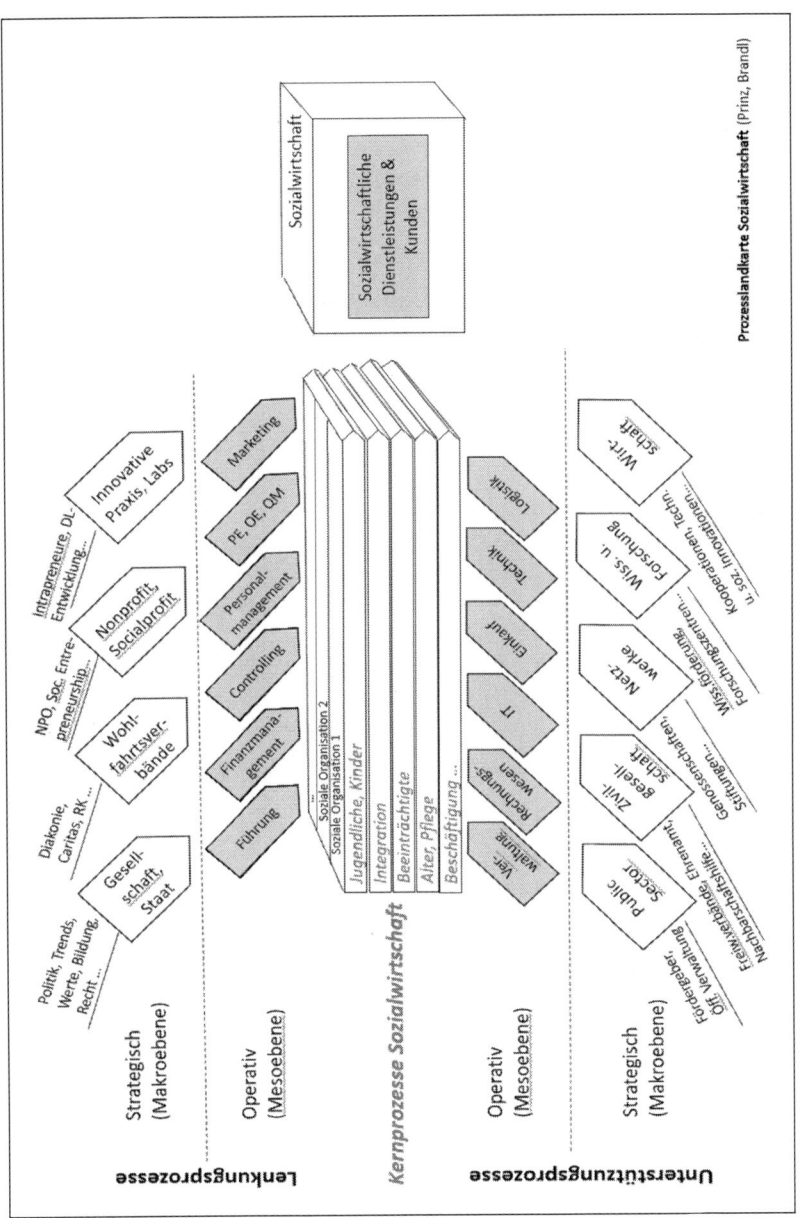

Abbildung 1: Prozesslandkarte der Sozialwirtschaft (Brandl/Prinz)

Die Prozesslandkarte der Sozialwirtschaft zeigt auf der lenkenden und unterstützenden Makroebene (strategische Dimension) jene Player im Kontext der sozialwirtschaftlichen, hier vorerst branchenstrukturierten Kernprozesse, die nicht unmittelbar operativ sozialwirtschaftliche Dienstleistungen erbringen, jedoch unabdingbar für die Ausgestaltung deren Rahmenbedingungen sind. Beispielsweise die Werthaltungen und Einstellungen innerhalb der Gesellschaft zu sozialen Dienstleistungen (Stichwort: Ethikkurse für Migrant/innen), die Vorgaben und Mittel der öffentlichen Hand (Staat), gesellschaftliche Trends und die Politik im Allgemeinen. Neben den Wohlfahrtsverbänden spielen im Kontext der Nonprofit-Organisationen und der innovativen Praxis Player wie Social Entre- und Intrapreneure, Social Innovationlabs und neue Methoden der sozialen Dienstleistungsentwicklung eine Rolle in der Prozesslandschaft der Sozialwirtschaft. Unterstützt werden die sozialwirtschaftlichen Kernprozesse aus der Makroperspektive von der öffentlichen Verwaltung (u. a. Prozessinnovationen im Förderbereich, Wirkungsorientierung, Datenangebot für Benchmark), Netzwerken, den Ergebnissen aus Wissenschaft und Forschung sowie von der Zivilgesellschaft und der Wirtschaft im Allgemeinen, z. B. durch Zurverfügungstellung von ehrenamtlichen Ressourcen oder Kooperationen. Blickt man von der Makroebene auf die Sozialwirtschaft und deren Dienstleistungsangebot, zeichnen sich hohe Entwicklungspotenziale für Soziale Innovationen ab.

Die Mesoebene im lenkenden und unterstützenden Bereich (operative Ebene) gibt die Elemente einer klassischen Prozesslandkarte wieder, wie Führung, Personalentwicklung (PE), Qualitätsmanagement (QM) etc. auf der einen und Verwaltung, Rechnungswesen etc. auf der anderen Seite. Diese Elemente sind organisations- und branchenspezifisch auszuarbeiten bzw. zu ergänzen, wie z. B. einem Alten- und Pflegeheim als operativen Unterstützungsprozess eine Wäscheversorgung hinzugefügt wird.

Die Prozesslandkarte der Sozialwirtschaft skizziert somit eine Grundstruktur prozessorientierten Denkens auf operativer und strategischer Ebene. Die Beiträge der Bände 1 und 2 können den Lenkungs-, Unterstützungs- und Kernprozessen zugeordnet werden.

Band 1 umfasst folgende Beiträge: Warum der Riese so schwer aufwacht, hinterfragt *Klaus Schellberg* bei der Beleuchtung der Innovationsbedingungen in der Sozialwirtschaft. *Matthias von Bergen* setzt sich in seinem Beitrag grundlegend mit Innovationen im Sozialbereich auseinander und geht in der Folge auf die föderale Schweiz als Labor ein. Einen Paradigmenwechsel im Management sozialer Organisation diskutiert *Irmtraud Ehrenmüller* unter dem Aspekt der neuen Effizienz. Die strategische Ausrichtung der Innovationen bei sozialen Dienstleistern beleuchtet *Paul Brandl* in seinem Beitrag. *Hendrik Epe* setzt sich mit der Thematik des New Work auseinander und gibt Orientierungshinweise für soziale Organisationen auf dem Weg dorthin. *Anne Parpan-Blaser* geht der Frage nach, welche Bedeutung (soziale) Innovation im Gefüge sozialer Versorgung hat. *Michael Garkisch macht* einen verbindenden Blick auf die zwei Welten: Virtual Reality und Soziale Arbeit. Den Fokus auf den Steuerungsprozess setzen folgende fünf Beiträge: Fusionen von sozialen Organisationen nach der „Berner Praxis" *(Daniel Iseli)*, Das Sozialkaufhaus als sozialökonomischer Betrieb *(Julia Kitzberger)*, Hybride Dienstleistungsmodelle für das Leben im Alter daheim *(Michael Vilain/Matthias Heuberger)*, Entwicklung eines Geschäftsmodells für die Tagesbetreuung von Senior/innen *(Michaela Kührer)*, Das multifunktionelle Altenheim *(Paul Brandl/Angelika Krallinger)*.

Band 2 liefert weitere Beispiele zu den Lenkungs-, Kern- und Unterstützungsprozessen und gibt einen Einblick in die innovative Praxis der Sozialwirtschaft in der DACH-Region.

Als Beispiele für Lenkungsprozesse finden sich: Smart Metering: Innovative häusliche Monitoring und Alarmierungssysteme in Technik-Service-Verbünden *(Michael Vilain/Matthias Heuberger)*, Soziale Innovationen im INTRA Lab Darmstadt *(Tobias Gebauer/Rhea Seehaus)*, Technische Unterstützungssysteme in Pflege- und Gesundheitseinrichtungen am Beispiel des Seniorenzentrum Breipohls Hof in Bielefeld *(Ulrich Johnigk/Melissa Henne)*, Sektorenübergreifende Dienstleistungserstellung. Ein Pilotmodell zur Sicherstellung des „Best point of medical and social service" im Gesundheits- und Sozialbereich *(Victoria Grabner/Irmtraud Ehrenmüller)*, Integration von digitalen Netzwerken, ehrenamtlichem Engagement und Dienstleistungen zu innovativen Formen der Leistungserbringung *(Matthias Heuberger/Michail Vilain)*, Solidarische Landwirtschaft als Arbeits- und Förderstätte für Menschen mit psychischen Erkrankungen *(Anja Plöchl)*, Mit Reifegraden mehr Effizienz ermöglichen *(Paul Brandl)*.

Beispiele für Kernprozesse: Das Pilotprojekt Subjektfinanzierung in der Behindertenpolitik des Kanton Berns *(Martin Wild-Näf)*, Personenzentrierte Leistungen im Sozialraum – Einführung und Evaluation eines Projekts im Bereich der Wohnhilfe in Bern *(Roger Pfiffner/*

Manuela Grieb), Das Prozessmanual zur dialogisch-systemischen Kindeswohlabklärung. Innovation in und mit der Praxis des Kindesschutzes in der Schweiz *(Brigitte Müller/Stefan Schnurr)*, Das Büro Leichte Sprache Basel – Ein Beispiel für Innovation in der Schweiz *(Cornelia Kabus)*, Das Recovery-Konzept der Invalidenversicherungsstelle Graubünden *(Thomas Pfiffner)*.

Die innovativen Beispiele für Unterstützungsprozesse kommen aus Österreich: Mit der Neuverblisterung zu mehr Effizienz in der (mobilen) Altenbetreuung und -pflege *(Christian Baumgartner/Paul Brandl)* und die Digitalisierte Wäscheversorgung *(Marlene Harringer-Michlmayr)*.

Wir danken:

- den Autor/innen für die Bereitschaft, ihre Gedanken zu verschriftlichen.

- dem Verlag in den Personen von Barbara Bayer und Melanie Krieger, die auch in schwierigen Phasen der Manuskriptproduktion an uns glaubten, uns mental unterstützten und das Manuskript in kurzer Zeit in Buchform brachten – ein sich wiederholendes Qualitätsmerkmal für den Walhalla Fachverlag.

- der FH Oberösterreich in der Person von Prof. Dr. Markus Lehner, der uns als Studiengangsleiter jene Arbeitsbedingungen ermöglichte, die diese Arbeit entstehen ließen.

Wir hoffen, dass die Publikation weite Verbreitung findet und die eine oder andere Idee zum Weitermachen in der eigenen Organisation spendet.

Leonding/Walding, im Jänner 2020

Paul Brandl und Thomas Prinz

2. Theoretische Beiträge rund um die „Soziale Innovation"

2.1 Die Innovationsbedingungen in der Sozialwirtschaft – Warum der Riese so schwer aufwacht
Klaus Schellberg

Die Sozialwirtschaft mit ihren Angeboten der Pflege, Jugendhilfe, Behindertenhilfe, Wohnungslosenhilfe, Resozialisierung und vielen weiteren Angeboten ist als Branche ein Riese. Sie beschäftigt in Deutschland wohl um die 3 Mio. Menschen (BAGFW 2016, S. 6; BA 2019) und wohl jeder ist in seinem Leben bereits mit Angeboten der Sozialwirtschaft in Berührung gekommen – sei es in der KiTa, im Laufe der Jugend, der Familiengründung oder als Senior. Insgesamt erzielt die Sozialwirtschaft einen Umsatz von schätzungsweise 153 Mrd. Euro jährlich.[1]

Die Wirtschaft in Deutschland investiert im Durchschnitt ca. 2 % ihrer Umsätze in Forschung und Entwicklung.[2] Übertragen auf die Sozialwirtschaft wäre dies ein Betrag von mehr als 3,3 Mrd. Euro jährlich – allein aus eigener Kraft, ohne zusätzliche staatliche Förderung.

Tatsächlich finden sich keine Berichte über nennenswerte Forschungsetats in sozialwirtschaftlichen Unternehmen, und über Innovationslabors oder Entwicklungsprojekte wird erst seit Kurzem berichtet. Unter den Hitlisten innovativer Unternehmen (brandeins 2019) oder Branchen[3] finden sich keine der bekannten Namen aus der Wohlfahrtspflege oder von privatgewerblichen Trägern. Betreffend Innovationen schläft der Riese Sozialwirtschaft noch – oder zumindest tut er sich mit dem Aufwachen schwer.

Als Innovation wird üblicherweise die wirtschaftliche Umsetzung von Ideen und Erfindungen (Inventionen) in neue Produkte, Dienstleistungen oder Produktionsverfahren verstanden (Vahs/Brem 2015). Natürlich sind Innovationen daher in jeder Branche etwas anders, so auch in der Sozialwirtschaft. Wenn wir den Begriff der

---

[1]   Eigene Hochrechnung.
[2]   Eigene Hochrechnung aus dem Datenband des Forschungsberichts des Bundesministeriums für Bildung und Forschung (BMBF) 2018, S. 5 und S. 10.
[3]   Z. B. Der Deutsche Innovationspreis: Wagniskapital: Das sind Deutschlands innovativste Branchen, 2014. – www.der-deutsche-innovationspreis.de/wagniskapital-das-sind-deutschlands-innovative-branchen/

Innovation etwas breiter fassen und uns nicht auf technologische und digitale Innovationen konzentrieren, fallen uns dann doch eine Reihe von Innovationen auf, die sich eher mit neuen Verfahrensweisen, Arbeitsmethoden und Formen von Dienstleistungen beschäftigen, etwa neue Formen der Jugendarbeit, Kontrolliertes Trinken, Sozialraum- oder Beratungskonzepte.

Doch wo finden sich die disruptiven, grundlegenden Innovationen, die die Branche umkrempeln können? Das Amazon, Google oder Netflix der Sozialwirtschaft? Die Sozialwirtschaft, die mitten in der Gesellschaft mit all ihren Veränderungen steht, ist nur sehr zögerlich innovativ. Und die Social Entrepreneurs, an die seit Jahren viele Innovationserwartungen geknüpft werden, erobern sich zwar zunehmend eine Stellung, aber eine disruptive Veränderung einer Branche sieht anders aus.

Liegt es an der Branche Sozialwirtschaft? In diesem Beitrag wollen wir uns der Frage widmen, wie die spezifischen Branchenstrukturen und -phänomene der Sozialwirtschaft Innovationen in der Sozialwirtschaft begünstigen oder behindern. Seit vielen Jahren gibt es in der Betriebswirtschaft eine Forschung, die nach den Erfolgsfaktoren für Innovationen sucht. Solche Untersuchungen liegen für die Sozialwirtschaft noch nicht vor, insofern ist die Basis dieses Beitrags die Beobachtung durch den Autor. Im Mittelpunkt stehen dabei die etablierten Sozialunternehmen aus dem Bereich der freien Wohlfahrtspflege mit Tätigkeitsschwerpunkt im Bereich der öffentlichen finanzierten Sozialleistungen. Eine breite empirische Verifizierung steht noch aus.

Als Rahmen für die Analyse ziehen wir grundlegende Phänomene heran, die die „Branche Sozialwirtschaft" bestimmen. Dabei liegt der Schwerpunkt auf den sozialen Dienstleistungen, die im Rahmen der Sozialgesetze erbracht werden.

2.1.1 Öffentlicher Sozialleistungsträger als Hauptkunde

Beginnen wir also mit einem ersten prägenden Merkmal der Sozialwirtschaft, der Rolle des öffentlichen Sozialleistungsträgers. Der öffentliche Sozialleistungsträger steht hinter rund 70 % der Umsätze der Sozialwirtschaft. Der Kunde „Öffentlicher Finanzier" spielt demzufolge für den Erfolg einer Innovation eine entscheidende Rolle. Die öffentliche Hand hat dabei in der Regel ein regionales Nachfragemonopol, ist also in einer Region einziger Nachfrager.

Ohne die Finanzierungszusage durch den regionalen öffentlichen Träger wird die Diffusion der Innovation im Markt nur in Nischen erfolgen – außerhalb der öffentlichen Finanzierungssphäre – und gelingen können.

Anders als in Märkten mit vielen Nachfragern entsteht keine schrittweise Diffusion über innovationsbereite Kund/innen, sondern sie geschieht durch die Akzeptanz eines einzelnen Kunden/einer einzelnen Kundin. Hieraus ergeben sich mehrere Aspekte:

Die Diffusion einer Innovation kann relativ schnell erfolgen und ist in der Regel auch stabiler, wenn der öffentliche Sozialleistungsträger zustimmt. Die Innovation bleibt jedoch in der Regel auf den regionalen Markt begrenzt und muss dann für den Bereich eines anderen regionalen Sozialleistungsträgers erneut verhandelt werden.

In der Region ohne Zulassung werden die Sozialunternehmen vor Wettbewerb durch Innovationen geschützt. Die Marktdynamik wird etwas gedämpft. Umgekehrt können Anbieter in innovationsfreundlichen Regionen mehr Erfahrungen und Wissen mit Innovationen erwerben und werden daher bei einer späteren Öffnung Wettbewerbsvorteile haben.

Durch die zunächst regionale Zulassung entsteht eine relativ hohe Stabilität und es wird Unsicherheit verringert. Durch den kleinen Markt können unter Umständen wirtschaftliche Größenvorteile durch die Diffusion in neue Märkte nicht ausgenützt werden. Das Prinzip der Plattformökonomie „the winner takes it all" wird durch die hohe Inhomogenität der Märkte gebremst. Speziell bei technologischen Innovationen bieten große Absatzmärkte einen Vorteil (OECD 1968).

Die Zulassung von Innovationen durch die öffentliche Hand folgt dabei besonderen Spielregeln. Die Leistungen und damit die Innovationen sind in manchen Fällen durch öffentliche Zulassungsgremien vorgegeben, etwa die Zulassung als Therapieverfahren oder als Hilfsmittel. Die herrschende wissenschaftliche Meinung hat demzufolge oftmals eine Pförtnerfunktion für Innovationen. In vielen Fällen werden Leistungen in gemeinsamen Gremien von Anbietern und öffentlicher Hand verhandelt (z. B. Rahmenleistungsvereinbarungen), sodass die Verbände anderer Anbieter auch ein Mitspracherecht bei Veränderungen der Leistungsvereinbarungen haben.

Zwei Beispiele hierzu:

- Bei Drogenkonsum, insbesondere bei der „Volksdroge" Alkohol, war lange Zeit das einzig anerkannte Ziel die absolute Abstinenz. Seit einigen Jahren ist mit der neuen Therapieform „kontrolliertes Trinken" (Körkel 2017, S. 21) über das Zählen von Trinkeinheiten und die Begrenzung des Suchtmittelkonsums eine innovative Therapieform aufgetreten. Die entscheidende Hürde für das Programm war jedoch die Anerkennung durch die Krankenkassen bzw. die Aufnahme in die Leitlinien Sucht.[4]

- Mit dem Bundesteilhabegesetz, das die grundlegende Reform der Eingliederungshilfe vorsieht, sind eine Reihe Neuerungen verbunden. Es sind gewissermaßen Innovationen, die vom öffentlichen Sozialleistungsträger gefordert werden, so z. B. das ICF-basierte Bedarfsermittlungsverfahren (§ 118 SGB IX neu) oder die Betonung der individuellen, selbstbestimmten Lebensführung (§ 90 SGB IX neu). Die Ausgestaltung der Leistungen wird jedoch in Rahmenvereinbarungen auf Landesebene zwischen den Verbänden der Leistungserbringer und der öffentlichen Sozialleistungsträger verhandelt. Inwieweit hier tatsächlich Innovationen erfolgen oder zumindest Spielräume ermöglicht werden, ist noch offen.

Der Umgang mit dem öffentlichen Sozialleistungsträger ist insofern ein besonderer Erfolgsfaktor für Innovationen in der Sozialwirtschaft. Solange die öffentliche Hand von sich aus keinen Innovationswettbewerb fördert, wirkt dieser Faktor als Markteintrittsbarriere tendenziell eher hemmend.

2.1.2 Der Produktlebenszyklus in der Sozialwirtschaft

Innovationen werden üblicherweise mit einem Lebenszyklus beschrieben, der die Absatzmenge sowie den wirtschaftlichen Erfolg der Innovation darstellt.

---

[4] Deutsche Gesellschaft für Suchtforschung, S3-Leitlinie „Screening, Diagnose und Behandlung alkoholbezogener Störungen", AWMF-RegisterNr.076-001, 28.02.2016; abrufbar unter: www.awmf.org/uploads/tx_szleitlinien/076-001k_S3_Alkohol_2016-02-abgelaufen.pdf

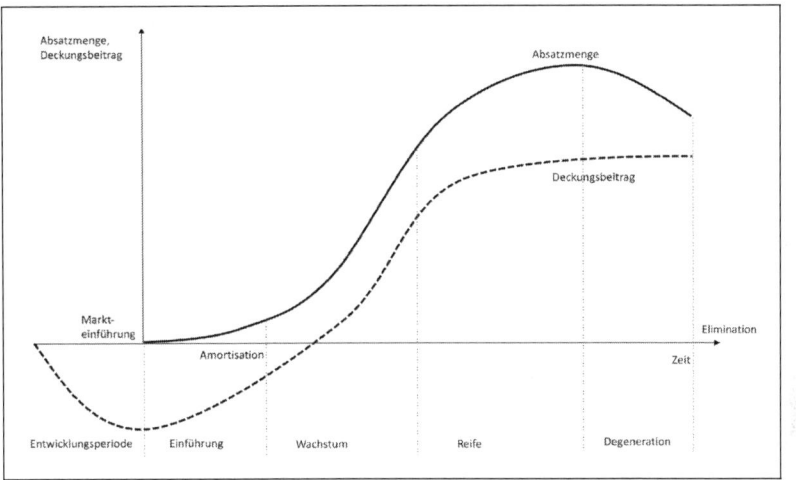

Abbildung 2: Lebenszyklus einer Innovation (nach Vahs/Brem 2015, S. 111)

Während der Entwicklungsperiode wird in die Innovation investiert, sie schafft einen negativen Deckungsbeitrag.[5] Diese Entwicklungsphase dürfte in der Sozialwirtschaft nicht anders zu bewerten sein als in anderen Wirtschaftszweigen. Mit der Einführung am Markt und den ersten Umsätzen steigen dann die Deckungsbeiträge. Während sich in den meisten Wirtschaftszweigen erst eine Technologie durchsetzen muss, kann es in der Sozialwirtschaft sein, dass sich – wegen der besonderen Situation des Nachfragemonopolisten – die Nachfrage sehr schnell aufbaut. Mit zunehmend wachsender Absatzmenge treten in der Regel zunehmend Mitanbieter und Überkapazitäten auf. In der Folge gibt es einen höheren Preisdruck und die Deckungsbeiträge sinken (bzw. die kumulierten Deckungsbeiträge steigen langsamer). Ab einem gewissen Reife- oder Sättigungsgrad sinkt die Absatzmenge und die Innovation wird vom Markt genommen (Eliminierung).

Durch unerwartet auftretende neue Innovationen können die bisherigen Innovationslebenszyklen unterbrochen werden (Disruption) und die Marktdegeneration erfolgt schneller als geplant.

---

[5] Die gestrichelte Linie stellt den über die Zeit kumulierten Deckungsbeitrag dar.

Einerseits finden wir in der Sozialwirtschaft Märkte mit sehr langen Lebenszyklen, bei denen keine Degeneration erfolgt, etwa weil der Bedarf der Menschen stabil ist. So wird der Bedarf nach stationären Versorgungsformen für Demenzkranke wohl noch für lange Zeit stabil bleiben und eine Marktdegeneration erst zu erwarten sein, wenn hierfür neue präventive Therapieformen gefunden werden. Bei stationären Angeboten für Menschen mit Behinderung könnten solche Sättigungseffekte auftreten, wenn die Frühdiagnostik, frühe Förderung oder neue Formen der ambulanten Versorgung zunehmen. Allerdings werden diese Effekte sehr zeitverzögert auftreten, da die bereits in diesen Wohnformen lebenden Menschen hiervon nicht oder wenig tangiert werden.

Andererseits finden wir in der Sozialwirtschaft aber eine hohe Abhängigkeit von der politischen Situation und der politischen Definition einer sozialen Bedarfslage. Ändert sich die politische Situation oder werden bestimmte soziale Leistungen aus dem Gesetz gestrichen, kann es sehr schnell zu plötzlichen Abbrüchen des Lebenszyklus einer Innovation kommen. Es ist dann nicht sichergestellt, dass eine Innovation wirklich den Amortisationszeitpunkt erreicht.

So führte beispielsweise das Auftreten von zahlreichen unbegleiteten minderjährigen Flüchtlingen in Deutschland zum sehr schnellen Aufbau neuer Angebotsformen. Die Einrichtungen und Angebote wurden in neuen Dienstleistungskonfigurationen, in Zusammenarbeit mit Dolmetschern und Sicherheitsdiensten aufgebaut. Hierzu wurden teilweise Immobilien gebaut, teilweise langfristig angemietet und Personal eingestellt. Mit dem Ende der „Willkommenskultur" und der effektiveren Grenzschließung nahm die Zahl der Flüchtlinge schnell ab und der Produktlebenszyklus wurde sehr schnell abgebrochen.

Die Abbrüche von Produktlebenszyklen bergen eine hohe Unsicherheit. Sie können durch einen hohen Grad an Flexibilität der Ressourcen beantwortet werden, sowohl in fachlicher als auch regionaler Sicht. Weiterhin ist ein Vorbereitungsgrad auf Innovationen sinnvoll, sodass neue Innovationszyklen schneller gestartet werden.

2.1.3 Wirtschaftliche Attraktivität von Innovationen in der Sozialwirtschaft

Innovationen aus Idealismus sind gut – zentraler Treiber für eine nachhaltige Innovation ist jedoch die Verbesserung der eigenen wirtschaftlichen Situation. Die wirtschaftliche Attraktivität von Innovationen ist daher ein weiteres Kriterium.

Hierbei sind zu unterscheiden:

- Innovationen im Back-Office-Bereich, das heißt ohne direkte Auswirkung auf die Kund/innen, wie z. B. neue Lösungen für den administrativen Bereich, Gebäudetechnik o. Ä.

- Innovationen im Front-Office-Bereich, das heißt mit Auswirkungen auf die Kund/innen. Hierzu zählen inkrementelle Innovationen (z. B. digitale Information statt Hauszeitung) sowie fundamentale Innovationen (z. B. Sensorik statt Pflegekraft).

Innovationen mit dem Schwerpunkt Effizienzsteigerung

Innovationen im Back-Office-Bereich sowie manche Innovationen im Front-Office-Bereich haben den Schwerpunkt der Effizienzsteigerung, das heißt es werden für die gleiche Leistungsmenge und -qualität weniger Ressourcen und weniger Kosten benötigt. Dabei ist es oft erforderlich, erst einmal zu investieren, der fixe Kostenanteil ist höher.

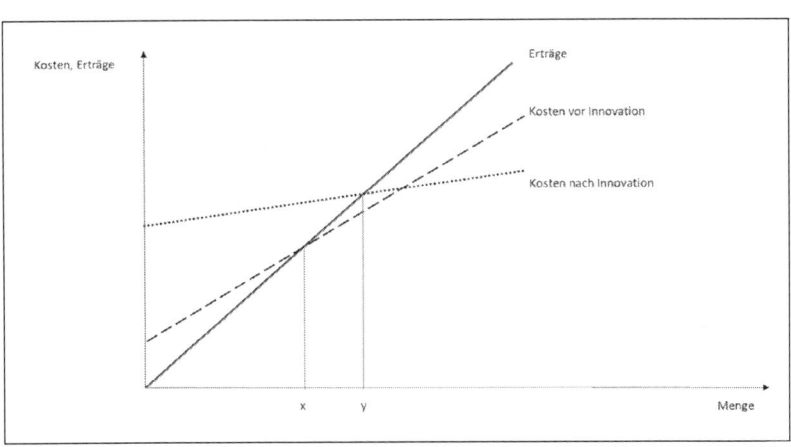

Abbildung 3: Kosten und Erträge vor und nach Innovation

Im Ergebnis führt dies dazu, dass der kostendeckende Punkt (Break-Even-Punkt) bei gleichen Preisen (Leistungsentgelten, Finanzierung) erst bei einer höheren Menge erreicht wird (er verschiebt sich von x nach y). Ursache hierfür sind die höheren Fixkosten – Innovationen ohne Entwicklungsaufwand oder Fixkosten nehmen einen anderen Verlauf.

Innovationen mit dem Schwerpunkt Effizienzsteigerung führen daher zu einem wirtschaftlichen Mengenexpansionsdruck. Sie können ihre wirtschaftliche Attraktivität nur entfalten, wenn das Sozialunternehmen in der Lage und bereit ist, das eigene Geschäftsvolumen zu vergrößern.

In der Sozialwirtschaft ist dies oft eingeschränkt, da eine Mengenexpansion begrenzt wird von der eigenen Region, an das sich das Sozialunternehmen gebunden fühlt. Die Expansion in neue Regionen wird oft abgelehnt, weil es dem eigenen Versorgungsauftrag nicht zu entsprechen scheint, die regionalen Bindungen zu hoch sind oder andere Sozialunternehmen des eigenen Verbands nicht beeinträchtigt werden sollen.

Eine Mengenexpansion in der jeweiligen Region wird manchmal durch Kontingente (zugelassene Platzzahlen o. Ä.) begrenzt, aber oft auch durch die fehlende Bereitschaft, anderen Marktteilnehmern Marktanteile abzunehmen. In den Fällen wachsender Märkte entfällt dieses kulturelle Hemmnis (z. B. im Bereich der Pflege, in den letzten Jahren bei der KiTa-Versorgung).

Die hier dargestellten Regeln gelten allerdings nur, solange das Sozialunternehmen in der Lage ist, die Effizienzvorteile selbst zu realisieren. In den meisten Fällen ist das Sozialunternehmen zu einer Offenlegung der Kalkulation gegenüber dem Sozialleistungsträger gezwungen. Dies kann im ungünstigen Fall dazu führen, dass der Sozialleistungsträger die Effizienzgewinne wieder über niedrigere Leistungsentgelte oder Zuschüsse einsammelt.

Produkt-/Leistungsinnovationen

Sinnvolle Innovationen im Front-Office-Bereich mit direkter Wirkung auf den Kunden/die Kundin führen zu Leistungsverbesserungen für den Kunden/die Kundin. Die Leistungsverbesserung kann dabei bestehen in:

- neuen Leistungen und Angeboten (z. B. neue Therapieformen)
- zusätzlichen Leistungen (z. B. Selbsttests, Selbstinformation)

- qualitativ besseren Leistungen (z. B. besserer Anamnese)
- besserer regionaler oder zeitlicher Verfügbarkeit (z. B. 24-h-Verfügbarkeit)
- weniger nachteiligen Nebenbedingungen der Leistungen (z. B. höhere Anonymität)
- Nebenleistungen (z. B. modernes Erscheinungsbild der Leistung)

Die Leistungsinnovation kann kurzfristig zu einem höheren Wert für die Kund/innen führen und damit zu einer höheren Zahlungsbereitschaft, langfristig kann eine bessere Wettbewerbsposition die Folge sein, sei es in angestammten oder neuen Feldern. In Märkten, die nicht mehr wachsen, bedarf es eines besonderen Differenzierungsmerkmals, um einen hohen Marktanteil realisieren zu können. Dies ist mit Produktinnovationen möglich (Vahs/Brem 2015, S. 12). In manchen Fällen steht auch das innovative Erscheinungsbild im Mittelpunkt, das z. B. im Hinblick auf die Gewinnung von Fachkräften im Rahmen des Employer Branding wirken kann.

Diese allgemeinen Überlegungen gelten mit gewissen Modifikationen auch in der Sozialwirtschaft. Die Vorteile einer Produktinnovation können jedoch nur ausgespielt werden, wenn die Innovation auch eine Kundenerwartung trifft. Hierzu muss zunächst der öffentliche Finanzier von der Produktinnovation überzeugt werden, um überhaupt zum Markt zugelassen zu werden. Anschließend erst kann der Wettbewerb um die einzelnen Leistungsempfänger beginnen. Dabei ist wiederum entscheidend, ob der Leistungsempfänger überhaupt Wahlmöglichkeiten hat.

Während in der Regel innovative Produkte und Leistungen höhere Preise erzielen (die neueste Smartphone-Generation wird teurer verkauft als die vom letzten Jahr), gibt es diese Preisgestaltungsmöglichkeiten im öffentlich finanzierten Bereich der Sozialwirtschaft nicht. Die Kalkulationen werden – wie beschrieben – dem öffentlichen Sozialleistungsträger offengelegt und die relevanten Positionen, in denen eine „Innovationsrendite" stecken kann, ist überschaubar:

- Es gibt in keiner Entgeltkalkulation, die dem Autor bekannt ist, eine Position „Forschung und Entwicklung".
- Kosten für zusätzliche technische Lösungen müssen einzeln vereinbart werden, sind aber möglich.

- Kosten für zusätzlichen Aufwand müssen einzeln vereinbart werden, sind aber möglich.
- Gewinnzuschläge oder Eigenkapitalverzinsungen sind – sofern möglich – eng und einheitlich begrenzt.

Denkbar wäre natürlich ein zusätzliches, nicht vom öffentlichen Sozialleistungsträger finanziertes Leistungsangebot. Hier gilt es dann, die Zahlungsbereitschaft und Zahlungsfähigkeit der Leistungsempfänger einzuschätzen. Weiterhin könnte sich bei Zusatzangeboten, die sich aus dem steuerbegünstigten Bereich[6] hinausbewegen (z. B. Dienstleistungshubs, die auch als Vermittlungsplattform für andere Leistungen oder Produkte dienen), das Problem mit der Trennung von Zweckbetrieb und wirtschaftlichem Geschäftsbetrieb ergeben.

Die wirtschaftliche Attraktivität einer Produktinnovation in der Sozialwirtschaft wird insofern wenig über Preissteigerungsmöglichkeiten erreicht. Vielmehr kann die wirtschaftliche Wirkung der Produktinnovation – wie schon bei der Verfahrensinnovation – hauptsächlich durch Mengenexpansion entfaltet werden.

Ein Problem bei Produktinnovationen sind die oft engen Strukturvorgaben der Sozialleistungsträger und der Ordnungsbehörden, z. B. der Stellenschlüssel oder die Fachkraftquote. Innovationen bei den Dienstleistungsarrangements, z. B. der Einsatz von technischen Lösungen statt Fachkräften, kann zwar zur Einsparung von ohnehin knappen Pflegekräften führen, jedoch werden dann die vorgegebenen Personalschlüssel nicht tangiert. Sind diese individuell vereinbart, kann hier über Verhandlungen ein neues Arrangement erreicht werden. Sind diese jedoch vorgegeben, führen die neuen Dienstleistungsarrangements möglicherweise zu Qualitätsverbesserungen, doch darf der Personaleinsatz nicht tangiert werden. Die Innovation ist insofern wirtschaftlich weniger attraktiv.

Gleichzeitig wären die höheren Kosten für die technische Lösung (ohne Einsparungen an anderer Stelle) gegenüber dem Sozialleistungsträger zu begründen und durchzusetzen. Zusätzlich mit dem Pflegebedürftigen abgerechnet werden können nur abgrenzbare Zusatzleistungen, nicht aber qualitativ angereicherte reguläre Pflegeleistungen.

Über die Vorgabe des Stellenschlüssels senkt der Sozialleistungsträger deutlich die Attraktivität von Innovationen für die Leistungs-

---

[6]   Im Sinne § 52 ff. Abgabenordnung (AO).

anbieter. Ähnlich wirken die meist weniger rigoros gehandhabten Stellenschlüssel bei Verwaltung, Hauswirtschaft und Küche oder die strikten Kalkulationsvorgaben für Gebäudeinvestitionen, die den Einsatz von Gebäudetechnik weniger attraktiv machen.

2.1.4 Forschungs- und Entwicklungsbudgets

Eine gute Idee kann schon manchmal Resultat eines Geistesblitzes sein und dementsprechend kostengünstig. Die Umsetzung der Idee in eine konkrete Dienstleistung oder Prozess, also die Innovation, benötigt finanzielle Spielräume für Investitionen und Anlaufkosten. Hohe Entwicklungsbudgets führen zwar nicht zwangsläufig zu Innovationen, aber sie erleichtern die Innovationstätigkeit dennoch. So leisten sich viele Unternehmen ganze Forschungs- und Entwicklungsabteilungen, investieren in Ausstattung oder räumen dem Personal Freiräume für Innovationen ein.

Die Frage der Forschungs- und Entwicklungsbudgets in der Sozialwirtschaft muss sehr differenziert gesehen werden. Zum einen verfügen eine Reihe von Sozialunternehmen über eine relativ gute Eigenkapitalbasis, was meist Resultat früherer Spenden war. Zum anderen gibt es Fördereinrichtungen (wie etwa die „Aktion Mensch"), die durchaus auch innovative Ansätze finanzieren. Auch die übliche Forschungsförderung entdeckt inzwischen die Sozialwirtschaft.

Aus der öffentlichen Regelfinanzierung kann heutzutage Eigenkapital meist über Immobilien aufgebaut werden – das dann allerdings auch in der Immobilie gebunden ist. Freie Mittel für Innovationsvorhaben müssen über Liquiditätsmanagement geschaffen werden oder eben aus anderen Kapitalstöcken.

Beispiel:

So manches größere sozialwirtschaftliche Unternehmen überlegt über oder arbeitet tatsächlich an der Entwicklung sog. „Dienstleistungshubs", digitalen Dienstleistungsplattformen, die Leistungen von Hausnotruf über Dienstleistungsplattformen bis zu Quartiersmanagement anbieten sollen. Diese werden dann durch freie liquide Mittel, durch Umlagen an die Zentrale und auch durch öffentliche Fördermittel (teils sogar Forschungsmittel) finanziert.

Es ist aber nicht davon auszugehen, dass es dauerhaft ein eigenes Förderprogramm für den Betrieb solcher Plattformen geben wird. Vielmehr müssen Geschäftsmodelle entwickelt werden, wie solche Plattformen von den Sozialunternehmen refinanziert werden.

Insgesamt dürfte die finanzielle Basis für Innovationen in der Sozialwirtschaft nicht schlecht sein, jedoch wird sich die „Innovationskasse" durch die fehlende Refinanzierung von Forschung und Entwicklung nicht wieder von selbst füllen. Innovation kann also nicht nachhaltig finanziert werden.

2.1.5 Personelle Ressourcen

Innovationen werden landläufig mit technischer Entwicklung gleichgesetzt – und in der Tat werden viele Innovationen heute durch die technische Entwicklung, insbesondere die Digitalisierung vorangetrieben. Speziell hier stößt die Sozialwirtschaft an ein Problem. Das eigene Personal der Sozialwirtschaft ist fachlich sehr stark auf die unmittelbaren Berufsfelder des Sozialen beschränkt. Die öffentlichen Sozialleistungsträger und Ordnungsbehörden zwingen über die Stellenschlüssel zudem dazu, schwerpunktmäßig dieses Fachpersonal einzustellen. IT-Fachkräfte werden daher in der Regel für administrative Aufgaben in den Zentralen in sehr begrenztem Umfang eingestellt.

Die digitale Kompetenz der Fachkräfte des Sozialen ist – was nicht überraschend ist – eher gering, erstaunlicherweise aber auch beim Nachwuchs, worauf Untersuchungen hindeuten (Schellberg 2019).

Zumindest technisch gestützte Innovationen sind insofern nicht in erster Linie aus dem eigenen Personalstamm zu erwarten. Vielmehr muss dieses Wissen von Externen eingekauft werden – wobei sich das Problem stellt, dass Externe eben nicht das Erfahrungswissen aus dem sozialen Arbeitsfeld mit sich bringen. Die Schnittstelle zwischen der Blaupause der Externen und der beruflichen Realität der Internen dürfte ein Innovationshemmnis der Sozialwirtschaft sein.

2.1.6 Zersplitterung der Sozialunternehmen

So manche Innovation ist wohl schon in Hinterhöfen und in Garagen entstanden – und sie haben dort auch kleine, begrenzte Märkte gefunden. Den wirtschaftlichen Durchbruch schaffen die Unternehmen jedoch erst, wenn sie eine ausreichende Verbreitung ihrer

Innovationen im Markt schaffen. Studien gehen hier von einer Misserfolgsquote von 40 bis 80 % aus (Ernst 2001, S. 2 f.).

Sozialunternehmen sind meistens sehr regional orientiert und im Vergleich zu anderen Wirtschaftszweigen eher in kleinen, rechtlich weitgehend selbstständigen Einheiten organisiert. Insgesamt bietet die Sozialwirtschaft somit einen Nährboden für viele kleine „Hinterhöfe und Garagen", mit überschaubaren, im Risiko begrenzten Testmärkten.

Die entscheidende Hürde dürfte jedoch die Verbreiterung von Innovationen über die Grenze der eigenen Organisation und des regionalen Umfelds hinaus sein. Nur selten sind die einzelnen Organisationen interessiert und in der Lage, über die eigene Region hinaus zu expandieren. Hier wirken oftmals die regionalen verbandsinternen Abgrenzungen und die geringe Wettbewerbskultur.

Schlüssig wäre hier die Adoption der Innovation durch andere regionale Gliederungen. Die Übertragung auf andere Organisationen scheitert jedoch oft an der fehlenden Kapazität zur Sicherung und Übertragung des Wissens. Die Innovation als solche wird in der Regel auch nicht als wirtschaftliches Gut gehandelt; es besteht somit auch keine finanzielle Kompensation für die Innovations- und Übertragungsleistung.

Die übergeordneten Verbände haben nach Kenntnis des Autors bislang keine eigenen Entwicklungsabteilungen, die die Ursprungsinnovation übernehmen und weiterentwickeln könnten für die Verwendung in anderen Organisationen.

Neben der reinen Übertragung der Innovation ist auch die die Innovation begleitende Kommunikations- und Akzeptanzstrategie wohl eher für überregionale Aktivitäten geeignet. Die Akzeptanz bei den Leistungsempfängern über die üblichen Diffusionsschritte von den Early Adopters bis zur späten Mehrheit (Hofbauer 2004, S. 11) kann wohl eher mit einer breiten Informationspolitik (Verbraucherinformation, gezielte Werbung, Erfahrungsberichte) begleitet werden. Die Akzeptanz bei Verwaltung oder politischen Gremien wird wohl auch eher durch Referenzprojekte und wissenschaftliche Belege unterstützt. All dies spricht für überregionale Aktivitäten.

Die Zersplitterung der Sozialwirtschaft dürfte daher zu der paradoxen Situation führen, dass es einerseits viele kleine Innovatoren geben könnte (wir wissen es wohl oftmals auch gar nicht), andererseits aber der Mechanismus zur überregionalen Diffusion und damit zum Markterfolg der Innovationen fehlt.

2.1.7 Den Riesen wecken – Anregungen für Innovationsstrategien in der Sozialwirtschaft

Wie können die spezifischen Branchenphänomene für eine Innovationsstrategie umgesetzt werden? Natürlich wäre es vermessen, an dieser Stelle das Rezeptbuch zu zücken und „Heureka" zu rufen – für eine Innovationsstrategie gibt es auch kein festes Drehbuch. Aus den bisherigen Überlegungen lassen sich jedoch einige Ableitungen für eine Strategie ziehen.

Diffusionsfähigkeit stärken

Aufgrund der Struktur der relativ kleinen, regionalen Strukturen gibt es geschützte, überschaubare Märkte und relativ kleine Träger. Natürlich sieht nicht jeder kleine Verein oder jede gGmbH Innovation als seine bzw. ihre Aufgabe, aber angesichts der hohen Zahl dürfte es genügend Innovationspotenzial geben. Innovationen können so gut entstehen und ihre ersten Gehversuche machen. Das zentrale Problem dürfte in der Diffusion dieser Innovationen in einen breiteren Markt bestehen.

Vielmehr fehlt ein Mechanismus zum Erkennen von Innovationen und zur systematischen Übertragung in andere Organisationen und regionale Märkte. Nur wenige der Sozialunternehmen wären zu einer wirklichen überregionalen Aktivität bereit und in der Lage. Die Aufgabe der Übertragung könnte bei den Verbänden der Wohlfahrtspflege liegen. Hierzu könnten eine zentrale Screening-Stelle für Innovationen eingeführt werden, die Innovationen aufgreift, prüft und weiterentwickelt. Innovationen sind in dieser Phase selten mehrheitsfähig – die Screening-Stelle müsste also losgelöst von der üblichen Verbandspolitik arbeiten können. Die Finanzierung könnte über eine eigene Entwicklungsumlage erfolgen. Auch ein Entwicklungsverbund innerhalb der Verbände könnte diese Funktion erfüllen.

Wissensmanagement

Sollen Innovationen auf andere Organisationen übertragen werden, ist es notwendig, das Wissen zu sichern und übertragbar zu machen. Dies kann durch Schulungen, Manuale u. Ä. erfolgen, wobei eine gewisse Standardisierung förderlich ist. Die Nutzung der Innovation sollte sich also an vorher (weitgehend) genormten Leistungen und Verfahrensweisen orientieren.

Hierdurch wird es möglich, die innovative Leistung losgelöst von einzelnen Personen auf einen breiten Markt zu übertragen. Die Kommunikation gegenüber der öffentlichen Hand wird so erleichtert; Evaluationen und Referenzen aus anderen Regionen bekommen so mehr Prägnanz. Die Kommunikation gegenüber den Privatkunden (Leistungsempfängern) kann dann durch eine überregionale Kommunikationspolitik unterstützt werden. Die Verbindung der innovativen Leistung mit der „Marke" des Wohlfahrtsverbands wird gestärkt.

Die Fähigkeit und Bereitschaft, Wissen systematisch und losgelöst von Personen und Organisationen zu sichern, sollte insofern Bestandteil der fachlichen Entwicklungsarbeit werden. Eine Kultur der Wissenssicherung sollte gefördert werden.

Digitale und technische Kompetenz

Innovationen in der Sozialwirtschaft werden in absehbarer Zeit noch sehr stark von Digitalisierung und Technik geprägt sein. Ein Großteil der Innovationen wird Digitalisierung und Technik als Kernelemente haben (Robotik, Sensorik, Chat-Bots etc.). Diese Kompetenz liegt in der Sozialwirtschaft derzeit nicht ausreichend vor und wird wohl auch in absehbarer Zeit nicht über junge Mitarbeiter/innen aus sozialen Berufen gewonnen werden.

Die grafische Aufbereitung auf Papier der Oberfläche einer zu entwickelnden App als Ende eines Entwicklungsprozesses ist keine ausreichende Basis für die Weiterentwicklung zu einer marktfähigen Innovation. Denkbar wäre hier eine konsequente Schulung des sozialen Fachpersonals für die Kommunikation mit IT-Experten, also Verständnis von Ablauflogiken, Datenstrukturen, Algorithmen etc. sowie die Formulierung von Leistungsbeschreibungen.

Gleichzeitig wird es notwendig werden, zentral einen Pool an IT-Experten aufzubauen, der den Innovatoren vor Ort zur Verfügung steht. Deren Aufgabe ist dann die Entwicklung der jeweiligen IT- oder technischen Lösungen – auf die Integration in Standardsoftware sollte verzichtet werden. Dies muss nicht mit eigenem Personal erfolgen, sondern kann auch Bestandteil strategischer Entwicklungspartnerschaften sein. Diese Entwicklungspartnerschaften und die Nutzung der Ergebnisse müssen dann vertraglich geeignet abgesichert werden, wofür wiederum zentrale juristische Beratung zu empfehlen ist.

Wirkung im Mittelpunkt

Eine entscheidende Hürde wird die Kommunikation mit dem öffentlichen Sozialleistungsträger, sei es nun auf Verwaltungsebene oder politischer Ebene sein. Neben den üblichen Akzeptanzschwierigkeiten von Innovationen in allen Branchen wird hier die starke Fokussierung auf Strukturmerkmale der Dienstleistung, namentlich Personalschlüssel, direkte Zeiten, aber auch bauliche Beschaffenheiten ein zentrales Hindernis sein. Es ist hier notwendig, den Blick von der Struktur auf die Wirkung zu lenken. Das breite Feld der Innovationen wird erst möglich, wenn wir neue Lösungen für die gleichen Probleme zulassen.

Beispiel:

Heute verwenden wir wie selbstverständlich Chipkarten, Zahlenkombinationen oder Funkschlüssel zum Öffnen von Türen. Hätten wir vor 30 Jahren auf die Strukturmerkmale eines Schlüssels gepocht (also mindestens aus bruchfestem, rostfreiem Metall, mindestens x Einschnitte etc.), wäre diese Innovation ausgeblieben. Entscheidend war, dass die neue Technik die gleiche Wirkung – die Feststellung der Zugangsberechtigung und das Öffnen der Tür – ermöglicht.

Das Wirkungsargument wäre wohl am ehesten in der Lage, Ordnungsbehörden, Politik und Finanziers von der Zulassung einer Innovation zu überzeugen. Es scheint auch der einzige Weg, wissenschaftliche Belege beizubringen.

Strategische Klarheit

Keine Innovation ist für jeden geeignet, löst alle Probleme und ist eine Weltformel. Die Online-Beratung wird nicht für jeden Klienten geeignet sein, die technischen Abstürze des Systems sind vorprogrammiert und manche werden an der digitalen Hürde scheitern.

Die neue Wohnform wird manche Kund/innen überfordern, bei machen für Krisen sorgen und abgelehnt werden. Wir alle kennen ja auch Beispiele, in denen der neue Chipkarten-Schlüssel durch Kontakt mit der Geldbörse funktionsunfähig wurde – genauso wie wir Beispiele kennen, in denen der Metallschlüssel im Schlüsselloch abgebrochen ist.

Jede Innovation hat gleichermaßen Chancen und Risiken. Es ist daher sinnvoll, eine strategische Landkarte zu beschreiben, wie die Innovation wirken kann – und ganz klar auch die Grenzen und Ausschlüsse zu definieren.

Organisationsintern und innerverbandlich wird es daher auch immer Kritiker der Innovation geben – aus den verschiedensten Motiven. Hier braucht es eine strategische Klarheit, dass sowohl Innovation als auch eine innovationsförderliche Organisation und Kultur gewollt sind.

Insbesondere bedarf es aber auch einer strategischen Klarheit im Umgang mit anderen Anbietern. In der Zusammenarbeit in den gemeinsamen Gremien darf die Neigung zur Gruppensolidarität des Gremiums nicht die Bereitschaft zu innovativem Verhalten blockieren.

2.1.8 Sozialwirtschaft 2040

Welche Vision für die Sozialwirtschaft kann es nun geben? Wenn Innovationen entstehen, können ganze Branchen umgewälzt werden – die Geschichte der disruptiven Veränderungen soll hier nicht nochmal bemüht werden. Doch nehmen wir die Lehren anderer Branchen ernst, kann es für die Sozialwirtschaft im Grunde folgende Szenarien geben:

Im ersten Szenario bleibt die Sozialwirtschaft ein weitgehend innovationsresistentes Terrain und die Gesellschaft ist bereit, dies als besonders Wesensmerkmal des Sozialen zu betrachten. Gleichzeitig gelingt es, neue Anbieter und neue Angebote weitgehend aus dem Leistungskatalog auszuschließen. Speziell die Digitalisierung bleibt somit auf administrative Prozesse beschränkt, die Kernleistungen der Sozialwirtschaft bleiben gleich. In der Folge wird es ein zunehmendes Gefälle zwischen innovativen Leistungen und digitalisierter Lebenswelt auf der einen und der Sozialwirtschaft auf der anderen Seite geben. Die Leistungen der Sozialwirtschaft werden dann nicht als moderne Dienstleistungen angesehen, sondern eher als Fürsorgeleistungen. Ein Teil der Gesellschaft wird auf privat finanzierte andere Dienstleistungen ausweichen. Infolge der fehlenden Effizienzsteigerungen wird der Fachkräftemangel zunehmen, insbesondere im Bereich der Pflege. Möglicherweise werden höhere Vergütungen zur Personalgewinnung notwendig werden, was zu Finanzierungsproblemen führen kann.

In einem zweiten Szenario öffnen sich Gesellschaft und öffentliche Hand den Innovationen, während die etablierten Sozialunternehmen weitgehend innovationsarm bleiben. Dann werden innovative Lösungen gesucht von neuen Start-ups, von Anbietern von außerhalb der Branche oder von international tätigen Anbietern. Diese werden ihre neuen Angebote, auch nach anfänglichen Fehlschlägen wegen mangelnder Branchen- oder Ländererfahrung, etablieren. Die Vielfalt der Angebote und der Anbieter wird größer und passgenauer, ähnlich wie es die Gesellschaft heute bei den meisten Angeboten kennt. Die etablierten Anbieter mit ihren Angeboten behalten Marktanteile, diese werden jedoch sukzessive mit dem Generationenwechsel erodieren. Die bisherigen Systeme der Kooperation von öffentlichen und freien Trägern der Wohlfahrtspflege werden unbedeutender.

In einem dritten Szenario finden die bisherigen Anbieter der Sozialwirtschaft einen eigenen Zugang zu Innovationen. Neben den etablierten Angeboten werden sich einzelne Anbieterverbünde etablieren mit neuen Angebotsformen. Start-ups und Lösungen von außerhalb der Branche suchen den breiten Marktzugang über die etablierten Sozialunternehmen, wodurch die Innovationen weniger disruptiv wirken werden. Die bisherigen Kooperationsformen zwischen öffentlicher und freier Wohlfahrtspflege können aufrechterhalten werden. Es wird allerdings eine Verschiebung von Kräftefeldern und Schwerpunkten innerhalb und zwischen den Verbänden geben – nicht jedes bisherig regional tätige Sozialunternehmen wird das gleiche Angebotsspektrum erhalten können, aber es wird wohl eine neue Vielfalt durch bundesweite Angebote geben.

Prognosen sind immer schwierig, insbesondere wenn sie die Zukunft betreffen[7], doch wahrscheinlich haben sie ein Körnchen Wahrheit. Und bedenkt man die Alternativen, so ist die Innovationsstrategie

---

[7] Dieses Zitat wird üblicherweise Mark Twain zugeschrieben, aber auch Karl Valentin.

für die Wohlfahrtspflege der einzige verantwortungsvolle Weg in die Zukunft, auch wenn dabei so manche Hürde genommen werden muss.

2.1.9 Literatur-/Quellenverzeichnis

Agentur für Arbeit (2019): Beschäftigtenstatistik der Bundesagentur für Arbeit. – https://statistik.arbeitsagentur.de/Statistikdaten/Detail/201905/iiia6/beschaeftigung-sozbe-monatsheft-wz/monatsheft-wz-d-0-201905-pdf.pdf

BAGFW (2018): Gesamtstatistik der BAGFW 2016. – www.bagfw.de/veroeffent-lichungen/publikationen/gesamtstatistik-2016

brandeins-magazin (2019): Die innovativsten Unternehmen Deutschlands 2019. – www.brandeins.de/magazine/brand-eins-thema/innovation-2019

Bundesministerium für Bildung und Forschung (2018): Datenband des Forschungs-berichts 2018. – www.bmbf.de/upload_filestore/pub/Bufi_2018_Datenband.pdf

Der Deutsche Innovationspreis (2014): Wagniskapital: Das sind Deutschlands inno-vativste Branchen. – www.der-deutsche-innovationspreis.de/wagniskapital-das-sind-deutschlands-innovative-branchen/

Deutsche Gesellschaft für Suchtforschung (2016): S3-Leitlinie „Screening, Diag-nose und Behandlung alkoholbezogener Störungen". AWMF-RegisterNr.076-001, 28.02.2016. – www.awmf.org/uploads/tx_szleitlinien/076-001k_S3_Alkohol_2016-02-abgelaufen.pdf

Ernst, H. (2001): Erfolgsfaktoren neuer Produkte: Grundlagen für eine valide empirische Forschung. Springer, Wiesbaden, S. 2 f.

Hofbauer, G. (2004): Erfolgsfaktoren bei der Einführung von Innovationen, Wor-king Papers der Hochschule Ingolstadt, Nr. 3/2004, S. 11.

Körkel, J. (2017): Kontrolliertes Trinken – viele Wegen führen nach Rom und andere schöne Städte. In: Sozialpsychiatrische Informationen 4/2017, S. 18–22.

OECD (1968): General Report: Gaps in Technology. Paris, S. 28, Punkt 91.

Schellberg, K.: Digitale Kompetenz: Wo steht der Nachwuchs in der Sozialen Ar-beit? In: Fokus Sozialmanagement. – www.fokus-sozialmanagement.de/digitale-kompetenz-als-innovationstreiber-wo-steht-die-sozialwirtschaft/

Vahs, D./Brem, A. (2015): Innovationsmanagement. Schäffer-Poeschel, Stuttgart, S. 21.

Dr. Klaus Schellberg (Diplom-Kaufmann) lehrt Betriebswirtschaftslehre von Sozialunternehmen an der Evangelischen Fachhochschule Nürnberg, Gesell-schafter der xit GmbH forschung · planung · beratung.

2.2 Innovation im Sozialbereich: Die föderale Schweiz als Labor
Matthias von Bergen

Der ausgeprägte Föderalismus der Schweiz mit einem sehr dezentralen, kleinteiligen Staatsaufbau, ergänzt um das Strukturprinzip der Subsidiarität, bilden sich im Sozialbereich besonders ab. Dienstleistungen werden auf lokaler Ebene erbracht und auch die Entwicklung innovativer Ideen findet überwiegend auf lokaler und regionaler Ebene statt. In diesem Zusammenhang stellt sich die Frage, wie weit die föderalen Strukturen der Schweiz gleichsam als „Labor" für sozialstaatliche Innovationen gesehen werden können. Welche Rolle spielen Kantone und Gemeinden bei der Entwicklung und Umsetzung von Innovationen? Welche Aspekte, die sich aus den föderalen, kleinteiligen Strukturen ergeben, wirken als Treiber für Innovationen, in welchen Bereichen stellen sie dagegen vielmehr Hindernisse für die Entstehung und Umsetzung von neuen, angepassten Konzepten dar? Antworten auf diese Fragen werden am Beispiel der Alterspolitik vertieft, einem Politikfeld, bei dem die Verantwortung bei den Kantonen und vor allem den Gemeinden liegt. Ausgehend davon werden Ansatzpunkte skizziert, welche geeignet scheinen, die Vorteile der lokalen Verankerung von Neuerungen zu stärken und gleichzeitig dazu beizutragen, die damit verbundenen Barrieren zu überwinden.

2.2.1 Einleitung

Vor dem Hintergrund der demografischen Entwicklung, von gesellschaftlichen und wirtschaftlichen Veränderungen und der Digitalisierung, wandeln sich die Herausforderungen und Problemlagen für den Sozialbereich. So erstaunt es nicht, dass die Forderung nach „Innovation" und „innovativen Lösungen" für soziale Dienstleistungen in Praxis und Wissenschaft Konjunktur hat.[8]

In der öffentlichen Wahrnehmung dominieren zwar meistens Innovationen aus dem technologischen Bereich, gleichzeitig gewinnt aber eine breitere Sichtweise an Bedeutung, die ebenfalls institutionelle

---

[8] Dies wird etwa an zahlreichen Tagungen zum Thema deutlich, die in der letzten Zeit stattgefunden haben, so z. B. die Internationale Konferenz zum Thema soziale Innovationen vom 03. bis 05.09.2018 der Universität Heidelberg oder die Fachtagung vom 02.02.2018 „Soziale Innovation – Erfahrungen, Kontroversen, Perspektiven" an der FHNW in Olten.

Perspektiven einbezieht und alle wirtschaftlichen und gesellschaftlichen Bereiche umfasst.

Die Schweiz gilt aus wirtschaftlicher Sicht als besonders innovationsfreundlicher Standort. In einem Vergleich mit 126 Ländern steht die Schweiz im Global Innovation Index 2018 erneut an der Spitze – zum achten Mal in Folge (Global Innovation Index 2018).

Die Strukturen der Schweiz sind sehr föderalistisch geprägt und am Subsidiaritätsprinzip orientiert. Wohl kein anderes Land besteht im Verhältnis zu seiner Größe aus einer derart hohen Zahl von Untereinheiten (Kantone und Gemeinden), deren Autonomiegrad zudem vergleichsweise sehr hoch ist. Dieser Kleinteiligkeit der politischen Strukturen entsprechen auch die Strukturen der sozialen Organisationen, die – unabhängig davon, ob es sich um öffentliche oder private Träger handelt – vergleichsweise klein und in der überwiegenden Zahl stark lokal oder regional ausgerichtet sind (Engler 2015).

Es stellt sich die Frage, inwieweit zwischen der föderalistischen Struktur und der Offenheit für Innovationen ein Zusammenhang besteht. Föderalismus und Kleinteiligkeit könnten als „Labor" gesehen werden, wo neue Lösungen unbürokratisch und im kleinen Rahmen ausprobiert werden können. Da es relativ einfach ist, von unten und pragmatisch neue Lösungen zu entwickeln, entstehen damit neue, auch unterschiedliche Lösungen für gleiche oder ähnliche Probleme. Der Begriff „Labor" impliziert, dass in den kleinen Einheiten der Gemeinden und Kantone etwas Neues entstehen kann, ebenso aber auch, dass dort gezielt nach Neuem gesucht und dieses gefördert wird.

Die Zusammenhänge von Föderalismus, Subsidiarität und Innovation im Bereich der sozialen Dienstleistungen in der Schweiz sind noch wenig erforscht.[9]

Der vorliegende Beitrag will mit einem Schwerpunkt im Altersbereich näher darauf eingehen, inwiefern die spezifischen Strukturen im Schweizer Sozialbereich für Innovationen förderlich sind und sich daraus aber auch Grenzen und Hindernisse ergeben.

---

[9] Einen ersten Überblick, der jedoch primär auf den Bereich der sozialen Sicherheit (Sozialversicherungen und bedarfsorientierte Sozialleistungen) fokussiert, bietet Knöpfel 2018, S. 127–142. Zur internationalen Debatte vgl. Bonoli/Champion 2014, S. 77.

2.2.2 Soziale Innovationen – ein schillernder Begriff

Was ist Innovation?

Innovation gilt als Treiber der Wirtschafts- und Wohlfahrtsentwicklung. Der Begriff ist aber analytisch schwer zu fassen, da die Bewertung eines Phänomens als „innovativ" immer auch subjektiv geprägt ist (Günther/Langer 2018, S. 819). Der Begriff geht auf den österreichisch-amerikanischen Ökonomen Joseph Schumpeter zurück, der darunter jeweils neue Kombinationen von Produkten und Dienstleistungen mit Märkten, Geschäftsmodellen oder Betriebsmitteln versteht, welche die „schöpferische Zerstörung" vorantreiben (Schumpeter 1934): „alte" Produkte, Geschäftsmodelle und Unternehmen verschwinden, während gleichzeitig immer wieder „Neues" entsteht und sich am Markt durchsetzt. Innovation bedeutet damit in erster Linie, Produkte, Prozesse und Institutionen weiterzuentwickeln und zu variieren, um damit erfolgreich Probleme zu lösen (Mai 2014). Es geht damit selten um vollständig Neues, sondern um die Weiterentwicklung und neue Kombination von Bestehendem (Millner et al. 2013). Eine wichtige Rolle spielen dabei auch Anpassungen an neue Kontexte, etwa die Anwendung in einem anderen geografischen Raum (z. B. in Deutschland bekannt, in der Schweiz aber neu) oder in einem neuen Sektor (z. B. ein Prozess ist im Großhandel schon bekannt, aber im Gesundheitssektor neu). Wie Studien zeigen, spielt diesen „Not-Invented-Here"-Phänomen für Innovationen eine besonders wichtige Rolle (Vullings/Heleven 2015).

In Abgrenzung zur reinen Ideenentwicklung wird der Innovationsprozess als Verbindung von Erfindung (Invention) und Umsetzung (Implementation) verstanden. Die Neuerung sollte einen „Mehrwert" darstellen, das heißt den gegenwärtigen Lösungen überlegen sein und zudem Anerkennung und Verbreitung gefunden haben (Millner 2013). Dabei bleibt jedoch offen, wie weit Neuerungen sich in der Praxis bewähren und damit wirklich immer Verbesserungen sind.

Was ist soziale Innovation?

Sowohl in der Praxis wie in der Wissenschaft ist der Begriff der sozialen Innovationen schillernd und vieldeutig (Eurich et al. 2018). Unter „sozialen Innovationen" wird im Folgenden die Entwicklung, Verbreitung und Implementierung von neuen Lösungen für soziale Bedürfnisse und Probleme verstanden, die besser (effizienter, wirksamer, nachhaltiger) sind als bestehende Lösungen und deren Nutzen der Gesellschaft zugutekommt (Phillis et al. 2008).

Die Akteure können dabei versuchen, anstehende Herausforderungen mit den bisherigen Angeboten und Methoden zu lösen, oder aber die Herangehensweise ändern und neue Wege ausprobieren. Simples Kopieren ist in der Praxis selten möglich und in der Regel auch wenig Erfolg versprechend. Vielmehr bedarf es einer Anpassung und eines „Remix" von internem und externem Wissen.

Aus der Literatur lassen sich wichtige Rahmenbedingungen ableiten, welche unterstützend wirken für die Umsetzung von sozialen Innovationen in Organisationen (Millner et al. 2013, S. 442 f.):

- Netzwerke und Sozialkapital, welche zum einen Impulse und Anregungen für die Entwicklung von Innovationen geben, zum anderen aber ebenso für die Verbreitung und Implementierung von neuen Lösungen zentral sind

- Fachwissen und qualifiziertes Humankapital, um neue Lösungen zu entwickeln, zu adaptieren und umzusetzen

- Aufmerksamkeit und (Medien-)Öffentlichkeit zur Verankerung und Verbreitung der Neuerung

- gesicherte Finanzierung zur Umsetzung der neuen Lösungen

Exemplarisch können soziale Innovationen am Beispiel von Angeboten für ältere Menschen beschrieben werden, wo neue Lösungen für die gesellschaftliche Herausforderung des demografischen Wandels entwickelt und umgesetzt werden. Soziale Innovationen im Altersbereich fokussieren dabei besonders auf die Erhaltung und Förderung der Selbstständigkeit der älteren Menschen, die Durchlässigkeit zwischen ambulanten und stationären Angeboten („stepped care") sowie die Vernetzung der Angebote (vgl. dazu ausführlicher Band 2, Kapitel 2).

2.2.3 Föderalismus und Subsidiarität als Kontext

Kleinteilige Strukturen

Kennzeichnend für die sozialen Organisationen in der Schweiz ist ihre Kleinteiligkeit. Diese ergibt sich aus der föderalistischen Struktur des schweizerischen Bundesstaates und der damit verbundenen zentralen Bedeutung der kantonalen und kommunalen Ebenen.

Die meisten der 26 Schweizer Kantone übertragen die Verantwortung für etliche Politikfelder den über 2000 Gemeinden.[10] Zu diesen Aufgabengebieten gehören in den meisten Kantonen auch der Bereich der sozialen Dienstleistungen, etwa der Altershilfe, Langzeitpflege oder Kinderbetreuung (Engler 2015). Die Kompetenzaufteilung orientiert sich dabei am Subsidiaritätsprinzip. Der Bund übernimmt nur die Aufgaben, welche die Kraft der Kantone bzw. ihrer Gemeinden übersteigen oder einer einheitlichen Regelung durch den Bund bedürfen. Nach diesem Grundsatz soll eine Instanz auf der oberen politischen Stufe eine Aufgabe nicht übernehmen, wenn sie auf der unteren Stufe erledigt werden kann. Damit erklärt sich auch die im internationalen Vergleich wichtige Bedeutung, die den Gemeinden und der Zivilgesellschaft zukommt.

Zur Erfüllung ihrer Aufgaben können Kantone und Gemeinden auf unterschiedliche Finanzierungsquellen zurückgreifen, vor allem erheben sie eigene Steuern (direkte Steuern, Grundsteuern). Die Gemeinden als staatliche Organisationseinheiten der untersten Stufe sind damit in der Lage, selbstbestimmt eigene Aufgaben zu übernehmen oder doch Aufgaben der Kantone in eigener Regie auszuführen. Daraus ergeben sich beträchtliche Gestaltungsmöglichkeiten. Allerdings ist festzuhalten, dass die Kantone und Gemeinden der Schweiz im internationalen Vergleich kleine bis sehr kleine politische Einheiten sind.[11] Die wirtschaftliche Entwicklung, die Zunahme der Mobilität, komplexer werdende Aufgaben und der Rückgang des ehrenamtlichen Engagements in den Gemeindebehörden haben dazu geführt, dass viele Gemeinden unter Druck stehen. Trotzdem haben in den letzten Jahren Bedeutung und auch Anzahl der Gemeinden nicht wesentlich abgenommen.[12] Die Gemeinden haben in der Schweiz weiterhin einen großen ideellen und politischen Stellenwert. Sie gelten bis heute als wichtiger sozialer

---

[10] Gemäß Bundesamt für Statistik gab es 2018 in der Schweiz 2.222 Gemeinden (Stand: 01.01.2018).

[11] Augenfällig sind die großen Unterschiede unter den Kantonen und unter den Gemeinden. So gibt es kleine Kantone wie Appenzell-Innerrhoden mit 16.000 Einwohnern, während im Kanton Zürich als größte Einheit rund 1,5 Mio. Einwohner leben. Nur sechs Städte haben mehr als 100.000 Einwohner und gerade einmal 150 der gut 2.200 Gemeinden zählen mehr als 10.000 Einwohner.

[12] Zwischen den letzten zwei Jahrzehnten ist die Zahl der Gemeinden in der Schweiz von 2.880 (2010) auf 2.222 (2018) zurückgegangen (Bundesamt für Statistik, www.bfh.admin.ch).

Bezugsrahmen. Es wird geschätzt, dass hier eine unmittelbare Mitwirkung bei der Gestaltung der Lebenswelt „vor Ort" zumindest noch teilweise möglich ist.

Eine Folge davon ist, dass in der Schweiz – über die auf nationaler Ebene geregelten Sozialversicherungen hinaus – keine systematische und umfassende Gestaltung des Sozialstaates auf gesamtstaatlicher Ebene erfolgt ist. Vielmehr lässt sich diese als Flickenteppich von 26 unterschiedlichen kantonalen Lösungen beschreiben, deren konkrete Ausgestaltung sich zudem von Gemeinde zu Gemeinde stark unterscheiden kann (Engler 2015, S. 21 ff.)

So liegt die Verantwortung für den Sozialbereich, mit Ausnahme der auf nationaler Ebene geregelten Sozialversicherungen, bei den Kantonen. Der Schweizerische Sozialstaat ist ein hybrides Konstrukt, in dem sich in einem komplexen Zusammenspiel sowohl liberale, konservative wie auch sozialdemokratische Elemente finden (Knöpfel 2018). Die staatlichen Systeme von Bund, Kantonen und Gemeinden werden ergänzt durch ein dicht gewobenes Netz von nichtstaatlichen Organisationen, Stiftungen und Vereinen, aber auch von privatwirtschaftlich organisierten Unternehmen, die – zu einem großen Teil finanziert durch Beiträge von Kantonen und Gemeinden – ebenfalls zur sozialen Sicherheit der Menschen in der Schweiz beitragen (vgl. von Schnurbein 2013). Als Folge davon ergeben sich aber auch beträchtliche Disparitäten in der Versorgung mit bzw. der Zugänglichkeit zu sozialen Dienstleistungen.

Obwohl in einigen Politikfeldern durch nationale Programme gewisse Schwerpunkte gesetzt werden, sind doch die zentralen Steuerungs- und Entwicklungsimpulse auf nationaler Ebene im internationalen Vergleich gering (Linder 2012, S.158 ff.).

Entwicklungen

Die Verflechtung der Aufgaben zwischen Bund, Kantonen und Gemeinden hat in den letzten Jahren stark zugenommen, gerade auch im Bereich der sozialen Dienstleistungen. So erfolgt die Finanzierung von Angeboten für Menschen mit Behinderungen, von Hilfs- und Pflegeleistungen für ältere Personen oder Angeboten der familienergänzenden Kinderbetreuung – in je nach Gebietseinheiten jeweils unterschiedlichen Mischungen – primär durch Kantone und Gemeinden.

In den letzten Jahren sind die Gemeinden und auch die privaten Leistungserbringer durch gesetzliche Vorgaben und verwaltungstechnische Kontrollen stärker in die Rolle von ausführenden Organen von Bund und Kantonen geraten. Gleichzeitig ist festzuhalten, dass die Gemeinden und Kantone auch neue Handlungsspielräume erhalten haben, da eine Anzahl von sozialstaatlichen Aufgaben im Rahmen der Aufgabenteilung an die kommunale Ebene delegiert worden sind (Engler 2015).[13] Zudem ergeben sich auch in Bereichen, die stark von bundesstaatlichen Vorgaben geprägt sind (z. B. Flüchtlingshilfe oder Erwachsenen- und Kinderschutz), bei der konkreten Ausgestaltung der Leistungen beträchtliche Handlungsspielräume für Kantone und Gemeinden. Im Rahmen dieses „Vollzugsföderalismus" sind unterschiedliche Lösungen entstanden, die der lokalen Situation Rechnung tragen.

Kantone und Gemeinden verstehen ihre Aufgaben in erster Linie im Sinne des „Gewährleistungsstaates", der sicherstellt, dass wichtige, politisch definierte Aufgaben wahrgenommen und die dafür notwendigen Ressourcen zur Verfügung gestellt werden (vgl. dazu Schedler/Proeller 2011, S. 33 ff.). Die Leistungserbringung liegt zu einem beträchtlichen Teil bei privaten Trägern, bis heute zum überwiegenden Teil bei Nonprofit-Organisationen (Engler 2015), die in der Regel über Leistungsvereinbarungen von Kantonen oder Gemeinden geführt werden (Bovin 2008, Dvorak/Ruflin 2007). Die kleinteilige, stark auf lokale und kantonale Einzugsgebiete ausgerichtete Struktur spiegelt sich damit auch bei den sozialwirtschaftlichen Leistungserbringern, wo kleine, lokal oder allenfalls regional ausgerichtete Träger dominieren. Auch national tätige Organisationen wie Caritas, Schweizerisches Rotes Kreuz (SRK) oder Pro Senectute sind gezwungen, sich an den unterschiedlichen kantonalen Gegebenheiten zu orientieren und haben sich deshalb in regionalen oder kantonalen Strukturen mit großer Autonomie organisiert.

2.2.4 Praxisfeld Alterspolitik: Innovationen für eine alternde Gesellschaft

Am Beispiel des Themenfelds Alter lässt sich exemplarisch darstellen, was soziale Innovation im Bereich der sozialen Dienstleistungen im Kontext des Schweizer Föderalismus bedeutet.

---

[13]   In vielen Kantonen ist die Verantwortung für die Angebote der Langzeitpflege und Altershilfe vollständig zu den Gemeinden verschoben worden, während sich die Kantone auf Spitäler und Akutpflege konzentrieren.

Die Ausgestaltung von Rahmenbedingungen und Dienstleistungen für ältere Menschen liegt weitgehend in der Hand der Kantone und Gemeinden.[14] Die Angebote sind sehr dezentral geprägt. Fast überall spielen private, mehrheitlich gemeinnützig orientierte Leistungserbringer eine tragende Rolle. Diese erhalten meist auch finanzielle Beiträge von Kantonen oder von Gemeinden, in der Regel in Form von leistungsbezogenen Abgeltungen.

Was sind „soziale Innovationen" im Altersbereich in der Schweiz? Einen guten Einblick in die Landschaft gibt die Fördertätigkeit der Age-Stiftung. Diese in der Schweiz für diesen Sektor wohl bedeutendste Förderstiftung unterstützt seit mehr als 15 Jahren innovative Vorhaben und Initiativen im Altersbereich in der deutschsprachigen Schweiz. Die Erfahrungen aus den geförderten Projekten werden durch Publikationen und eine informative Internetplattform der Allgemeinheit zugänglich gemacht (vgl. dazu www.age-stiftung.ch). Diese Ergebnisse werden ergänzt durch Hinweise aus der Studie von Stremlow et al. (2016), in der die Gestaltung der Alterspolitik von elf Städten und Gemeinden der Deutschschweiz untersucht worden ist.

Aus den in den letzten Jahren von der Age Stiftung geförderten Vorhaben wird deutlich, dass diese ein sehr breites Feld abdecken. Vereinfacht lassen sich drei Gruppen von sozialen Innovationen unterscheiden. In einer ersten Gruppe werden Vorhaben zusammengefasst, bei denen es um neue Ansätze der Versorgung im Bereich Alter und um die Ausgestaltung der Alterspolitik („Policy") in einem Einzugsgebiet geht. Eine zweite Gruppe nimmt innovative Angebote und Leistungen in den Blick und eine dritte Gruppe umfasst Innovationen im Bereich der Technologie und Infrastruktur.

Innovationen auf der Ebene der Alterspolitik

Innovationen, die auf der Ebene der Alterspolitik, des Gesamtsystems der Dienstleistungen in einem Einzugsgebiet ansetzen, werden dadurch charakterisiert, dass sie eine breitere, über Pflege- und Hilfeleistungen hinausreichende Ausrichtung haben (Stremlow et

---

[14] Auf nationaler Ebene ist 2007 zum ersten Mal ein Grundlagenpapier vorgelegt worden. Der Bundesratsbericht „Strategie für eine Schweizerische Alterspolitik" hält nur strategische Leitlinien fest, jedoch ohne verbindliche Aussagen zur Umsetzung oder finanziellen Unterstützung.

al. 2016, S. 47 ff.).[15] Die Auseinandersetzung mit Neuem in den Alterskonzepten wird anhand von Themen wie pflegende Angehörige, generationenübergreifende Projekte (etwa unter Einbezug der Schulen), Migration und Alter oder die Förderung von Nachbarschaftshilfe und freiwilligem Engagement deutlich. Die Motoren dieser Innovationen finden sich dabei insbesondere in den Exekutiven und den Verwaltungen der Städte und Gemeinden, teilweise engagieren sich auch organisierte Einzelpersonen und Leistungserbringer (Organisationen) für neue alterspolitische Ansätze.

Einen Schritt weiter gehen jene Städte und Gemeinden, die ein umfassendes, integriertes Verständnis von Alterspolitik für ihr Einzugsgebiet entwickeln. Dort werden ausgeprägte Kooperationen zwischen den Akteuren (Leistungserbringer, zivilgesellschaftliche Organisationen, Gemeindebehörden) beobachtet. Im Sinne von „Public Governance" verstehen diese Gemeinden ihre Rolle zunehmend als „Netzwerksteuerung". Beispiele dafür sind etwa thematische Leitbilder und strategische Leitlinien, die unter Einbezug der beteiligten Akteure erarbeitet werden, aber auch Maßnahmen zur Schaffung von integrierten Quartierdienstleistungszentren für die Altersbetreuung (z. B. Stadt Schaffhausen), der Aufbau von Informations- und Anlaufstellen und die Maßnahmen zur Stärkung des sozialen Zusammenhalts im Sinn einer „sorgenden Gemeinschaft" (z. B. Stadt Luzern).[16] Ebenso findet in diesen Gemeinden oftmals ein konsequenter Einbezug von Leistungserstellenden und Leistungsbeziehenden statt.[17] Dabei ergeben sich vielfach auch Kooperationen mit Forschungsinstituten und Hochschulen, etwa im Rahmen von Evaluationen (Stremlow et al. 2016).

Auf der Ebene Gesamtsystem setzt auch der laufende Pilotversuch „Gutscheine für selbstbestimmtes Wohnen" an. Mit individuellen Betreuungsgutscheinen, subsidiär zu bestehenden Leistungen, will die Stadt Luzern ausprobieren, wie es sich auswirkt, wenn ältere Menschen soziale Dienstleistungen und Unterstützung nach eigenen Vorstellungen kaufen können.

---

[15] Diesem Muster folgen z. B. die Städte und Gemeinden Chur, Köniz, Riehen, Rapperswil-Jona, Kriens, Glarus und teilweise St. Gallen (da Rui 2018, S. 49).

[16] Die Age-Stiftung hat dieser Art von Projekten einen eigenen Förderschwerpunkt gewidmet. Im Rahmen des Programms „Socius" werden ausgewählte Projekte von Gemeinden und Regionen gefördert (www.programmsocius.ch).

[17] Zu dieser Gruppe werden die Gemeinden Aarau, Basel, Luzern, Schaffhausen und Winterthur gezählt.

Innovationen auf der Ebene der Angebote

Die weitaus größte Gruppe der durch die Age-Stiftung geförderten Innovationsprojekte umfasst Vorhaben, bei denen es um die Anwendung neuer Konzepte und Ansätze im Rahmen einzelner Angebote geht.

Dazu gehören etwa die Förderung der Selbstständigkeit, die Mobilisierung der Eigenkräfte des Einzelnen, der Gemeinschaft und des Wohnumfelds, indem ältere Menschen durch eine Wohnassistenz unterstützt werden, oder Angebote, die selbstständiges Wohnen in einer eigenen Wohnung weiterhin ermöglichen und bei Bedarf auch Serviceleistungen zur Verfügung stehen.

Die Verbesserung der Durchlässigkeit zwischen ambulanten und stationären Angeboten (stepped care) ist der Fokus von anderen Projekten, etwa indem teilstationäre Tages- und Nachtbetreuung entwickelt und umgesetzt werden. Derartige Zwischenlösungen erhöhen die Durchlässigkeit zwischen stationären Einrichtungen und ambulanten Leistungen zu Hause. Etliche Vorhaben realisieren neuartige Wohnformen, etwa gemeinschaftliches Wohnen in Wohn- und Hausgemeinschaften oder Cluster-Wohnungen. In der Regel sind damit auch Betreuungskonzepte verbunden, entweder auf einer informellen Basis oder durch professionelle Anbieter.

Mehrere Projekte zielen auf die Stärkung der sozialen Netze, etwa in Form von „offener Altersarbeit" im Quartier, die der Baby-Boomer-Generation entspricht, oder durch die Einbindung von ehrenamtlichen Engagements. Ein Beispiel dafür, an welchem exemplarisch die Rolle der Gemeinden deutlich wird, ist das Projekt „Wohnen im Alter" in einer kleinen Gemeinde mit rund 720 Einwohnern im Kanton Uri. In einem Neubauprojekt mit acht Wohnungen hat die „Stiftung Wohnen im Alter Unterschächen" drei 2 ½-Zimmer-Wohnungen sowie eine Wohnung als Gemeinschaftsraum erworben. Die Wohnungen werden an ältere Menschen aus der Gemeinde vermietet, die Betriebskosten der Alterswohnungen und des Gemeinschaftsraums werden von der Stiftung übernommen. Für die Betreuung und Begleitung älterer Menschen in Unterschächen leistet – neben dem ambulanten Pflegedienst – der ehrenamtliche Frauen- und Mütterverein einen wichtigen Beitrag. Zur pragmatischen und solidarischen Dorfkultur gehört auch das Angebot des Hotels im Dorf, für ältere Leute ein günstiges Mittagsmenu anzubieten. Als Finanzierungspartner des Projekts treten die politische Gemeinde, die katholische Kirchgemeinde sowie zwei Privatpersonen auf.

Ein anderes gefördertes Vorhaben ist ein „Generationenhaus", das in einem dörflichen Umfeld einen niederschwelligen Treffpunkt betreibt und dort – mit einem bescheidenen Budget – ein Betreuungs- und Begleitungsangebot leistet, das sich an ältere Menschen, aber ebenso an Personen mit Behinderungen und Familien richtet. Andere Einrichtungen erweitern ihr Angebot für die bisher wenig adressierte Zielgruppe von Menschen mit psychischen Problemen und Suchterkrankungen, die häufig bereits im frühen Alter unter körperlichen Gebrechen leiden und damit Pflegeleistungen benötigen.

Innovationen auf der Ebene Technologie und Infrastruktur

Eine letzte Kategorie von innovativen Projekten ist fokussiert auf Unterstützungsprozesse, insbesondere bezüglich neuer Technologien und Infrastruktur.

Projekte, die neue Technologien zum Inhalt haben, ergeben sich etwa, wenn eine Schule „Active and Assisted Living" zum Unterrichtsstoff macht und Schüler/innen von der Industrie zur Verfügung gestellte digitale Hilfsmittel mit älteren Personen aus einer Alterseinrichtung testet. Bei einem anderen geförderten Projekt geht es um einen neuartigen, bei einem Sturz einer älteren Person selbstständig Alarm schlagenden Sturzsensor, der von der Berner Fachhochschule (BFH) entwickelt worden ist und nun auf dem Weg zur Marktreife begleitet werden soll.

Im Bereich der Infrastruktur finden sich Innovationen, zum Beispiel bei Sanierungen und Neugestaltungen von Alters- und Pflegeeinrichtungen, die neue Erkenntnisse in Bezug auf Beleuchtung und farblicher Gestaltung aufnehmen. Oftmals führen Sanierungen von Alterseinrichtungen oder -wohnangeboten auch zu konzeptionellen Anpassungen und damit zu Veränderungen der Kernprozesse. So etwa, wenn bei der Sanierung einer bestehenden älteren städtischen Alterssiedlung, im Sinne einer integrativen Weiterentwicklung der Siedlung, ein Treffpunkt mit Nachbarschaftsbüro eingerichtet und Cluster-Wohnungen geschaffen werden.

Diskussion

Interessant ist, dass sich die über 280 seit 2002 durch die Age-Stiftung unterstützten Projekte auf alle Deutschschweizer Kantone verteilen.[18] Es gibt keine markanten regionalen Unterschiede, wenn man davon absieht, dass die bevölkerungsreichen Gemeinden deutlich übervertreten sind: Fast die Hälfte der geförderten Projekte (48 %) stammt aus den nur gerade 42 Schweizer Gemeinden, die mehr als 20.000 Einwohner haben.[19] 40 % der Projekte sind in mittleren Gemeinden mit 2.000 bis 20.000 Einwohnern realisiert worden und nur 12 % der Projekte finden sich in kleinen Gemeinden mit weniger als 2.000 Einwohnern. Die Größe einer Gemeinde (aber nicht des Kantons) scheint ein wichtiges Kriterium zu sein, ob in einer Gemeinde innovative Projekte bestehen.

Gewichtige „Schubkräfte" für Innovationen im Altersbereich im Schweizer Kontext stellen – neben aktiven Gemeinden – vor allem engagierte Nonprofit-Organisationen dar. Mehrheitlich sind es lokale oder regionale Leistungserbringer[20], die als Projektinitiatoren auftreten, teilweise spielen aber auch die regionalen Träger von nationalen Organisationen wie der Pro Senectute oder des Schweizerische Rote Kreuz eine aktive Rolle.

Es fällt auf, dass in fast allen Projekten das Zusammenspiel von mehreren Akteuren zentral ist. Auch wenn die Vorhaben zum großen Teil von Nonprofit-Organisationen getragen werden: Fast immer sind Gemeinden in irgendeiner Form mitbeteiligt, teilweise als Initianten und Träger der Projekte, viel häufiger aber als Kooperations- oder Finanzierungspartner. Dabei wird das Bemühen deutlich, pragmatische Lösungen zu finden, die sich möglichst passgenau an den lokalen Gegebenheiten orientieren. Das Zusammenspiel der verschiedenen Akteure orientiert sich an den Notwendigkeiten und den jeweils verfügbaren Ressourcen. Entscheidend scheint zu sein, ob sich im Netzwerk engagierte Schlüsselpersonen finden, aber auch, wo finanzielle Möglichkeiten vorhanden sind. Je nachdem, wie die Situation vor Ort aussieht, geht die Initiative von der Träger-

---

[18] Die Age-Stiftung konzentriert ihre Fördertätigkeit auf die Deutschschweiz. Die französisch- und italienischsprachigen Landesteile werden deshalb hier nicht mitberücksichtigt.

[19] Nur gerade 42 der 2.212 Schweizer Gemeinden (2018) zählen mehr als 20.000 Einwohner (www.bfs.admin.ch).

[20] Z. B. bestehende Alters- und Pflegeeinrichtungen, Wohnbaugenossenschaften, Anbieter sozialer Dienstleistungen (z. B. gemeinnützige „Spitex"-Organisationen), aber auch Stiftungen oder Vereine, die spezifisch für ein zu realisierendes Projekt gegründet worden sind.

schaft eines bestehenden Leistungserbringes (z. B. einer Alters- und Pflegeeinrichtung) aus, von einer gemeinnützigen Wohnbauträgerschaft oder von der Gemeinde. In anderen Fällen wird für das Projekt eine neue Trägerorganisation gegründet – in der Regel eine Stiftung oder ein Verein. So entstehen unterschiedliche lokal und regional verankerte Arrangements, in denen Leistungserbringer mit Politik und Verwaltungseinheiten der Gemeinden (seltener auch des Kantons) zusammenwirken. Diese Arrangements sind auf die jeweils spezifischen Situationen abgestimmt. Zentral sind dabei initiative und visionäre Persönlichkeiten aus Politik (vor allem Gemeinderäte), Verwaltung sowie bei den Verantwortlichen der Leistungserbringer.

Damit kommt der Kooperation der relevanten Akteure eine Schlüsselrolle zu. Ebenso scheint sich der Einbezug der Leistungsbeziehenden, etwa im Rahmen von formellen und informellen Beteiligungs- und Partizipationsformen, innovationsfördernd auszuwirken (Stremlow et al. 2016, S. 17).

Zu den Voraussetzungen für erfolgreiche Innovationen gehört ebenfalls eine minimale Ressourcenausstattung, die erst Möglichkeiten eröffnet, um Projekte zu planen und umzusetzen. Dies könnte das deutliche Übergewicht der innovativen Projekte, die aus mittleren und größeren Gemeinden stammen, erklären (vgl. www. age-stiftung.ch). Dieser Zusammenhang spiegelt sich auch auf der kantonalen Ebene, wo eher städtisch geprägte Kantone tendenziell stärker vertreten sind, als ländliche Kantone.

2.2.5 Föderalismus – Treiber oder Hindernis für Innovationen?

Am Beispiel des Altersbereichs wird deutlich, dass der schweizerische Kontext mit seinem stark ausgebauten Föderalismus, der hohen Gemeindeautonomie und entsprechend weitreichender Kompetenzverästelung durchaus zu einer Laborsituation führen kann, in denen neue Lösungsansätze in einem kleinen Rahmen ausprobiert werden können. Gleichzeitig erweisen sich Föderalismus und Kleinteiligkeit aber auch als Hindernisse für soziale Innovationen.

Welche innovationsförderlichen Aspekte gibt es?

Die kantonale und kommunale Autonomie erlaubt den Gemeinwesen, eigene Schwerpunkte zu setzen und spezifische, für die lokale und regionale Situation maßgeschneiderte Lösungen zu entwickeln. Im Vordergrund steht damit in der Regel die Suche nach einer passenden Lösung und nicht die Neuerung, die Innovation an sich.

Die Zahl der relevanten Schlüsselpersonen ist in den kleinen dezentralen Einheiten verhältnismäßig klein und die Entscheidungswege sind kürzer als in größeren Einheiten. So lassen sich Allianzen zwischen Mitgliedern von kommunalen Regierungen, Verantwortlichen der zuständigen Verwaltungsstellen und Vertreter/innen der sozialen Organisationen vergleichsweise leicht und mit einem vertretbaren Aufwand organisieren. Es sind auch diese Akteure, die schlussendlich über ein vorgebrachtes Vorhaben entscheiden.

Zudem kann flexibel auf die lokalen und regionalen zur Verfügung stehenden Ressourcen eingegangen werden. Dies betrifft nicht nur die finanziellen Möglichkeiten, sondern ganz besonders auch das Vorhandensein von engagierten und innovationsfreudigen Schlüsselpersonen bei den involvierten Institutionen. Ein wichtiges Element ist denn immer auch die gelingende Kooperation, die Schaffung von „Innovationsbündnissen" unter den relevanten Akteuren, die immer stark lokal und regional geprägt sind.

Welche Hindernisse stellen sich Innovationen in den Weg?

Die kleinräumigen Strukturen und die Verästelung der Kompetenzen zwischen verschiedenen Staatsebenen können bremsend auf die Umsetzung von sozialen Innovationen einwirken. So steht die Kleinteiligkeit einer raschen Verbreitung von Neuem tendenziell im Weg. Die politischen und strukturellen Rahmenbedingungen unterscheiden sich von Gemeinde zu Gemeinde und von Kanton zu Kanton teilweise stark. So sind die realisierten Lösungen stark auf die lokalen und regionalen Gegebenheiten zugeschnitten. Ihre Grundlage bilden immer spezifische, sich aus der lokalen Situation ergebenden Arrangements, die von den jeweils relevanten Akteuren „vor Ort" getragen und vorangetrieben werden. Das Zustandekommen von innovativen Lösungen hängt stark von lokalen Akteurskonstellationen und den dort tätigen Schlüsselpersonen ab. Das kann im einen Fall ein Bündnis eines für Neuerungen offenen, durchsetzungsstarken Geschäftsleiters einer sozialen Organisation mit der einflussreichen, für das Sozialressort verantwortlichen Gemeinderätin sein. An einem anderen Ort ist es eine Allianz aus der lokalen Freiwilligeninitiative, die eine Projektidee lancieren will und sich hierzu die Unterstützung der kommunalen Sozialverwaltung und der Gemeindepräsidentin sichert. Im dritten Fall ist der Motor ein engagiertes Team einer kantonalen Fachverwaltung, die in Kooperation mit aktiven Leistungserbringern und unter Einbezug von Gemeindepolitiker/innen neuartige Projekte auf den Weg bringt.

Festzuhalten ist, dass die notwendigen Aushandlungsprozesse manchmal aufwendig und zeitraubend sind. Sie können gelegentlich ermüdend sein und werden von vielen Beteiligten deshalb oft als Hindernisse wahrgenommen.

Der direkten Skalierung und Übertragbarkeit von Lösungen von einer konkreten Situation auf andere Gemeinden und Regionen sind meist Grenzen gesetzt. Die ausgeprägt kleinräumigen Strukturen, die jeweils unterschiedlichen Verantwortlichkeiten und gesetzlichen Grundlagen (z. B. teilweise andere Finanzierungsträger und -instrumente), aber auch die Einschätzung, dass die eigene Situation kaum mit anderen vergleichbar sei, bremsen die Verbreitung von Innovationen zusätzlich. Aber auch wenn das direkte Kopieren nicht möglich ist, können die Beispiele von sozialer Innovation doch als Inspiration dienen. Sie lassen sich in angepasster Form durchaus für andere Gemeinden und Regionen adaptieren. Das Bewusstsein, nicht alles von Beginn an selbst entwickeln zu müssen, ist in Gemeinden in Organisationen oft erstaunlich wenig verbreitet.

Gerade den kleinen Kantonen, Gemeinden und Leistungserbringern fehlen zudem – vor dem Hintergrund der knappen personellen und finanziellen Ressourcen – oftmals die nötigen Spielräume, um Innovationen umzusetzen.[21] Wenn es in kleineren Gemeinden und Kantonen an Personen fehlt, die sich hauptberuflich mit Altersfragen beschäftigen, erstaunt es wenig, wenn dieses Thema in einem Gemeinwesen kaum einen Stellenwert bekommt. Impulse für Innovationen gehen denn auch in erster Linie von größeren Gemeinden und Leistungsanbietern aus. Eine Möglichkeit für kleinere Gemeinden ist es, sich im Bereich der sozialen Dienstleistungen einer größeren Nachbargemeinde anzuschließen (vgl. dazu Berger 2016). Besonders kleinere Gemeinden und Dienstleistungsanbieter erhoffen sich von einem Zusammenschluss mit geeigneten Fusionspartnern die Stärkung der fachlichen Kompetenzen und der personellen

---

[21] Was Beyeler (2014) für die Fachstellen für Gleichstellung beschreibt, gilt für viele Felder der Sozialpolitik, auch für den Altersbereich.

Ressourcen sowie Synergiegewinne und mehr Handlungsspielräume bei der Gestaltung von bevölkerungs- und kundenbezogenen Angeboten.[22]

Wie weit der technologische Wandel (Stichwort Digitalisierung) hier neue Möglichkeiten schafft und die Vorteile der Größe zumindest zu einem gewissen Teil ausgleichen kann, muss sich erst noch zeigen.

Ansatzpunkte für soziale Innovationen I:
Verbreitung lokaler Lösungen

Aus der Darstellung ergeben sich eine Anzahl von Ansatzpunkten und Lernprozessen, die geeignet scheinen, die dargestellten Hindernisse zumindest zu einem Teil auszugleichen und Entwicklungen im Sinn der weiteren Verbreitung von „guten Lösungen" zu ermöglichen.

Eine zentrale Rolle spielt die Vermittlung und Kommunikation von Beispielen und den damit gesammelten Erfahrungen über die engen Grenzen von Gemeinden und Kantonen hinweg. Es gibt eine Vielzahl von spannenden, mehr oder weniger neuen Organisationsformen, Angeboten und Prozessen, die aber kaum oder nur sehr zufällig über die Gemeinde oder den Kanton hinaus bekannt werden. Im Gespräch mit den Verantwortlichen vor Ort wird oft deutlich, dass diese nur wenig darüber wissen, was es bereits gibt und wo spannende neue Ansätze ausprobiert worden sind. Vor diesem Hintergrund ist die Verbreitung von neuen Lösungen und den Erfahrungen, die damit gemacht worden sind, besonders wichtig. Neue Lösungen können etwa im Rahmen von Webauftritten, Publikationen und Veranstaltungen vorgestellt werden.[23] Wichtige Partner sind dabei besonders nationale Fachorganisationen der sozialpolitischen Fachbereiche, etwa die Schweizerische Konferenz für öffentliche Sozialhilfe (SKOS), Dachorganisationen von sozialen Einrichtungen wie INSOS oder Curaviva, aber auch Bundesämter, kantonale Fachstellen, nationale Leistungserbringer (z. B. Pro Senectute,

---

[22]   Vgl. dazu den Beitrag 3.1 von Daniel Iseli in diesem Band.

[23]   Aktuell etwa der Kanton Aargau, der ein Handbuch „Wohnen im Alter für Gemeinden" herausgegeben hat oder der Kanton Basel-Landschaft, der jährliche Tagungen zum Thema Alter für Gemeinden durchführt. Neben der Age Stiftung (www.age-stiftung.ch) sind auch andere Förderstiftungen in diesem Bereich aktiv (z. B. Schiller-Stiftung).

Pro Infirmis, Caritas, Schweizerisches Rotes Kreuz, Schweizerisches Arbeiterhilfswerk etc.), Förderstiftungen sowie die Fachhochschulen.

Ein Mittel, um „lokale Lösungen" und insbesondere auch die Erfahrungen, die mit diesen gemacht werden, zu verbreiten, stellen auch Auswertungsstudien und Evaluationsberichte dar, die – im Auftrag von Finanzierungsträgern oder Fachorganisationen – von (Fach-) Hochschulen und Forschungsbüros durchgeführt werden. Dabei geht es nicht nur um die Verbreitung von „guten Beispielen", sondern ebenso darum, auf Stolpersteine, offene Fragen und Ansätze für Verbesserungen hinzuweisen. Innovative Vorhaben umzusetzen heißt auch zu experimentieren. Und nicht jedes Experiment ist auf Anhieb erfolgreich.[24] Hier braucht es entsprechende Ressourcen und auch die Bereitschaft der Verantwortlichen, Misserfolge zuzulassen.

Ansatzpunkte für soziale Innovationen II:
Abgestimmte Fördermodelle

Der Druck, die sozialen Leistungen bedarfsorientiert anzupassen, weiterzuentwickeln und dabei auch Neuerungen umzusetzen bleibt hoch. Demgegenüber verfügen viele kleinere Gemeinden und Leistungserbringer teilweise nur über beschränkte Möglichkeiten, diesen Herausforderungen gerecht zu werden: die finanziellen und personellen Ressourcen sind klein, der Zugang zu Netzwerken und qualifiziertem Fachwissen ist oft eingeschränkt oder – wenn vorhanden – stark von wenigen Einzelpersonen abhängig. Vor diesem Hintergrund bleiben strukturelle Reformen wie Fusionen, vor allem aber auch vielfältige Formen von Kooperationen auf der Agenda.

Ebenso lässt sich das Zusammenspiel der Staatsebenen Bund, Kantone und Gemeinden noch besser so aufeinander abstimmen, dass damit die Suche nach innovativen Lösungen angeregt wird. Das kann etwa im Rahmen von Förderprogrammen oder angepassten Beitragsmodellen von Bundesämtern oder Kantonen erfolgen. Eine Möglichkeit ist, dass anstelle von starren Detailvorgaben vermehrt Entwicklungsziele formuliert werden, die darauf abzielen, innovative Vorhaben zu ermöglichen. Beispiele dafür sind etwa das nationale Förderprogramm des Eidgenössischen Büros für die Gleichstellung von Menschen mit Behinderungen (EBGB), das (zeitlich

---

[24] Vgl. dazu z. B. den Beitrag 3.1 von Martin Wild-Näf zur Subjektfinanzierung in Band 2.

beschränkte) Nationale Programm zur Prävention und Bekämpfung von Armut oder die „Integrationsagenda Schweiz" des Staatssekretariats für Migration (SEM), welche durch die Kantone im Rahmen von jeweils eigenen Konzepten umgesetzt wird.[25] Einige Kantone betreiben eigene Programme, mit denen sie innovative Vorhaben von Gemeinden und teilweise auch von Leistungserbringern fördern.[26] Hier sind noch beträchtliche Entwicklungsmöglichkeiten vorhanden, um die Potenziale des föderalen Systems der Schweiz für soziale Innovationen in Zukunft noch besser nutzen zu können.

Zusammenfassend lässt sich festhalten, dass der Schweizer Sozialbereich ein komplexes Gebilde darstellt, das wesentlich durch die föderalen Strukturen von Kantonen und Gemeinden mit einer großen Unabhängigkeit und Zuständigkeit in ihrer Politik und deren Umsetzung geprägt ist. Es ist unter dem Einfluss des gesellschaftlichen Wandels einem dauernden Veränderungsprozess unterworfen und stellt einen günstigen Nährboden für soziale Innovationen dar. Allerdings führt die Aufsplitterung der Zuständigkeiten auf viele kleine Einheiten auch zur ausgeprägten Fragmentierung des Sozialsystems. Daraus ergeben sich zwar vielfältige Lösungen, aber – neben der erschwerten Zugänglichkeit – auch institutionelle Hindernisse für Innovationen: Die Übertragbarkeit von neuen Lösungen ist aufgrund anderer Zuständigkeiten und Strukturen oft nicht direkt möglich und wird auch dadurch erschwert, dass die Akteure häufig stark auf das eigene Gemeinwesen bezogen sind. Es fehlt auch an strikt durchgeführten Evaluationen und Bestandsaufnahmen der Aktivitäten, um aus guter Praxis anderer Kantone und Gemeinden zu lernen. Zudem führen die kleinen politischen und institutionellen Einheiten dazu, dass oft nur beschränkter Spielraum für Experimente besteht.

Ebenso besteht das Risiko, dass die Tendenz zu mehr Standardisierung, mehr Kontrolle und engeren Vorgaben von Bund und Kantonen

---

[25] Vgl. dazu zum Förderprogramm des Eidg. Büros für die Gleichstellung von Menschen mit Behinderungen (EBGB) www.edi.admin.ch/edi/de/home/fachstellen/ebgb/finanzhilfen.html, zum Nationalen Programm zur Prävention und Bekämpfung von Armut www.gegenarmut.ch/ueber-uns/ sowie zur „Integrationsagenda Schweiz" (IAS) www.sem.admin.ch/sem/de/home/themen/integration/integrationsagenda.html und www.kip-pic.ch/de/kip/integrationagenda/ (letzter Zugriff: 28.02.2019).

[26] Vgl. z. B. das Projekt „Gemeinden und Netzwerke" im Bereich der Gesundheitsförderung und Prävention des Kantons St. Gallen.

gegenüber Gemeinden und sozialen Dienstleistungserbringern, dazu führt, dass die Gestaltungsspielräume eingeengt werden und damit als Hindernis für Innovationen wirken.

Eine deutliche Ausweitung der Auswertung und Verbreitung von erfolgreichen lokalen Lösungen und die Verbesserung des Zusammenspiels zwischen den förderalen Ebenen durch abgestimmte Fördermodelle mit Freiräumen für die Ausgestaltung „vor Ort" könnten Möglichkeiten schaffen, um die „föderalen Labors" künftig noch wirksamer zu nutzen.

2.2.6 Literatur-/Quellenverzeichnis

Berger, T. (2016): Alterspolitik in der Schweiz. Bestandesaufnahme und Analyse kantonaler Unterschiede (Masterthesis). Hochschule Luzern, Luzern.

Beyeler, M. (2014): Effets directs et indirects du fédéralisme sur les politiques en matière d'égalité entre les femmes et les hommes – Perspectives venues de la Suisse. In: Fédéralisme Régionalisme, Etudier les systèmes fédéraux à travers le prime du genre, Vol. 14/2014 – http://popups.ulg.ac.be/1374-3864/index.php?id=1364 (letzter Zugriff: 10.04.2019)

Bonoli, G./Champion, C. (2014): Federalism and Welfare to Work in Switzerland. The Development of Active Social Policies in a Fragmented Welfare State, In: Publius. The Journal of Federalism 45 (1), May 2014.

Bonvin, J.-M. (2008): Activation Policies, New Modes of Governance and the Issue of Responsibility. In: Social Policy & Society, 7:3/2018, S. 367–377.

Dittmann, J./Heinzmann, S./Knöpfel, L. (2016): Mit Innovation gegen Armut. Sozial innovative Projekte im Kontext der Armutsprävention und Armutsbekämpfung in Kantonen, Städten und Gemeinden. Studie im Auftrag des Bundesamtes für Sozialversicherungen. Nationales Programm gegen Armut. In: Beiträge zur Sozialen Sicherheit, Forschungsbericht Nr. 17/2016.

Dvorak, A./Ruflin, R. (2012): Der Leistungsvertrag. Ein Praxisleitfaden. Haupt, Bern/Stuttgart/Wien.

Engler, P. (2015): Staatliche und private Träger im schweizerischen Sozialwesen. In: Riedi, A. M./ Zwilling, M./Meier Kressig, M./Benz Bartoletta, P./Aebi Zindel, D. (Hrsg.): Handbuch Sozialwesen Schweiz. Haupt, Bern, S. 217–227.

Eurich, J./Glatz-Schmallegger, M./Parpan-Blaser, A. (2018): Gestaltung von Innovationen in Organisationen des Sozialwesens. Rahmenbedingungen, Konzepte und Praxisbezüge. Springer VS, Wiesbaden.

Feld, L. P./Schaltegger, C. A. (2017): Föderalismus und Wettbewerbsfähigkeit in der Schweiz. NZZ Libro, Zürich.

Knöpfel, C. (2018): Sozialstaatliche Rahmenbedingungen sozialer Innovationen in der Schweiz. In: Eurich, J./Glatz-Schmallegger, M./Parpan-Blaser, A.: Gestaltung von Innovationen in Organisationen des Sozialwesens. Rahmenbedingungen, Konzepte und Praxisbezüge. Springer VS, Wiesbaden, S. 127–142.

Linder, W. (2012): Schweizerische Demokratie: Institutionen – Prozesse – Perspektiven. Haupt, Bern.

Mai, M. (2014): Handbuch Innovationen. Interdisziplinäre Grundlagen und Anwendungsfelder. Springer Fachmedien, Wiesbaden.

Millner, R./Vandor, P./Schneider, H. (2013): Innovation und Social Entrepreneurship im Nonprofit-Sektor. In: Simsa, R./Meyer, M./Badelt, C. (Hrsg.): Handbuch der Nonprofit Organisation. Strukturen und Management. Schäffel-Poeschel, Stuttgart, S. 431–450.

Phillis, J. A./Deiglmeier, K./Miller, D. T. (2018): Rediscovering social innovation. In: Stanford Social Innovation Review 4, S. 34–43.

Schedler, K./Proeller, I. (2011): New Public Management. Haupt, Bern.

Stremlow, J./Riedweg, W./Da Rui, G./Müller, M. (2016): Gestaltung der Alterspolitik, Beteiligung und Partizipation in ausgewählten Schweizer Städten und Gemeinden. In: Leitner, S./Mroß, M./Schubert, H. (Hrsg.): Kölner Schriftenreihe für Management und Organisation in der Sozialen Arbeit, Band 4/2016.

Strohmeier Navarro Smith, R. (2012): Alterspflege in der Schweiz. Ein föderal geprägtes Politikfeld im europäischen Vergleich. Peter Lang, Bern/Berlin.

Vatter, A. (2018): Swiss Federalism. The Transformation of a Federal Model. Routledge. New York/London.

Von Schnurbein, G. (2013): Der Nonprofit Sektor in der Schweiz. Handbuch der Nonprofit Organisation. In: Simsa, R./Meyer, M./Badelt, C. (Hrsg.): Strukturen und Management. Schäffel-Poeschel, Stuttgart, S. 15–36.

Vullings, R./Heleven, M. (2015): Not Invented Here. Cross-industry Innovation. BIS Publishers, Amsterdam.

Wolf, M./Kehl, K./Amstutz, J. (2018): Soziale Innovation, soziale Investition, soziales Unternehmertum: Was können wir in der Schweiz aus internationalen Studien lernen? Beitrag an der Fachtagung „Soziale Innovation – Erfahrungen, Kontroversen, Perspektiven" am 02.02.2018, Olten.

Matthias von Bergen ist Dozent und Projektleiter im Departement Soziale Arbeit der Berner Fachhochschule BFH. Er ist Historiker und Volkswirtschaftler mit langjähriger Expertise in den Bereichen Sozialpolitik, Public und Nonprofit Management sowie Strategie- und Organisationsentwicklung in sozialen Organisationen.

2.3 Die Neue Effizienz – ein Paradigmenwechsel im Management sozialer Organisationen
Irmtraud Ehrenmüller

2.3.1 Prolog: Was leitet unseren Alltag in der Langzeitpflege?

Einrichtungen der Langzeitpflege für ältere Menschen („Pflegeheime") beschäftigen seit einiger Zeit zwei alles dominierende Themen: Fachkräftemangel und Finanzierung. Ohne an dieser Stelle bewerten zu wollen, wieweit diese Mängel objektiv messbar sind, sind die subjektiv erlebten Konsequenzen allgegenwärtig, zum Beispiel:

- Die Attraktivität von Pflegeeinrichtungen hinkt der von Gesundheitseinrichtungen nach.

- Gut qualifizierte Pflegekräfte tendieren in Krankenhäuser statt in Pflegeheime.

- Die Arbeitsbelastung in Pflegeheimen ist hoch, da regelmäßig fehlende Mitarbeiter kompensiert werden müssen.

- Die Fluktuation von Pflegekräften löst laufend Bedarf an neuen Arbeitskräften und damit Kosten und zusätzliche Belastungen durch Personalsuche und -einschulungen aus.

Der Alltag im Management von Pflegeeinrichtungen ist zunehmend geprägt von der Bewältigung des Pflichtprogramms[27], für innovative Projekte fehlen Zeit und Geld (Schöttler 2016). Als Ursache für alle Probleme wird schlechte finanzielle Ausstattung der Branche verantwortlich gemacht, die einzige Lösung, die nachgefragt wird, wäre demnach „mehr Geld und mehr Personal". Doch was wäre tatsächlich, wenn plötzlich „dem System" z. B. 10 % mehr finanzielle Mittel zugesprochen werden würden?

Begeben wir uns einfach einmal in ein fiktives Szenario[28] und denken wir mögliche Effekte unter sonst unveränderten Rahmenbedingungen durch:

---

[27] Die Autorin betont ausdrücklich, dass unter „Pflichtprogramm" ein gutes Niveau an Pflegequalität zu verstehen ist. Bewohner/innen werden in den nach zeitgemäßen Standards geführten Häusern gut und qualitätsvoll betreut und erleben keinen Mangel.

[28] Dieses Szenario beschreibt eine Situation, die auf realistischen Rahmenbedingungen beruht, darüber hinaus aber frei erfunden ist. Es handelt sich bei dieser Story quasi um eine „organisatorische Persona".

Der Heimträger „Herbstlaub" betreibt vier Pflegeheime in einer Region in Österreich: die Häuser Ahorn, Birke, Buche und Eiche. Jedes Haus bietet 100 Menschen einen Pflegeplatz an. Die durchschnittliche Pflegestufe nach österreichischem Modell beträgt 4,4, die Bewohner wohnen nach ihrem Einzug im Regelfall zwischen sechs Monate und zwei Jahre im Haus. 75 % der gesamten laufenden Ausgaben entfallen auf Personal (mit Hauswirtschaftspersonal, ohne Küchenpersonal, da eine externe Firma die Küchenbetriebsführung übertragen bekommen hat), 10 % auf fixe Infrastrukturkosten (Gebäude, Strom, Wasser, Heizung, Wartung, Reparatur). Die restlichen 15 % des Aufwands decken die übrigen laufenden Kosten wie Verpflegung, Pflege- und Verbrauchsmaterialien, Reinigung, Wäscherei, Verwaltungsaufwand, Ausflüge, etc. Es gibt für jedes Haus eine gesetzliche Vorgabe, wie viel Personal mindestens für die Betreuung und Pflege zur Verfügung stehen muss. Dieser Wert wird kalkulatorisch zu 105 % erfüllt, durch Fluktuation, Langzeitkrankenstände, nicht sofort nachbesetzbare Karenzen etc. sind damit knapp die 100 % des erforderlichen Mindestpersonalstands tatsächlich im laufenden Betrieb im Dienstplan verfügbar. Der gemeinnützige Heimträger „Herbstlaub" kann mit den gesetzlich festgelegten Erlösen den Heimbetrieb bei 100 %-iger Auslastung kostendeckend führen, Rücklagen können allerdings nur noch in sehr geringem Ausmaß gebildet werden.

Die Bewohner sind zufrieden und pflegerisch sehr gut betreut, die Angehörigen wünschen sich mehr Beschäftigung wie z. B. Ausflüge, begleitete Spaziergänge oder Veranstaltungen. Die Mitarbeiter/innen fordern mehr Personal im Nachtdienst, obwohl die gesetzlichen Vorgaben dafür (qualitativ/quantitativ) gut erfüllt sind. Personalvertretungen fordern seit Jahren kürzere Wochenarbeitszeiten, mehr Urlaub und Sonderfreizeiten bei vollem Lohnausgleich.

Auffallend ist die Entwicklung des Betreuungs- und Pflegebedarfs der Bewohner/innen: Da die Bewohner/innen aufgrund gesetzlicher Rahmenbedingungen und der demografischen Entwicklung mit immer höherem Pflegebedarf einziehen und eine gleichzeitig immer kürzere Aufenthaltszeit in den Häusern haben, steigt der tatsächliche Aufwand für die Betreuung stärker an, als die Entwicklung der Pflegestufen vermuten lässt. Auch die Begehrlichkeiten der Angehörigen steigen. Bei gleicher Bewohneranzahl und nur langsam steigender durchschnittlicher Pflegestufe wird der tatsächliche qualitative und quantitative Pflege- und Betreuungsaufwand höher – das belegen auch die Pflegedokumentationen.

Der Träger erhält nun das fiktive Angebot „+ 10 %" Budget für ein Jahr, wobei die Verwendung vorab zweckgebunden definiert werden muss und nur für diesen Zweck ausgezahlt wird. In einem gemeinsamen Workshop wird mit Vertreter/innen aller Häuser besprochen, was mit diesem Zusatzbudget finanziert werden könnte; pro Haus entspricht das z. B. einem dieser Punkte:

- *2 zusätzliche qualifizierte Dienstposten pro Tag in Tagdienst*

- *1 zusätzlicher Nachtdienst pro Haus + Einmalremuneration für alle Mitarbeiter/innen*

- *Stundenreduktion pro Mitarbeiter/in bei vollem Lohnausgleich*

- *Errichtung eines Therapiegartens*

- *Einrichtung von zusätzlichen baulichen Maßnahmen für Bewohner/innen, z. B. Erinnerungszimmer, Ordination, Friseurzimmer*

- *täglicher Betrieb des Cafés mit gratis Kaffee und Kuchen für Bewohner/innen und Mitarbeiter/innen*

- *Erneuerung von Lichtruf und Telefonanlage sowie vollständige WLAN-Ausstattung im Haus*

- *Erneuerung der Kücheninfrastruktur (v. a. Spüle, Convectomat, Kipper) inkl. neues Speiseverteilsystem*

- *Einführung einer neuen Pflegesoftware inkl. mobiler EDV, zeitgemäße IT-Ausstattung und Schulung*

- *Freigabe einer Reihe von lange rückgestellten Wünschen: Rasenmähroboter, Schulungsprogramm „Gewalt in der Pflege vermeiden", Kleinbus für Bewohnertransporte, neue Pflegebetten in 20 Zimmern, Sanierung der Garderoben, Großveranstaltung für Bewohner/innen und Angehörige, Einführung eines QM-Systems durch einen externen Berater (statt Eigenleistung)*

- *Zuführung zu Investitionsrücklagen*

In weiteren Besprechungen einigt man sich darauf, dass man die „+ 10 %" vor allem in mehr Personal zur Entlastung der vorhandenen Mitarbeiter/innen investieren wird; man geht davon aus, dass zufriedenes Personal automatisch auch zu zufriedenen Bewohner/innen führen wird.

Nach einem Jahr werden 85 % des zusätzlichen Budgetangebots unverbraucht zurückgegeben. Die Bewohner/innen sind weniger zufrieden als im Jahr zuvor, die Fluktuation ist gestiegen, Mitarbeiter/innen und Führung sind frustriert.

Was ist passiert? Die folgenden Kapitel stellen die Zusammenhänge und einen Lösungsansatz vor.

2.3.2 Die Treiber im Sozialbereich

Das „Treiber-Dreieck"

In Abschnitt 2.3.1 werden als Hauptprobleme der Branche der Pflegekräftemangel und die Finanzierung genannt. Diese beiden Faktoren kann man auch als „Treiber" im System bezeichnen. Dazu kommt ein dritter Treiber: der steigende Bedarf an Pflege- und Betreuungsleistungen. Diese drei Treiber beeinflussen sich wechselseitig.

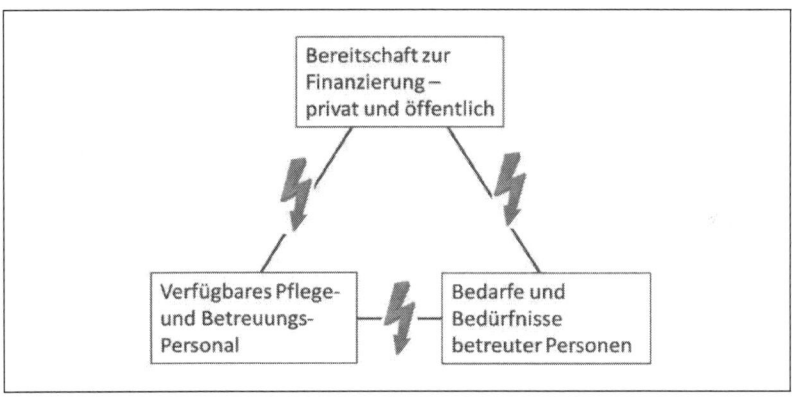

Abbildung 4: Treiber-Dreieck (eigene Darstellung)

Um eine stabile Versorgungssituation sicherstellen zu können, sollten zumindest diese drei Treiber in einer Art Gleichgewicht zueinander stehen: Es steht ausreichend qualifiziertes und finanziertes Betreuungspersonal zur Verfügung, um die Bedarfe und Bedürfnisse betreuungspflichtiger Menschen zu decken.

In der gesellschaftlichen Realität erleben wir aber derzeit gegenläufige Entwicklungen.

Treiber „Bedarfe betreuter Personen"

Dieser Treiber ist die Folge sowohl der demografischen Entwicklung als auch des medizinischen Fortschritts. Offizielle Daten prognostizieren jedenfalls einen Anstieg pflegebedürftiger alter Menschen; das Land Oberösterreich beziffert den Zuwachs an Personen, die Wohn-, Betreuungs- oder Pflegeplätze benötigen, im Zeitraum zwischen 2016 und 2025 auf 19,41 % (Hemedinger/Riedl 2018).

Dieser errechnete Anstieg kann aber maßgeblich durch Faktoren beeinflusst werden, die statistisch nicht erfasst bzw. nicht erfassbar sind, z. B. (Ehrenmüller/Hasenauer/Belviso 2019):

- Entwicklung des medizinisch-pflegerischen Betreuungsbedarfs („Pflegeintensität")[29]

- Verfügbarkeit von Angehörigen für die Pflege

- Finanzierung der einzelnen Betreuungsangebote („Angebot schafft Nachfrage")

- Qualität der Betreuungsangebote und deren Image („Angebot schafft Nachfrage")

- Qualität der Betreuung (Qualifizierungsgrad des Personals)

- Einfluss von Meinungsführern über Wohn- und Betreuungsformen im Alter

- Soziale Akzeptanz von Pflegebedürftigkeit („Es ist kein Zeichen von Schwäche, eine Pflegestufe zu beantragen.")

- Entwicklung der Bereitschaft zu einem Wohnungswechsel im Alter

- Bereitschaft und Möglichkeit, die eigene Wohnung pflegegerecht zu gestalten („Wohnassessment" durch professionelle Anbieter)

- Qualität und Zutrittsmöglichkeit zu Krankenhausleistungen (Kompensationsmöglichkeit bei hohem Pflegebedarf)

Die tatsächliche Entwicklung der Kurve wird damit möglicherweise viel markanter ausfallen; in der folgenden Darstellung wird aus die-

---

[29] Datenbasis: Die Entwicklungen in drei beispielhaften Pflegeheimen in Oberösterreich zeigen folgende Entwicklung: Haus A – Steigerung zwischen 2008 bis 2017 um 22 %; Haus B – Steigerung zwischen 2013 bis 2017 um 8 %; Haus C – Steigerung zwischen 2013 bis 2017 um 9 %.

sen Faktoren lediglich einbezogen, dass der Pflegebedarf pro fünf Jahre um 10 % intensiver ausfallen wird als in der Entwicklung angenommen:[30]

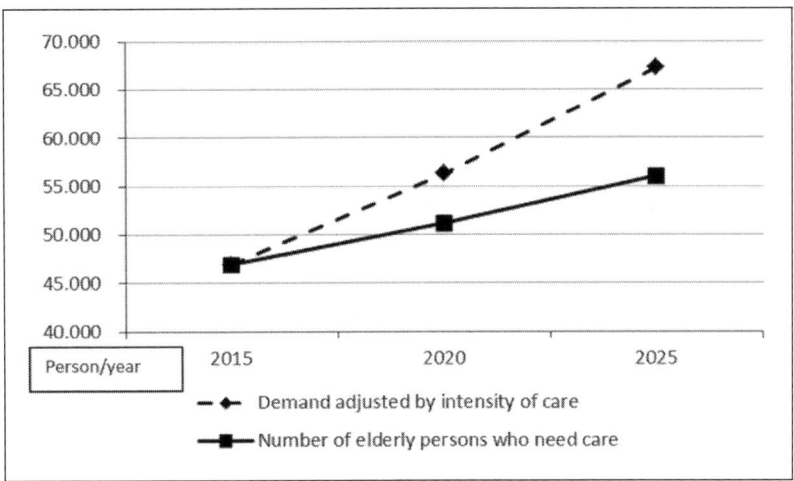

Abbildung 5: Entwicklung Pflegebedarf (Ehrenmüller et al. 2019)

Moderne bzw. gesellschaftlich gewünschte Betreuungsformen wie mobile Betreuung oder 24-Stunden-Pflegen sind außerdem personalintensiver im Vergleich zu Pflegeheimen. Dieser Umstand ist im „Treiber-Dreieck" ebenfalls zu berücksichtigen, wenn man ein stabiles Gleichgewicht sichern will.

In diesem Artikel werden wir diesen Anspruch und Bedarf an Pflege- und Betreuungsleistungen im Alter als Output bezeichnen. Gemeint ist damit jenes Ausmaß an sozialen Dienstleistungen in der Pflege- und Betreuung, das angeboten werden muss, um alle entsprechenden Bedarfe abzudecken.

---

[30] Diese 10 % Intensivierung ergibt sich aus der Annahme, dass sich der tatsächliche Pflegebedarf, gemessen in Pflegestufen, um 10 % erhöhen wird; dies entspricht z. B. der Erhöhung der durchschnittlichen Pflegestufe von 4 auf 4,8. Die Pflegestufen werden anhand des hinterlegten Pflegepersonalbedarfs in Stunden pro Monat vergeben. Pflegestufe 4,8 verlangt 10 % mehr Pflegestunden als Pflegestufe 4.

Treiber „Verfügbares Pflege- und Betreuungspersonal"

Dem Bedarf an Pflege und Betreuung steht das Angebot an diesen sozialen Dienstleistungen gegenüber. Hier wird ebenfalls ausführlich in den Medien über die Entwicklung berichtet: Der Pflegekräftemangel ist Fakt, offen ist die Frage, wie groß die Pflegelücke sein wird.

Auch dazu gibt es offizielle Zahlen, die den drohenden Pflegekräftemangel beziffern. In Oberösterreich erwartet man z. B. bis 2025 das Fehlen von 1.600 Vollzeitäquivalenten. Das entspricht einem Ausmaß 6,4 %, gemessen an den tätigen Pflegekräften. Doch auch diese Zahlen können sich durch teils unwägbare Faktoren noch deutlich verschärfen, z. B. (Ehrenmüller et al, 2019):

- Bereitschaft der ausgebildeten Pflegekräfte, ihre Arbeitsleistung dem System zur Verfügung zu stellen

- Arbeitszeitverkürzungen, sowohl individuell gewünscht als auch gewerkschaftlich verhandelt

- Auswirkungen von altersbedingten Arbeitszeitverkürzungen (Altersteilzeit, Krankenstandshäufigkeit u. Ä.)

- Trend zu personalintensiven Betreuungsformen, z. B. Mobile Dienste und 24-Stunden-Betreuung

- Trend zur Akademisierung der Pflege und damit weniger Bereitschaft für operative Pflegetätigkeiten

- Auswirkungen von attraktiven, konkurrenzierenden Berufsbildern, z. B. im Bereich der Digitalisierung

Nimmt man wiederum alleine den Faktor „mögliche Veränderung der Leistungsbereitschaft" und rechnet mit einer Reduktion des durchschnittlichen Arbeitsangebots von 5 % pro fünf Jahre, wird die Kurve der fehlenden Pflegekräfte bereits sichtbar erhöht. Diese 5 % entsprechen einer Wochenarbeitszeitreduktion von nur zwei Stunden (Basis 40-Stunden-Woche) und sind damit durchaus als wahrscheinlich anzusehen – entweder durch kollektivvertragliche Entwicklungen oder durch die persönliche Reduktion der Leistungsbereitschaft:

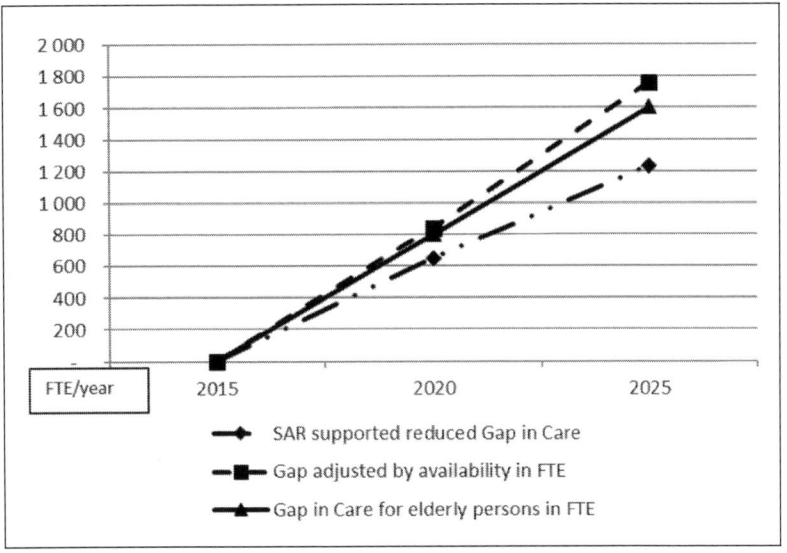

Abbildung 6: Entwicklung Pflegekräftemangel (Ehrenmüller et al. 2019)

Als Gegenmaßnahmen werden Lösungen diskutiert, die zwar durchaus notwendig sind, keineswegs aber als hinreichend gewertet werden dürfen:

- Pflegeausbildung unmittelbar nach der Schulpflicht anbieten, das heißt jüngere Menschen bereits im ersten Bildungsweg für einen Pflegeberuf qualifizieren

- Imagebildende Maßnahmen zur Steigerung der Attraktivität des Pflegeberufs[31]

- Organisatorische Maßnahmen wie Straffung der Abläufe, um mehr Leistung mit weniger Personen anzubieten („Arbeitsverdichtung")

Gegenläufig zu diesen Maßnahmen wirken Faktoren, die zeitgleich ausgelöst werden:

- Beschränkung des Zutritts zu Pflegeheimen: Der Anspruch auf einen Pflegeheimplatz wird an die Pflegestufe gekoppelt, diese wird entsprechend der angebotenen Plätze laufend hinauf-

---

[31] Vgl. www.sinnstifter.at/sinnstifter/vision – Stand: 27.12.2018

gesetzt; tatsächlich ist aber ein Pflegeplatz im Pflegeheim die am wenigsten personalintensive Versorgungsform bei gleichzeitig höchster, kontrollierter Pflegequalität.

- Arbeitszeitverdichtung durch organisatorische Straffung der Abläufe reduziert die Attraktivität des Berufs und verstärkt die Tendenz zu vorzeitigem Ausstieg aus der Pflege.

- Regelmäßig kolportierte Pflegeskandale sind im Einzelfall zwar unentschuldbar, das negative Bild, das damit aber über die Gesamtheit der Langzeitpflege erzeugt wird, dient nur der Verunsicherung der Bevölkerung und wirkt sich negativ auf das Image des Pflegeberufs aus.

- „Pflege", insbesondere die Langzeitpflege alter Menschen, wird als „Kostenfaktor" und damit gesellschaftliche Belastung positioniert, der gesellschaftliche Wert sowie der volkswirtschaftliche Nutzen treten demgegenüber in den Hintergrund.[32]

- Qualitätsmanagement wird in der Langzeitpflege sehr wichtig genommen; dabei wird stark auf Strukturqualitätskriterien wie z. B. die Mindestpersonalbesetzung Bezug genommen, welche die Veränderungen in Prozessen sowie die Ergebnisqualität einzelner Maßnahmen nicht oder nur unzureichend unterstützen. Veränderungen gewohnter organisatorischer Strukturen sind daher bereits aus der Sicht des Qualitätsmanagements schwierig zu veranlassen.

Wir bezeichnen im Folgenden jene Faktoren, die zur Dienstleistungserstellung in der Sozialwirtschaft benötigt werden, als Input. Wie der Story im Prolog zu entnehmen ist, stellt das Pflege- und Betreuungspersonal den maßgeblichen Input-Anteil.

Treiber „Finanzierung"

Dieser Treiber ist besonders schwierig objektivierbar zu machen, denn der Finanzierungsbedarf für Betreuung und Pflege im Alter ist äußerst komplex aufgebaut und hängt in seiner tatsächlichen Höhe von unterschiedlichen Faktoren ab (vgl. Roth 2018).

---

[32] Vgl. z. B. Schober, C: Studie zum gesellschaftlichen und ökonomischen Nutzen der mobilen Pflege- und Betreuungsdienste in Wien mittels einer SROI-Analyse. WU Wien 2012 sowie Folgestudien.

Vordergründig wird z. B. höherer Lohn und Gehalt für Pflegepersonal als Finanzierungsbedarf gesehen; wenn das gesamte Lohnniveau des Pflegepersonals angehoben wird, ist dies auch tatsächlich ein beträchtlicher Finanzierungsbedarf.

Es kann aber auch eine höhere Finanzierung von Pflegeheimen darunter verstanden werden, damit diese mehr Personal anstellen können. Da die Finanzierung von Pflegeheimen in Österreich in jedem Bundesland anders geregelt ist, gibt es dazu aber keine klare Aussage über eine allfällige Über- und Unterdeckung an Finanzmitteln.

Ein ganz wesentlicher Faktor ist die Versorgungsstruktur, in der die Pflege- und Betreuungsleistung angeboten und in Anspruch genommen wird, denn jede Struktur erzeugt andere Kosten und wird aus unterschiedlichen Quellen finanziert. Während z. B. die Gesamtkosten in einem Pflegeheim deutlich unter jenen einer 24-Stunden-Betreuung liegen, werden im Pflegeheim jedoch rund 74 % der Kosten von der öffentlichen Finanzierung getragen. Umgekehrt tragen in der deutlich kostenintensiveren 24-Stunden-Betreuung auch noch 68 % die privaten Nutzer (Roth 2018).

Eine weitere Auffälligkeit in der Finanzierungsthematik ist der Umstand, dass Einzeloptimierungen für Versorgungsleistungen einer gesamtökonomischen Betrachtung meist vorgezogen werden. So wird z. B. in Oberösterreich bei der Errichtung von öffentlich finanzierten Pflegeheimen nur wenig Rücksicht auf die Auswirkung von baulichen Gegebenheiten auf die laufende Gebarung genommen und entsprechend „kostenoptimiert" gebaut. Laufend höhere Kosten im Betrieb gehen in Folge auf ein anderes „Konto".

Wie allerdings in einer Studie klar zum Ausdruck gebracht wird (Schöttler 2016), fehlt in der Sozialwirtschaft generell die Finanzierungsbereitschaft von Innovationen. Ohne Innovationen fehlt wiederum der Anreiz für Investoren, Einrichtungen der Sozialwirtschaft als finanzierungswürdig zu erkennen.

Das Thema „Finanzierung der Pflege" artikuliert sich daher aus unterschiedlichen Interessenslagen, die im Widerspruch zueinander stehen und nicht einfach durch „mehr Geld im System" gelöst werden können, unter anderem:

- Öffentliche steuerfinanzierte Quellen: Verantwortung dem Wähler gegenüber
- Öffentliche beitragsfinanzierte Quellen: Verantwortung dem Versicherten gegenüber

- Private Finanzierungsanteile je nach Betreuungsstruktur: Bereitschaft und Möglichkeit, Pflege und Betreuung privat (mit) zu finanzieren

- Investitionen im sozialen Wohnbau: Zielvorgabe „kostenoptimiert bauen und investieren", unabhängig von laufenden, betrieblichen Erfordernissen

- Laufender Betrieb von stationären Einrichtungen: Zielvorgabe „niedrigstmöglicher Aufwand", unabhängig von baulichen Gegebenheiten

- Unterschiedliche Effizienzklassen der einzelnen Betreuungsstrukturen

- Sektorbezogene Schnittstellen, die Prozessoptimierungen entgegenstehen

- Gesellschaftliche Erwartungen und Ansprüche an Pflege und Betreuung

Das Gehaltsniveau in Betreuung und Pflege an sich wird eher weniger problematisch erlebt, vielmehr werden die Rahmenbedingungen als Belastung gesehen – die wiederum nur mit mehr Geld für das System als lösbar angesehen werden. Im Sinne eines nachhaltig mitarbeiterorientierten Managements ist auch tatsächlich allein höheres Gehalt für den Einzelnen nur eine sehr kurz wirksame „Motivation", die Optimierung der Rahmenbedingungen ist dafür viel notwendiger.[33]

Der Treiber „Finanzierung" im Treiber-Dreieck scheint daher die Funktion des „Schwarzen Peters" als Argumentation zur Verhinderung von Veränderungen und Entwicklungen zu haben. Nicht die absolute Finanzierung der Pflege ist das Dilemma, sondern die vielschichtigen, intransparenten Finanzierungsströme, die den Ruf nach mehr Geld für die Pflege letztlich zum Killerargument gegen systemische Veränderungen werden lassen.

Resümee: Das Ungleichgewicht im Treiber-Dreieck

Fassen wir diese ersten drei Betrachtungen zusammen, erkennt man, dass ein nachhaltiges Funktionieren der Sozialwirtschaft, speziell Dienstleistungen in der Langzeitpflege, dann bestehen kann,

---

[33] Vgl. dazu Ausführungen zur Anreiz-Beitrags-Theorie von Herzberg (z. B. in Heinen 1985, S. 636 f.).

wenn die nachgefragte Quantität und Qualität an Pflege- und Betreuungsleistungen („Output") von der angebotenen Quantität und Qualität an sozialen Dienstleistungen („Input") gedeckt wird und die dafür nötige Finanzierung in der richtigen Höhe zum richtigen Zeitpunkt an der richtigen Stelle verfügbar ist.

Die Kurven in den Kapiteln 2.3.2.2 und 2.3.2.3 weisen allerdings darauf hin, dass zwischen Input und Output bereits heute ein Ungleichgewicht besteht, das in den nächsten Jahren noch deutlich zunehmen wird: der verfügbare Input wird geringer, der nachgefragte Output höher. Eine Lösung des Dilemmas über eine Erhöhung der Finanzierung ist damit keine hinreichende Maßnahme zur Stabilisierung des Ungleichgewichts, wenn es auch eine notwendige Begleitmaßnahme sein wird, die Finanzierung den Anforderungen der Input-Output-Relation in Ausmaß und zeitlicher Verfügbarkeit anzupassen.

2.3.3 Die Neue Effizienz in der Sozialwirtschaft – ein Paradigmenwechsel

Ein Paradigmenwechsel – wozu?

Was im System fehlt, sind Lösungsansätze auf der Basis radikaler neuer Denkmuster. Ohne Paradigmenwechsel, der die Langzeitpflege bereits in naher Zukunft völlig neu denken lässt, werden wir weiterhin diskutieren, dass es ein Problem gibt, aber keine Lösung finden, weil wir sie nur in gewohnten Mustern suchen (Ehrenmüller et al. 2019).

Mit dem Konzept der „Neuen Effizienz" wird auf diese realen Entwicklungen in der Sozialwirtschaft reagiert: Während in klassischen Modellen auf die Forderung nach einem höheren Output mit der entsprechenden funktionalen Anpassung des Inputs reagiert wird, stehen in der Realität diese dafür benötigen Ressourcen nicht mehr in ausreichender Menge und Qualität zur Verfügung. Eine Verringerung des Outputs entsprechend der verfügbaren Input-Faktoren führt aber zu einer Unterversorgung der Gesellschaft (Brandl/Ehrenmüller 2019b).

Die folgende Grafik zeigt, dass in herkömmlichen Strukturen das steigende Output-Niveau nicht ohne die Problematik eines Pflegemangels bedient werden kann:

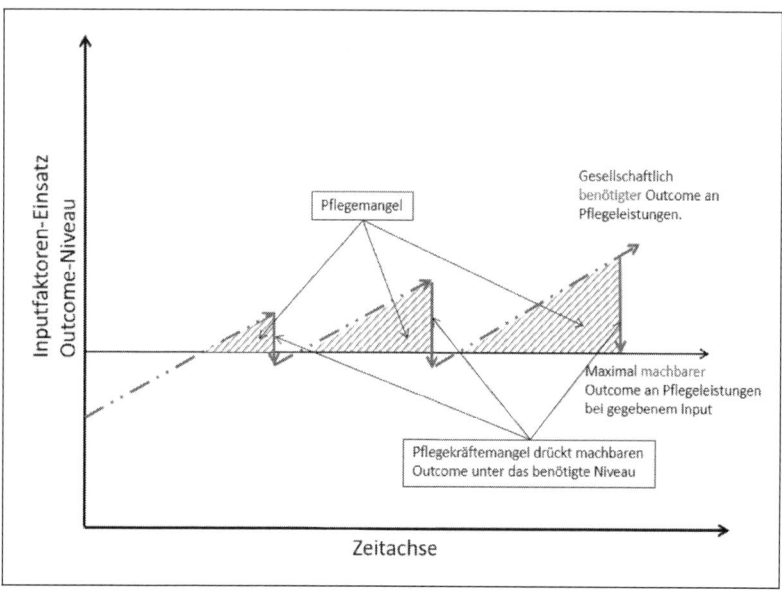

Abbildung 7: Pflegemangel bei nicht anpassbarem Input-Einsatz (nach Hasenauer/Belviso/Ehrenmüller 2019)

Hier setzt die Neue Effizienz an. Sie definiert sich durch eine nachhaltige Ermöglichung der nachgefragten Niveaus sozialer Dienstleistungen und basiert auf der kontinuierlichen Erhöhung der Reifegrade bei deren Erstellung (Brandl/Ehrenmüller 2019b):

- Unter den geänderten Rahmenbedingungen in der gesellschaftlichen Erwartung an Quantität und Qualität von Pflege und Betreuung können diese in herkömmlichen Strukturen mit den verfügbaren Ressourcen „Personal" und „Finanzen" nicht mehr sichergestellt werden.

- Es müssen „reifere" Prozesse und Strukturen entwickelt werden, die mit einem neuen Mix an Input-Faktoren den benötigen Output nachhaltig ermöglichen.

- Dieser Change bedeutet einen Hub auf einen höheren organisatorischen Standard von (sozialen) Dienstleistungen. Auch bei diesem Standard steht die Machbarkeit des Outcomes im Zentrum.

- Wenn dieser nunmehr höhere Reifegrad durch die Einbindung neuer technologischer Entwicklungen, logistischer Erkenntnisse und agiler Arbeitsweisen erreicht wird und die Machbarkeit mit einem neuen Input-Mix gesichert ist, greifen wieder die Effizienzkriterien der klassischen Kostenwirtschaftlichkeit.

Es müssen also Strukturen, Prozesse und Hilfsmittel entwickelt werden, die den Ressourcenbedarf an menschlicher Pflege- und Betreuungsleistung reduzieren, da diese nicht mehr in ausreichender Anzahl und Qualifizierung zur Verfügung stehen werden. Gleichzeitig ist ein Mehr an Output an Pflege und Betreuung sicherzustellen. Es geht primär um das Ermöglichen des notwendigen Outputs und erst nach deren Sicherstellung um die neuerliche finanzielle Optimierung des Leistungsangebots gemäß klassischer Effizienzkriterien (Brandl/Ehrenmüller 2019b). Dieser Zusammenhang lässt sich in folgender Grafik darstellen:

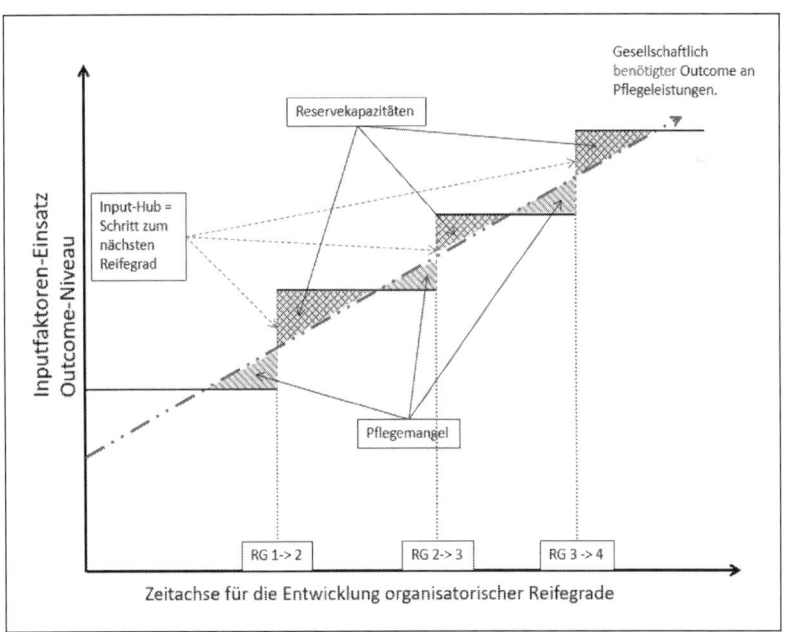

Abbildung 8: Neue Effizienz = Ermöglichung des benötigten Outcomes (Hasenauer et al. 2019)

Die Neue Effizienz definiert die Input-Output-Relationen unter Einbeziehung einer Entwicklung der Reifegrade in Organisationen neu und ist ...

- ... ein Paradigmenwechsel: Organisationen müssen neu gedacht werden.
- ... ein Ansatz für prozessbasierte Organisationsentwicklung.
- ... eine Voraussetzung für die Akzeptanz von SAR (Social Assistive Robot) und Digitalisierung in der Sozialwirtschaft.
- ... ein Ansatz für die angewandte Forschung von Organisationsentwicklung und Prozessmanagement im Gesundheits- und Sozialbereich.
- ... eine Grundlage für Prozesskostenoptimierung, sobald die Ermöglichung des Outputs wieder sichergestellt ist.
- ... ein Richtungswechsel für Führungskräfteentwicklung.

(vgl. Ehrenmüller et al. 2019, S. 4)

Die „Neue Effizienz" im organisatorischen Kontext

Das Paradigma der Neuen Effizienz wird dabei als Dreh- und Angelpunkt zwischen den kommunizierenden Systemen gesehen, die für die komplexen Lösungsansätze berücksichtigt werden müssen:

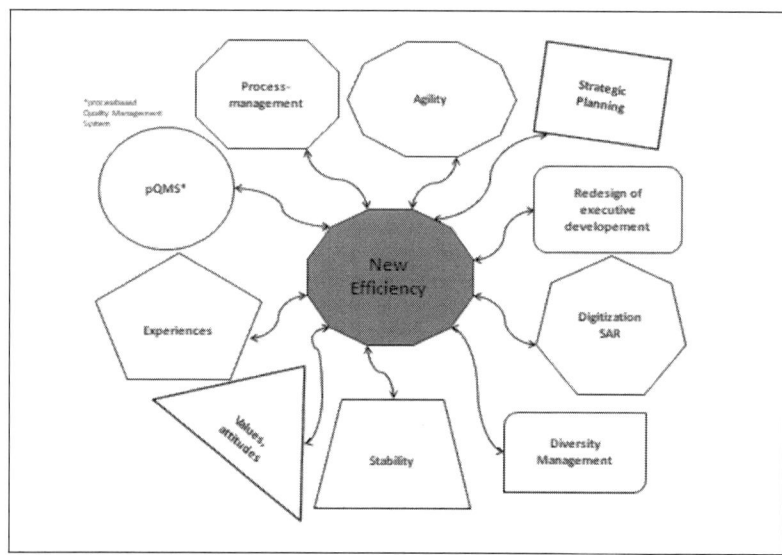

Abbildung 9: Organisations-Kaleidoskop (Ehrenmüller et al. 2019)

Die Neue Effizienz steht damit nicht als isoliertes Konzept anderen betrieblichen Aufgaben und Kompetenzbereichen gegenüber, sondern sie ist eine neue Idee der Vernetzung jener Bereiche, über die eine Organisation in der Sozialwirtschaft gesteuert wird. Die Neue Effizienz ersetzt damit keine Managementaufgabe, sondern sie gibt vor, dass zur Ermöglichung der Zielerreichung des Managements die verfügbaren Input-Faktoren primär in Abstimmung mit dem benötigten Output gebracht werden müssen. Ist dies in herkömmlichen Mustern nicht mehr machbar, müssen in den Managementbereichen laut Kaleidoskop grundsätzliche Anpassungen vorgenommen werden.

Rahmenbedingungen für den Paradigmenwechsel

Das vorherrschende Paradigma für Effizienz war bisher die Kostenoptimierung bei der Erstellung sozialer Dienstleistungen. Im Licht der globalen Transformation der Systeme (Malik 2015) steht damit als Paradigmenwechsel hinsichtlich Effizienz die Ermöglichung des geforderten Outputs im Fokus der Organisationen. Die Rahmenbedingungen, in denen sich der Paradigmenwechsel artikuliert, entsprechen den Treibern, die ihn auslösen (Ehrenmüller et al. 2019, S. 4):

Input- und Output-Faktoren entwickeln sich in der sozialen Dienstleistung rasant und gegenläufig. Herkömmliche Strategien in der Organisation verlieren in diesen Entwicklungen ihre Wirkung. Die Input-Output-Relation ist eine Black-Box, deren Funktion neuen Denkmodellen angepasst werden muss. Herkömmliche Denkmodelle lösen hohe Fehlerquoten für wirksame Entscheidungen aus. Die Neue Effizienz wird als Paradigmenwechsel für dienstleistungsorientierte Organisationen angesetzt: Ermöglichung („Enabling") statt Kostenreduktion ist das Kriterium für die Neue Effizienz.

Die Input-Output-Relation verändert sich.

Input „Personal" reduziert sich, damit stehen weniger Personen zur Verfügung und pro Person wird weniger Leistungszeit angeboten. Gleichzeitig erhöht sich der Output „Dienstleistungsbedarf", denn mehr Menschen erreichen ein pflegebedürftiges Alter und der Pflegebedarf gewinnt qualitativ an Intensität. Die Haltungen und Ansprüche der Gesellschaft verstärken beide Entwicklungen in die gegenläufige Richtung.

Die Funktionen in der Black-Box verändern sich.

In der bisherigen Effizienzbetrachtung sind Input-Output-Relationen eindeutig gegeben, das heißt Veränderungen in einem Faktor lösen vorhersehbare Entwicklungen im jeweils anderen Faktor aus. In der heutigen Betrachtung sind Input-Output-Relationen im Dienstleistungsbereich nicht eindeutig zu organisieren, das heißt komplexe Funktionen sind die Realität. Der Input-Faktor „Personal" ist nicht beliebig vermehr- und steuerbar. Verstärkt wird die Unberechenbarkeit der Input-Output-Relation dadurch, dass Dienstleistungen nicht auf Vorrat produziert werden können.

2.3.4 Wirkungsfelder der Neuen Effizienz

Reifegrade im Management sozialer Organisationen

Die Neue Effizienz im Management sozialer Organisationen ist mit der Entwicklung von Reifegraden in der Organisation verbunden:[34] Optimierungen in den bestehenden Strukturen und Systemen erzeugen nur eine geringe Wirkung hinsichtlich Effizienzverbesserung und ergebnisorientierter Machbarkeit. Dies ist auch dem Umstand geschuldet, dass soziale Dienstleistungen nicht speicherbar sind. Die Neue Effizienz ist daher der Entwicklung der Reifegrade einer Organisation unmittelbar verpflichtet.

Unter diesem Zutritt zur Organisation verstehen wir insbesondere die Berücksichtigung der Möglichkeiten, die durch die Nutzung der Digitalisierung gegeben ist. Werden die Prozesse einer Organisation anhand von Reifegraden entwickelt, lassen sich diese in zwei Dimensionen darstellen (Brandl/Ehrenmüller 2019b, S. 12 f.):

Extrinsische Reifegrade eines Prozesses

	Status	Kennzeichen
5	Ständig verbessert	Entsprechend dem Auditprogramm
4	Gelebt	Eingeführt und mit Kennzahlen in IT integriert
3	Optimiert	Nach den fünf Kriterien des Modells „pQMS extended"
2	Beschrieben	Entsprechend dem Qualitätsmanagementsystem
1	Es läuft	Wie gewohnt

---

[34] Zum Konzept der Reifegrade vgl. CMMI® bzw. die Ausführungen dazu in Brandl/Ehrenmüller 2019, pQMS.

Intrinsische Reifegrade eines Prozesses (Agility/Technology).

	Status	Kennzeichen
5	IoT (=Internet of things)	Alle Tätigkeiten sind digital intern und extern vernetzt.
4	Digitale Vernetzung	Die Tätigkeiten werden digital mit externen Partnern gesteuert.
3	Digitale interne Organisation	Die digitale Erfassung ist intern vernetzt.
2	Analoge/digitale Schnittstelle	Die Tätigkeiten werden digital erfasst/gesteuert.
1	Analoge Organisation	Es wird gearbeitet.

Unter extrinsisch verstehen die Autoren Reifegrade, die durch eine unabhängige, „äußere" Überprüfung festgestellt werden können, z. B. ein externes Audit in einem Qualitätsmanagementprogramm.

Intrinsisch meint hingegen die Qualität der Prozesse hinsichtlich Nutzung von Technologie bzw. agilen Organisationsformen.

Die Hypothese lautet demnach, dass Effizienzverbesserungen im Sinne der neuen Effizienz zunächst durch einen Anstieg des intrinsischen Reifegrads möglich sind, da damit strukturelle Veränderungen ausgelöst bzw. ermöglich werden. Werden die Kernprozesse einer Organisation, die den kritischen Pfad in der Input-Output-Relation darstellen, durch Nutzung digitalisierter Systeme auf einen neuen Reifegrad gehoben, in dem mit weniger personellem Einsatz das benötigte Ausmaß an Output sichergestellt werden kann, kann auf dieser Basis wieder die klassische Kostenoptimierung weiter verfolgt werden. Der Hub auf diesen Reifegrad muss aber zunächst durch gezielte Investitionen ermöglich werden.

Neue Effizienz und Qualitätsmanagement

Die Bedeutung der Neuen Effizienz zeigt sich auch in modernen Qualitätsmanagement-Systemen, die den Fokus auf ein ergebnisorientiertes Prozessmanagement in der Organisation legen (vgl. Brandl/Ehrenmüller 2019a).[35]

---

[35] Mit dem prozessbasierten Qualitätsmanagementsystem „pQMS extended®" liegt ein umfassend beschriebenes Konzept dazu vor (siehe Brandl/Ehrenmüller 2019a).

In diesem Qualitätsmanagementansatz müssen Strukturen, Prozesse und Hilfsmittel entwickelt werden, die den Ressourcenbedarf an menschlicher Pflege- und Betreuungsleistung reduzieren, da diese nicht mehr in ausreichender Anzahl und Qualifizierung zur Verfügung stehen werden. Gleichzeitig ist ein Mehr an Output an Pflege und Betreuung sicherzustellen (Brandl/Ehrenmüller 2019b, S. 8). Umgesetzt wird dies durch die entsprechende Ausgestaltung der Prozesse, die sich an der Ermöglichung des Outputs bei verfügbarem Input orientieren, und nicht primär an der Minimierung des Inputs.

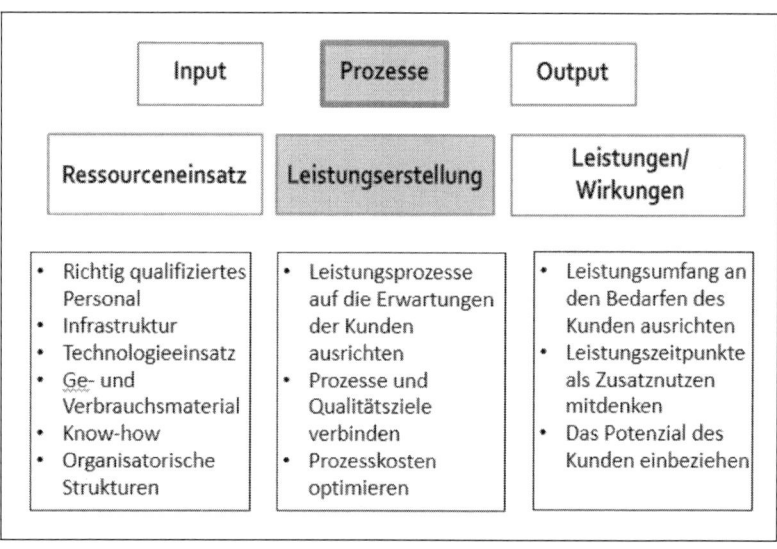

Abbildung 10: Input – Prozesse – Output (nach Brandl/Ehrenmüller 2018)

Die Bewertung der Prozesse greift dabei wieder auf die in Kapitel 2.3.4.1 dargestellten Reifegrade zurück. Stellt man die intrinsischen und extrinsischen Reifegrade in einer Matrix zusammen, ergibt sich die Reifegrad-Matrix eines prozessbasierten Qualitätsmanagementsystems, in das jeder Kern-, Lenkungs- und Unterstützungsprozess eingetragen werden kann (Brandl/Ehrenmüller 2019b):

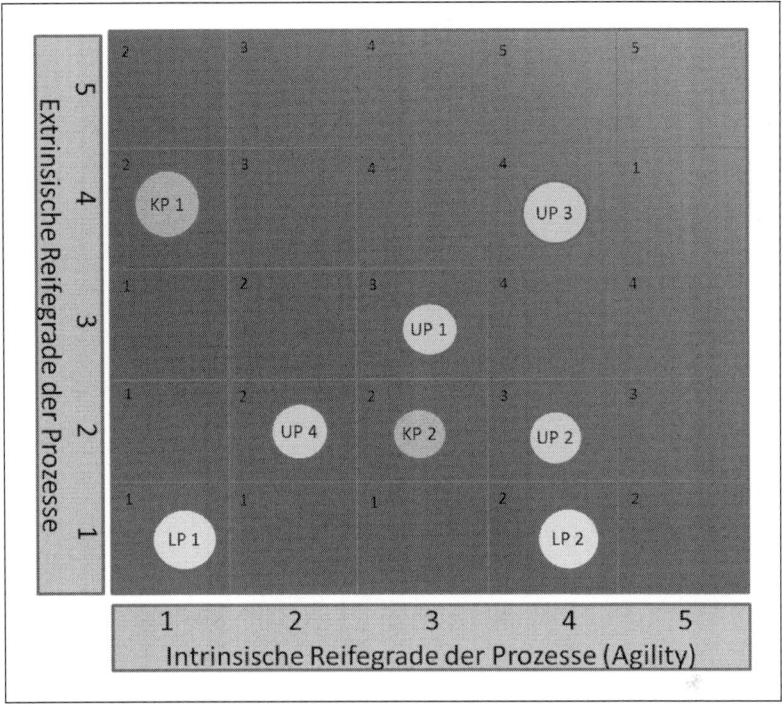

Abbildung 11: Reifegrad-Matrix pQMS (eigene Darstellung in Brandl/ Ehrenmüller 2019b)

Aus dieser Zuordnung lässt sich in einem weiteren Bewertungsschritt der Reifegrad des Qualitätsmanagementsystems selbst in einem „Reiferad" darstellen, bei dem jeder Prozess einer „Speiche" zugeordnet ist. Ziel ist, dass das Spinnennetz rund und auf dem Reifegrad 5 darstellbar ist:

Diese kontinuierliche Verbesserung der Organisation im Rahmen der Reifegrad-Kriterien stellt eine operative Umsetzung der Neuen Effizienz dar, da sich die Optimierung der Prozesse an der Verfügbarkeit von Input-Faktoren und der Ermöglichung des nötigen Outputs orientiert.

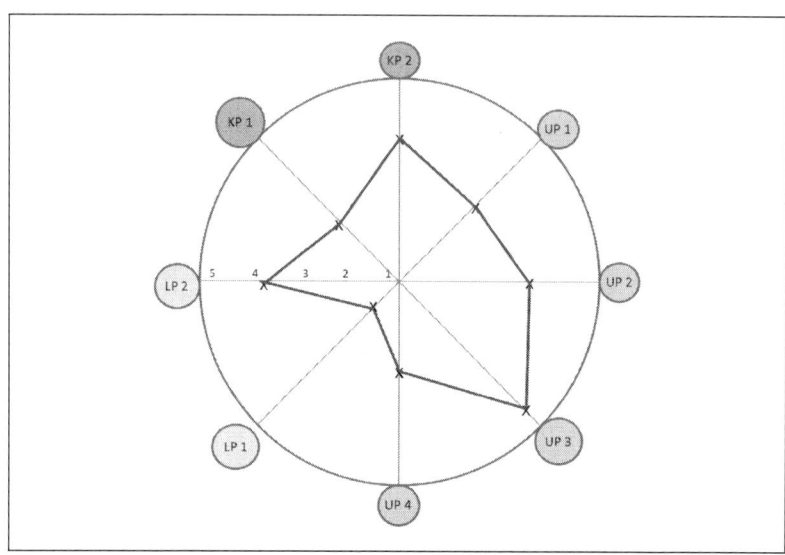

Abbildung 12: Reifegrad eines Qualitätsmanagementsystems (eigene Darstellung in Brandl/Ehrenmüller 2019b)

Neue Effizienz und Prozessmanagement

Allgemein

Ein dritter Aspekt, der in diesem Beitrag über die Neue Effizienz dargestellt werden soll, ist die Wirkung in der Prozessgestaltung.

Werden Prozesse nur dahingehend „optimiert", dass sie die „typischen" Verschwendungsmuster wie Überlastung, Unausgeglichenheit oder Tätigkeiten ohne Nutzen korrigieren (Brandl/Ehrenmüller 2019a, S. 107), wird dort eine Grenze der Optimierung erreicht, wo der wesentliche Input-Faktor „Mensch" bzw. „soziale Dienstleistung" nicht mehr weiter für mehr Output „fit" gemacht bzw. nicht mehr beliebig vermehrt werden kann. Dies betrifft insbesondere wieder jene Tätigkeiten bzw. Arbeitsabläufe, die in der sozialen Dienstleistung nicht auf Vorrat produziert werden können.

Die Neue Effizienz stellt hier den Anspruch, die Prozesse mit geänderten Input-Faktoren zu entwickeln, die den Engpass „Mensch" insofern ersetzen, als er nicht verfügbar ist, um den benötigten Output zu ermöglichen.

Ein Input-Faktor, der dazu maßgeblich für die Prozessgestaltung wirksam werden kann, sind digitale assistive Systeme, insbesondere „social assistive robots" im Pflegebereich. Wir bezeichnen diese in Folge als **CareSAR**. Unter dem Aspekt der neuen Effizienz geht es dabei vor allem darum, dass das gewünschte Ergebnis im Output den Einsatz der Input-Faktoren Mensch/Maschine und damit den idealen Prozess vorgibt. Der reine Ersatz eines Arbeitsschritts durch die Maschine bei sonst unveränderten organisatorischen Strukturen wird nicht den benötigen Effekt erzielen.

Das Ziel der Neuen Effizienz bleibt damit die Ermöglichung des benötigen Outputs, die Prozesse erlangen einen höheren Reifegrad und der Treiber „Pflegemangel" wird kompensiert.

Diese Wirkung wird nachfolgend anhand eines Beispiels für den Unterstützungsprozess „Essensversorgung im Pflegeheim" illustriert.

Beispiel

Die ergebnisorientierten Aktivitäten eines Pflegeheims lassen sich in dieser Standard-Prozesslandkarte abbilden:

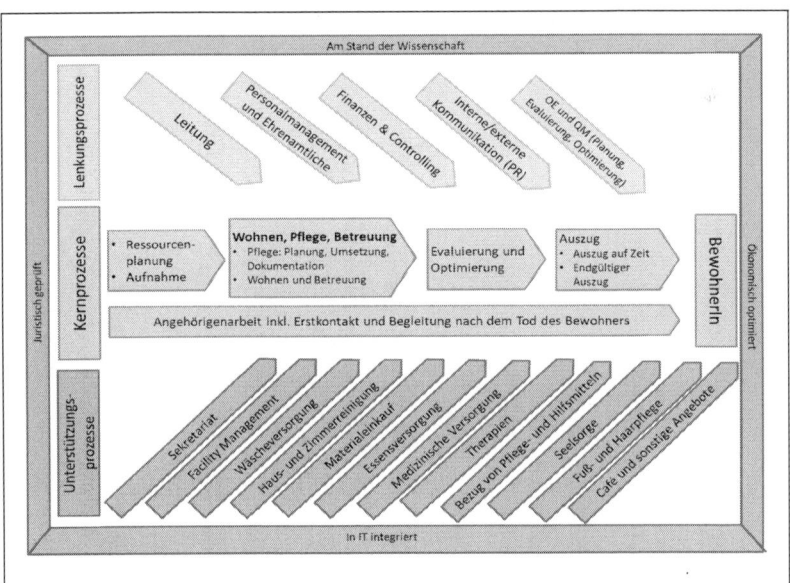

*Abbildung 13: Standard-Prozesslandkarte für ein Pflegeheim
(eigene Darstellung nach Brandl/Ehrenmüller 2019a, S. 92)*

Der Unterstützungsprozess „Essensversorgung" wurde im Rahmen einer Bachelorarbeit an der FH Linz (Grabner 2017) detailliert prozessorientiert dargestellt und kalkuliert; für jeden Prozessschritt wurden unter anderem die Personalkosten entsprechend der Leistungszeit dargestellt. In einem ersten Bewertungsschritt über den Nutzen einer CareSAR-Unterstützung in der Essensversorgung wurden jene Aktivitäten herausgelöst, die von einem CareSAR übernommen werden könnten. Das kalkulatorische Ergebnis ergab pro Bewohner/in und Tagesverpflegung zwar nur eine Personalentlastung von 8 Minuten/Tag, die Hochrechnung auf ein Jahr und für alle Bewohner/innen ergab allerdings eine Umschichtung der Input-Faktoren von Mitarbeiter/innen unterschiedlichen Qualifikationen auf den digitalen Assistenten im Ausmaß von 3,1 Vollzeitäquivalenten in einem Haus mit 100 Bewohner/innen. Dies entspricht der derzeitigen regelmäßigen Unterbesetzung von Fachpersonal in einem Haus dieser Größenordnung.

Hochgerechnet auf Österreich bedeutet dieser geänderte Mix an Input-Faktoren in nur einem Unterstützungsprozess die Reduktion des erwarteten Pflegekräftemangels um 23,4 %:[36]

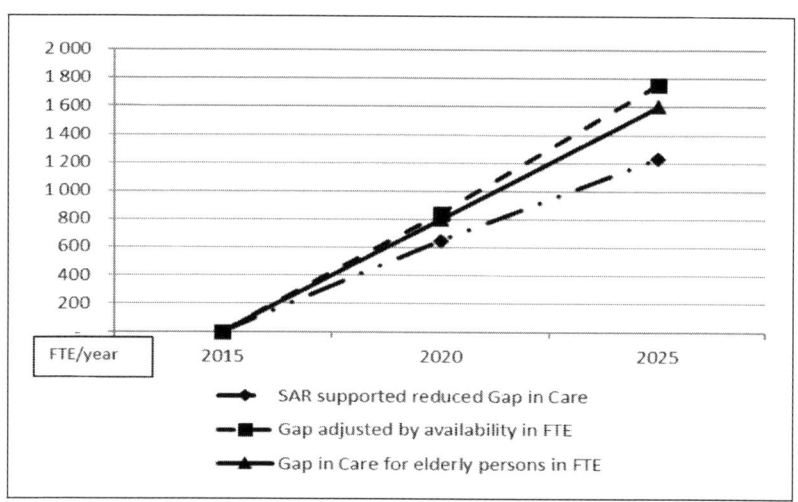

Abbildung 14: Reduktion des Pflegekräftemangels durch SAR-Unterstützung (Ehrenmüller et al. 2019, S. 12)

---

[36] Alle Berechnungen und Werte sind der Kongressunterlage Ehrenmüller/Hasenauer/Belviso 2019 entnommen, die auf der PICMET 2019 präsentiert und infolge veröffentlicht wurden.

Um eine derartige Umstellung der Prozesse in Pflegeheimen zu ermöglichen, bedarf es einer entsprechenden Akzeptanz dieser neuen Prozessorganisationen. Aktuelle Studien belegen, dass sowohl bei Führungskräften, Mitarbeiter/innen als auch Pflegeheim-Bewohner/innen eine grundsätzliche Akzeptanz zu erwarten ist, wenn die Veränderungen gut vorbereitet, kommuniziert und entsprechend ethischer Grundsätze durchgeführt werden.[37]

Resümee

Dieses Beispiel zeigt, wie Prozesse unter den Aspekt der „Ermöglichung" neu gestaltet werden könnten, dabei einen höheren Reifegrad erlangen und infolge wieder im Sinne des Effizienzkriteriums „Kostenreduktion" optimiert werden. Unabdingbar sind dabei aber das Verändern bestehender Strukturen („Maschine statt Mensch"), die Verfügbarkeit von Investitionsbudget zur Veränderung der Prozesse und die Bereitschaft, Innovationen zu unterstützen, ohne unmittelbar den Nutzen zu erleben.

2.3.5 Epilog

Kommen wir zurück zu unserer Story aus Kapitel 2.3.1 und schreiben wir die letzten beiden Absätze neu, indem wir davon ausgehen, dass in dem Workshop eine Projektmanagerin mit Führungsverantwortung mitgearbeitet hat, die die Wirkung der Neuen Effizienz kennt. Dann liest sich die Story möglicherweise wie folgt:

In weiteren Besprechungen einigt man sich darauf, dass man das einmalige zusätzliche Budget dazu nützt, um strukturelle, nachhaltige Veränderungen einzuleiten, die der Neuen Effizienz folgen. Es soll gemeinsam mit Partnern aus der Wissenschaft und Industrie ein „Living Lab" gestartet werden, in dem die Möglichkeiten und der Nutzen eines CareSAR für die Erbringung der sozialen Dienstleistungen in der Langzeitpflege evaluiert und entwickelt werden.

Begleitend wird die Organisation aller vier Einrichtungen anhand einer Prozesslandkarte dargestellt, wobei die Prozesse dahingehend optimiert werden, dass die digitale Unterstützung bereits vorgesehen wird.

---

[37] Vgl. dazu z. B. Hasenauer/Belviso/Ehrenmueller 2019; Kriegel et al. 2019; Hasenauer 2018; Belviso/Hasenauer/Bechtold 2018.

Da die positiven Wirkungen der Ergebnisse dieses Living Labs erst mittel- bis langfristig zu erwarten sind, werden kurzfristig Maßnahmen gesetzt, die den Mitarbeiter/innen zeigen, dass man ihre schwierige Lage erkannt hat und sie nach Möglichkeit unterstützt. Insbesondere wird vorgesehen, besonders belastende Dienstverpflichtungen sowie Projektaufgaben speziell zu vergüten, um einen (einmaligen) Anreiz zur Mitwirkung zu schaffen.

Für die Projektentwicklung wird eine eigene Fachkraft befristet angestellt, die die zusätzliche Belastung für die Stamm-Mitarbeiter/innen möglichst geringhalten soll. Die Geschäftsführung übernimmt die Verhandlungen mit den zuständigen Behörden, um die strukturellen organisatorischen Veränderungen, die mit der Reifegrad-Entwicklung verbunden ist, in den Betreiberverträgen zu verankern.

Regelmäßige „Kamingespräche" mit Angehörigen, Bewohner/innen und interessierten Personen aus dem Umfeld der Häuser unterstützen die Akzeptanz der geplanten Veränderungen.

Nach einem Jahr sind die wichtigsten Prozesse auf die Unterstützung durch einen CareSAR ausgerichtet, ein Prototyp wird im „Living Lab Herbstlaub" getestet und von der Industrie mitfinanziert, alle Häuser sind mit WLAN im Innen- und Außenbereich optimal versorgt und damit fit für digitale Entwicklungen. Die Mitarbeiter/innen erkennen erste nachhaltige Wirkungen im Sinne von Mitarbeiterentlastung und verbesserter Qualität der Arbeitsumgebung. Die Behörden unterstützen den Weg, da sie eine für die Zukunft verbesserte Struktur mitverhandelt haben, die insbesondere eine höheren Versorgungsgrad von pflegebedürftigen Menschen pro verfügbarem Pflegemitarbeiter/verfügbarer Pflegemitarbeiterin für realistisch halten.

Die Kosten insgesamt werden nicht niedriger; allerdings erweist sich der Wirkungsgrad des eingesetzten Kapitals pro versorgtem Bewohner/versorgter Bewohnerin als besser.

Dieses Ende der Story ist (noch) Fiktion, aber machbar. Machen wir sie für die nächste Generation, die pflegt und die gepflegt werden will, zur Realität!

2.3.6 Literatur-/Quellenverzeichnis

Belviso, C./Hasenauer, R./Bechtold, U. (2018): Socially Assistive Robots Diffusion in Elderly Care: A Pre-Adoption Study by Agent-Based-Modelling. In: Journal of Strategic Innovation and Sustainability Vol. 13(5)/2018, S. 58–75.

Brandl, P./Ehrenmüller, I. (2018): Step by Step: Prozessbasierte IT-Potenziale für die Pflege. Consozial, Nürnberg 2018.

Brandl, P./Ehrenmüller, I. (2019a): pQMS extended – Neues Qualitätsmanagementsystem für die Langzeitpflege. Walhalla Fachverlag, Regensburg.

Brandl, P./Ehrenmüller, I. (2019b): Die „Neue Effizienz" als Paradigmenwechsel und Forschungsansatz in der Sozialwirtschaft im Brennpunkt Wissenschaft trifft Praxis. Full Paper accepted, Coming Soon, Kongress 25 Jahre FH OÖ, 19. September 2019.

Ehrenmüller, I./Hasenauer, R./Belviso, C. (2019): Social Assistive Robots for Elderly Care: The New Efficiency in the Context of Triple Bottom Line and Digitization. PICMET, Portland.

Grabner, V. (2017): Prozessorientierte Kalkulation der Essensversorgung in Alten- und Pflegeheimen. Unveröffentlichte Bachelorarbeit, FH Oberösterreich, Linz.

Hasenauer, R./Belviso, C./Ehrenmueller, I. (2019): New Effizciency: Introducing Social Assistive Robots in Social Eldercare Organizations. Paper submitted, IEEE TEMS-ISIE, Hangzhou, China, October 24–26, 2019.

Hasenauer, R. (2018): Social Assistive Robots in Elder Care: Pre-Adoption Analysis and Living Lab, Distinguished Lecture, IEEE Hawaii, 22. August 2018, Within the PICMET2018 conference, USA.

Heinen, Edmund (1985): Industriebetriebslehre. Gabler, Wiesbaden.

Hemedinger, F./Riedl, A. (2018): Im Alter gut Betreut Wohnen in Oberösterreich. WISO 03/2018, Linz.

Hertneck, C./Kneuper, R. (2012): Prozesse verbessern mit CMMI® for services: ein Praxisleitfaden mit Fallstudien. dPunkt Verlag, Heidelberg.

Kriegel, J./Ehrenmüller, I./Grabner, V./Tuttle-Weidinger, L. (2019): Sozial assistive Roboter (SAR) in der stationären Altenversorgung. poster-Präsentation, dHealth, Wien.

Malik, F. (2015): Navigieren in Zeiten des Umbruchs. Campus Verlag, Frankfurt/ New York.

Roth, R. (2018): Vergleich von Wohn-, Lebens- und Pflegeszenarien für ältere pflegebedürftige Menschen. Unveröffentlichte Bachelorarbeit, FH Oberösterreich, Linz.

Schöttler, R. (2016): Innovationen in der Sozialwirtschaft, Hewlett Packard Enterprise, lecture 2016 based on a thesis.

Träger, T. (2018): Organisation. Vahlen kompakt, München.

Dr. Irmtraud Ehrenmüller, Betriebswirtin, Professur Organisation und Prozessmanagement, FH Oberösterreich, Department Gesundheits-, Sozial- und Public Management, Linz. Langjährige Managerin und Geschäftsführerin von Pflegeheimen und Krankenhäusern in Österreich.

2.4 Innovationen bei sozialen Dienstleistern strategisch ausrichten
Paul Brandl

2.4.1 Anknüpfen ...

Das Budget wird kaum erhöht[38], unterschiedlichste Neuerungen werden auf Messen, Kongressen und in einschlägigen Zeitschriften zahlreich vorgestellt, ebenso einige Pilotprojekte. Eine Weiterverbreitung erfolgreicher Pilotprojekte erfolgt bei sozialen Dienstleistern nur sehr zögerlich und wenig systematisch. Der Druck in Richtung Veränderung steigt bei den sozialen Dienstleistern infolge „leerer Kassen", Personalmangel und im Sinne von „weiter so arbeiten". Für die einzelne Organisationseinheit wird diese Situation schlicht „unangenehm", der Druck auf die kleinstrukturierten, sozialen Dienstleister steigt ebenso wie der auf die Mitarbeiter/innen: Eine Art „Klemme" zwischen „Input" und „Output", in der ein mehr an Handlungsspielraum wünschenswert ist/wäre. Jede Führungskraft sucht nach bestem Wissen und Gewissen nach einem Ausweg, in dem etwa danach geschaut wird, was andere gleichartige Einrichtungen machen oder was Anbieter von unterstützenden Dienstleistungen und/oder Unternehmensberater empfehlen. Wir haben nun recherchiert, was von der Wissenschaft an Erkenntnissen herangezogen werden kann und was an Innovationen von Wissenschaftlern zusammen mit Praktikern erarbeitet wird. Ziel ist es, herauszufinden, welche Konzepte und Projekte eine Art „strategischer Leuchtturm in die Zukunft" sein können. Innovation meint nicht nur „Geistesblitze" in Anlehnung an Daniel Düsentrieb bei den Kernprozessen, sondern sämtliche Neuerungen, die die Weiterentwicklung der Sozialwirtschaft bei der Bewältigung der Anforderungen strategieumsetzend aus der nahen Zukunft unterstützen. Digitalisierung hilft als Schlagwort, ebenso das Öffnen der Grenzen der Organisation eines sozialen Dienstleisters in den Sozialraum, das agile Arbeiten in Teams und/oder ein neues Verständnis von Effizienz (Brandl/Ehrenmüller 2019).

---

[38] Zumindest nicht so, dass damit innovative Investitionen finanziert werden könnten.

2.4.2 Analyse von der Außensicht

Wenn man sich derzeit die Branche anschaut, würde man fünf Treiber in die Zukunft erkennen können (Brandl/Ehrenmüller 2019):

1. Demografie: In vieler Munde ist das Thema der Bevölkerungsentwicklung („alternde Gesellschaft") in Stadt und Land.

2. Der ökonomische Rahmen der öffentlichen Haushalte wird zusammen mit dem politischen Willen einen eher kleinen Handlungsspielraum für soziale Dienstleister ermöglichen. Die Entwicklung der privaten Einkommen, insbesondere im unteren Segment, wird den Spielraum der Führungskräfte eher noch kleiner machen.

3. Die Forderung nach Teilhabe am gesellschaftlichen Leben statt Vereinsamung bringt einen weiteren wesentlichen Aspekt in die Diskussion – spätestens in Zusammenhang mit möglichen Folgen der anstehenden Digitalisierung.

4. Die konsequente Integration des Standes der Bezugswissenschaften und die konsequente Einführung relevanter Technologien wäre eine weitere Forderung an soziale Dienstleistungen und damit an die Entscheidungsträger.

5. Personalmangel – nicht nur im Bereich der Sozialwirtschaft – wird zu einem weiteren Gestaltungsfaktor aus der Sicht des möglichst geringen Ressourceneinsatzes zum Erreichen der geforderten Dienstleistungen. Es gilt, Effizienz neu zu denken.

Es fällt zudem auf, dass die Sozialwirtschaft gekennzeichnet ist durch

- sehr viele kleine Organisationen, für die es zunehmend schwierig sein/werden dürfte, alle Innovationen für ihren Bereich zu prüfen und eine professionelle Unternehmensführung im Sinne der oben genannten Treiber zu realisieren. Hier könnte die Kooperation konkurrierender sozialer Dienstleister bis hin zu Zusammenschlüssen von sozialen Dienstleistern ein relevantes Zukunftsthema werden.

- viele (mögliche technische) Neuerungen. Sie sind die Herausforderungen bzw. Überforderungen für die Führungskräfte in diesem Bereich – sowohl für die Auftraggeber als auch für die sozialen Dienstleister. Leistungsverträge engen den Handlungsrahmen weiter ein, da sie in der Regel keine Innovationskomponente enthalten. Damit kommen kleinere soziale Dienstleister noch mehr unter Druck. Viele Einrichtungen „hinken" so immer weiter hinterher: Weiterentwicklung will man sich oder kann man sich scheinbar nicht (mehr) leisten.

- Mit der demografischen und gesellschaftlichen Entwicklung verbunden sind laufend sich ändernde Anforderungen der Klienten an das Erbringen der jeweiligen sozialen Dienstleistungen. Anpassen und Neuentwickeln von Prozessen und Dienstleistungen würde/wird so zu einem weiteren Arbeitsfeld für soziale Dienstleister im Sinne der Zukunftssicherung des jeweiligen Dienstleisters.

- (drohender) Personalmangel nicht nur im Sozialbereich: Er erhöht den Druck in Richtung von Veränderungen und droht den Handlungsspielraum für Innovationen weiter zu vermindern. Es bedarf des Zusammentragens von vielen innovativen Ideen bzw. Maßnahmen, die über das Marketing und die Öffentlichkeitsarbeit hinausgehen und zu einer ausreichenden Personalausstattung führen: also auch das Ausschöpfen aller technischen und logistischen Maßnahmen, die den Personalmangel vermindern helfen – bis hin zu agilen Arbeitsformen.

- einen scheinbar kleinen Handlungsspielraum für Innovationen oder besser die Integration von Innovationen. Er muss systematisch genutzt werden, von der Kooperation mit Ausbildungsstätten bis hin zu Forschungsprojekten. Es braucht dazu das Vereinbaren von zwei Zielperspektiven: Kundennutzen erhöhen und gleichzeitig eingesetzte Ressourcen minimieren.

- politische Entscheidungen, deren Entscheidungsgrundlage die Annahmen der Vergangenheit fortschreiben und nicht immer ganz nachvollziehbar bzw. vorhersehbar sind.

- Vereinsamung von Klient/innen durch eine kontinuierliche Versorgung im eigenen Heim und stetige Verkleinerung der sozialen Bezugssysteme.

Um ein genaueres Bild der eigenen Organisation mit ihrem Umfeld zu erhalten, erscheint weiterführend eine STEP-Analyse[39] sinnvoll, um auch Informationen über Anforderungen aus dem Sozialraum sowie Kooperationsmöglichkeiten mit konkurrierenden Dienstleistern zu erhalten. Letztlich ist die Analyse der Bedürfnisse der potenziellen Kund/innen und der Nutzen aus der Sicht der Kund/innen ein

---

[39] Die STEP- oder PESTEL-Analyse ist ein zentrales Modell der Umweltanalyse und wird gerne zur strategischen Planung eingesetzt. Sie dient als Unterstützung zur Geschäftsmodell-Visionsentwicklung und kann auch zur genaueren Betrachtung des Sozialraums eingesetzt werden.

zentraler Baustein für ein zu adaptierendes Leitbild, Selbstverständnis, Denk- und Verhaltensweisen sowie das zu schaffende Angebot an Dienstleistungen.

2.4.3 Analyse aus der Innensicht

Kriterien theoretisch fundiert

Richtet man den Blick von außen nach innen, gibt es mitunter den wohlgemeinten Rat, eine Mitarbeiter- und/oder eine Kundenbefragung durchzuführen. Diese bringen in der Regel einige kleinere punktuelle Verbesserungsvorschläge im Sinne einer retrospektiven Zufriedenheitsanalyse, jedoch nicht die gesuchten und gewünschten zukunftsträchtigen Themen. Es bleibt damit beim „Weiter so". Wir haben uns deshalb für ein systematisches Durchleuchten sozialer Dienstleister aus der Innensicht entschieden und für sieben der Glaslschen Wesenselemente als theoretischen Hintergrund (Glasl/ Kalcher/Piber 2014).

Das Wesenselement „Vision – Mission – Leitbild" im kulturellen Subsystem soll nach unserem Verständnis möglichst alle zukünftigen Anforderungen in Form eines Zukunftsbilds enthalten, das in den nächsten sieben bis zehn Jahren erreicht werden kann (in Anlehnung an dialogbild.de). Derzeitig publizierte Leitbilder sind meist schon in die Jahre gekommen und können die geforderte Zukunftsorientierung in der Regel nicht leisten, da sie eher aus einem Marketingaspekt heraus entworfen wurden, denn als Steuerungsinstrument der Unternehmensentwicklung.

Das Wesenselement „Personen" wurde ausgewählt, da es die Personen im Sinne von stärker unternehmerisch denkenden Führungskräften und Mitarbeiter/innen und Lieferanten als nahezu Außenstehende sind, die eine Neuausrichtung eines sozialen Dienstleisters (mit-)gestalten müssen.

Schließlich ist das Wesenselement „Prozesse" ausgerichtet auf die Bedürfnisse der Kund/innen. Diese sind innerhalb der bestehenden Rahmenbedingungen kontinuierlich anzupassen oder auch neu zu gestalten. Damit sollten am Ende dieses Artikels Aussagen zu den Strategien sozialer Dienstleister als viertes Wesenselement möglich sein.

Neue Anforderungen an die Organisation im Leitbild sichtbar machen

Leitbild-Diskussionen kennt vor allem das Marketing aus den 1990er-Jahren. Hier wurde eine Vielzahl von Leitbildern in den Unternehmen erarbeitet und in der Regel als Marketing-Instrument eingesetzt. In der Organisationsentwicklung versteht man ein Leitbild als Instrument zur Orientierung des Unternehmens für die nächsten sieben bis zehn Jahre verbunden mit dem Ziel, dass bis dahin eine Vielzahl von im Leitbild formulierten bzw. angelegten Ideen realisiert sind. Folgt man diesem Gedankengang, wären dem gegenwärtig – meist älterem – Leitbild die zukünftigen Anforderungen an die sozialen Dienstleister zur Seite zu stellen (Hammer/ Champy 2003; Doppler/Lauterburg 2014):

- Konsequente Orientierung am Nutzen des/der Kunden/Kundin

- Minimaler Ressourceneinsatz

- Optimierte Prozesse

- Minimale Hierarchie

- Fehlerabstellung an der Wurzel

- Konsequentes Nutzen der Technologie

- Lernende Organisation

Noch ein Instrument von Glasl/Lemson (2016) vermag hier wertvolle Dienste zu leisten. Es ist das von Glasl vielleicht etwas sperrig bezeichnete Instrument der U-Prozedur. Es macht sichtbar, dass nur eine Veränderung der Prozesse ohne des Weiterdenkens auf der sozialen und kulturellen Ebene wenig Chancen auf Realisierung hat. Es heißt daher, die unten angeführten Schritte – als scheinbaren Umweg – entlang des U zu gehen und neue Denkmuster in den sozialen Dienstleistern sukzessive zu erarbeiten und zu integrieren:

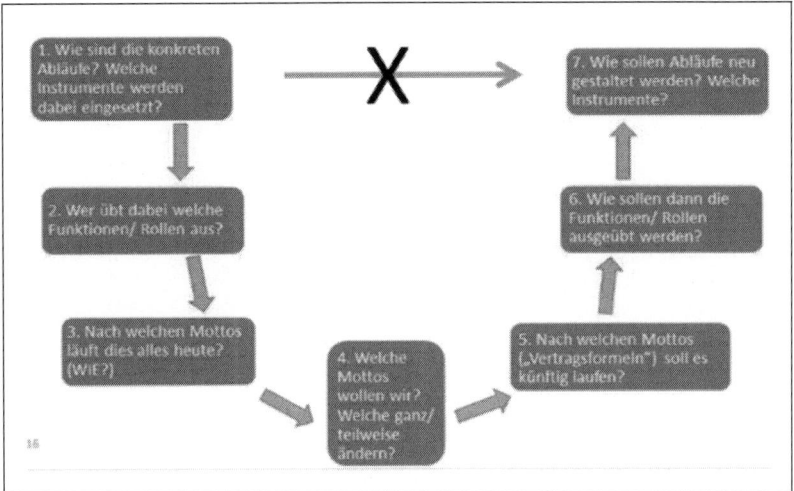

Abbildung 15: Die U-Prozedur

Bei den Schritten 3 bis 5 wären folgerichtig beim alten Leitbild die Fragen zu stellen,

- welche Sätze/Inhalte beizubehalten sind (3),
- welche Sätze/Inhalte wegfallen bzw. zu ändern sind und (4)
- welche Mottos damit neu dazukommen (5).

Die Neufassung des Leitbilds wäre dann der Ausgangspunkt für ein neues Verständnis der Funktionen/Rollen. Davon werden auch die neuen Abläufe abgeleitet und gestaltet. Das Thema der ständigen Weiterentwicklung bzw. der kontinuierlichen Verbesserung sowie das konsequente Etablieren von Innovationen sind jedenfalls zentrale Bestandteile des Leitbilds, das von Führungskräften und Mitarbeitern angestrebt werden soll.

Führungskräfte und Mitarbeiter werden zu Multiplikatoren des Leitbilds

Ein „Verlernen" von alten und Dazulernen von neuen Verhaltensweisen ist aus der Sicht der Führungskräfte und Mitarbeiter/innen notwendig, wie dies entlang der oben vorgestellten U-Prozedur vorgezeichnet ist. Insbesondere das auf die Kund/innen ausgerichtete oder von Kund/innen ausgehende Prozessdenken sowie ein sparsamer Umgang mit den Ressourcen bringt neue Anforderungen an Führungskräfte, Mitarbeiter/innen, bis hin zum Lieferanten. Weiss hat dazu sieben Aufgabenfelder definiert, die auch als qualitativer oder/und quantitativer Maßstab für die Erfüllung der Qualifikationen einer Führungskraft genommen werden können (Weiss 1993, S. 127):

	IST	Erkannte Defizite	Maßnahmen
Sich selbst entwickeln			
Mitarbeiter/innen führen			
Leistungsprozesse managen			
Ergebnisbewusstsein entwickeln			
Aktiv auf Kund/innen zugehen			
Veränderungen initiieren/gestalten			
Zukunft sichern			

Tabelle: Entwicklungsdefizite bei Führungskräften sichtbar machen

Auch das Rad der guten Zusammenarbeit gibt Aufschluss über eine erfolgreiche Zusammenarbeit bzw. über die zukünftigen Erfordernisse von Personen und Arbeitsgruppen. Wenn man je Arbeitsgruppe einschätzen lässt, in welchem Ausmaß eine gute Zusammenarbeit (0–100 %) vorliegt und mit welchen Maßnahmen eine Verbesserung in Richtung auf die zukünftige Ausrichtung erzielt werden kann, ergeben sich daraus die Handlungspotenziale für Führungskräfte und Mitarbeiter/innen (in Anlehnung an Reder 2012):

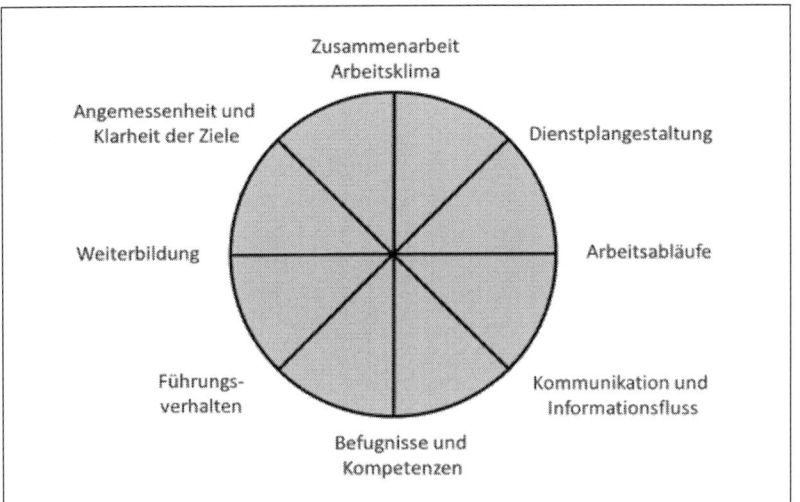

Abbildung 16: Das Ausmaß der erfolgreichen Zusammenarbeit sichtbar machen

Es lassen sich in diese Instrumente die zukünftig notwendigen Anforderungen an eine Einrichtung integrieren, indem zum einen der IST-Wert eingeschätzt und anschließend der SOLL-Wert z. B. in einer anderen Farbe eingetragen wird. Aus den sichtbaren Unterschieden lassen sich je Arbeitsgruppe Maßnahmen ableiten, die zum Erreichen der Ziele aus dem Leitbild beitragen.

Die Entwicklungspotenziale der Führungskräfte und der Mitarbeiter/innen sind in der Folge auf die relevanten Prozesse bzw. auch auf die Anpassung von Dienstleistungen zu übertragen.

Relevante Prozesse eines sozialen Dienstleisters am Leitbild ausrichten

Das Input-Output-Denken ist mittlerweile in die Jahre gekommen, das „Weiter so" in der Sozialwirtschaft ebenso. Es braucht einen Ausweg aus diesem Dilemma. Deshalb fügen wir zwischen den Input und den Output die auch real existierenden Prozesse zum Erstellen einer Dienstleistung ein. Ausgehend von den Prozessen lässt sich die Logistik des Inputs im Sinne eines minimalen Ressourceneinsatzes neu denken, indem die neuesten Erkenntnisse der

Logistik und neuentwickelte Technologien bzw. Software konsequent eingearbeitet werden. Entsprechend diesem Gedankengang muss damit auch die Qualität neu formuliert werden, indem eine Unterteilung in Kern- und Zusatzleistungen (Service Levels) entsprechend dem Kundennutzen vorgenommen wird. Auch der Leistungszeitpunkt lässt sich – wie in Beitrag 2.3 bereits ausgeführt – neu bestimmen (Brandl/Ehrenmüller 2019). Es ergeben sich daraus auch neue Anforderungen an die Lieferanten, die neben dem Preis auch ein bestimmtes technologisches Niveau von der Ausschreibung über den Lieferort und -zeitpunkt bis hin zum Preis enthalten werden müssen. Erst damit werden sie wieder vergleichbar. Von diesen Überlegungen ausgehend legen wir als systematische Denkstruktur auch für Weiterentwicklungen und Innovationen – genauso wie in Beitrag 2.3 – eine Prozesslandkarte zugrunde (Brandl/Ehrenmüller 2019):

Ausgehend von dieser grafischen Darstellung der Prozesse kann man im nächsten Schritt in die einzelnen Teilprozesse und Dienstleistungen tiefer einsteigen und diese nach „innovativem Potenzial" durchforsten. Dieses innovative Potenzial von Teilprozessen eines Alten- und Pflegeheims stellen wir nachfolgend dar und beginnen bei den Unterstützungsprozessen einer Organisation (in Anlehnung an Brandl/Ehrenmüller 2018):

Prozess	Teilprozess	Potenzial
Essens-versorgung	Elektronische Lebens-mittelbestellung	Bestellung mittels mobiler IT
	Elektronische Auswahl der Menüs	Warenwirtschaftssystem anhand des Speiseplans
Versorgung mit Pflege-artikeln	Versorgung mit Inkontinenzmaterial	Digitale Bestellung
	Medikamente	Lager nur mehr im Zimmer des Bewohners
	Pflegeprodukte	Verblisterung der Medikamente
	Bandagist (inkl. Reparaturen)	Bestellung mit QR-Code
		Verringerung der Wartezeiten
Einkauf allgemein	Einkauf	Via Einkaufsgemein-schaften und -portale

Prozess	Teilprozess	Potenzial
Medizinische Versorgung	Krankenhaus (Fach-)Ärzte Therapeuten	Elektronische Datenübertragung, Terminisierung Online, Kommunikation via TV/Handy/Tablet
Wäscheversorgung	Berufskleidung Bettwäsche Wäsche der Klienten	RFID-Chips verringern Materialeinsatz und Bürokratischen Aufwand, Mietwäsche
Reinigung	Reinigungspläne für jedes Zimmer	Personalbemessung nach Standard
		Auditprogramm mit Lieferanten
	Hygieneplan	Regelmäßiges Audit
Haustechnik	Elektronische Anforderung von Reparaturen	Workflow bei Leistungsanforderungen
	Einkaufsplattform	Elektronische Bestellung
	Wartungsplan Erneuerung von Ausstattung	Beleuchtung, Ausstattung, W-Lan
		Verringerung des Verbrauchs und des Arbeitsaufwands
Buchhaltung/ Personalverrechnung	Rechnungswesen Personalverrechnung Kundenverrechnung	Elektronische Abrechnung mit Workflow
Täglicher Bedarf der Bewohner	Elektronischer Einkauf via Tablet & Co	Regelmäßige Belieferung und elektronische Abrechnung

Im nächsten Schritt nehmen wir die Lenkungsprozesse unter die Lupe:

Prozess	Teilprozess	Potenzial
Verrechnung mit Bewohner/innen	Medikamente, Friseur, Pediküre, Einkauf, ...	Direkte Verrechnung des Lieferanten mit den Bewohner/innen
Controlling	Controlling	„Tagaktuelles" von Lieferanten mitgeliefert Aus dem eigenen Rechnungswesen Elektronische Bewohnerabrechnung
BSC-Kennzahlen-Standard	Controlling	Standard in IT, prozess- und hierarchiebezogen
Datenbank für weitere Kennzahlen	Controlling	Datawarehouse
Standardisiertes Reporting	Controlling	Max. 10 % mit der Hand
Standardisierte HR-/PE-Prozesse	Human Resource (HR) und Personalentwicklung (PE)	Standards entlang des HR-Cycles
Prozessbasiertes Qualitätsmanagement mit Referenzprozessen	Qualitätsmanagement	Zumindest innerbetrieblich optimierte Standardprozesse, eine überbetriebliche Datenbank würde unterstützen
Standardisiertes Marketing inkl. interne bzw. externe Kommunikation	Marketing	Einen Standard entlang des Jahreskreislaufs definieren/realisieren Besonderes Augenmerk auf das Employer Branding

Prozess	Teilprozess	Potenzial
Risiko-manage-ment	Hygiene Sicherheit	Katastrophenpläne für Elektrizität, Wasser, Feuer, Medikamente und Bakterien Sicherheit am Arbeitsplatz

Abschließend kommen die Kernprozesse ins Blickfeld:

Prozess	Teilprozesse	Potenzial
Kundendaten	Aufnahme, Erstellung der Dienstleistung, Austritt	Daten einmal elektronisch erfassen, Workflow, Checklisten bereits vorausgefüllt
Personaldaten	HR-Portal	Daten einmal elektronisch erfassen
Kommunikation	Entlang aller Teilprozesse	Kontakt via Handy, Tablet, PC, TV, ... (Telemedizin & Co)
Vitaldaten erheben	Erstellen der Dienstleistung, doppelte Erfassung	Elektronisch erfassen und in Pflegedokumentation elektronisch übertragen
Entbürokratisierte Dokumentation inkl. Ressourcenplanung	Flexible Planung des Personaleinsatzes Ressourcenplanung	Nur Veränderungen dokumentieren Verminderung der Doku-Kriterien (12 ATL → 5/6 ATL) Arbeitsanfallplanung
Pflegevisite	In laufende Arbeit integrieren	Es wird bereits durchgeführt, allerdings oft unter einem anderen Namen
Arbeit mit Angehörigen	Regelmäßiger Standard Fallweiser Kontakt	Standard im Jahreskreislauf Telefon/Video/Skype

Diese Teilprozesse gilt es in der Folge nach dem Innovationspotenzial zu analysieren/beurteilen und den konkreten Nutzen für einen Dienstleister und für die Kund/innen herauszuarbeiten.

2.4.4 Strategische Ansatzpunkte für Innovationen bei sozialen Dienstleistern

Im Sinne der Dialektik ist nun eine Synthese von Außen- und Innensicht gefragt. Wenn es darum geht, eine strategische Ausrichtung von sozialen Dienstleistern zu formulieren, so scheint das unternehmensübergreifende Motto „Optimieren und Neugestalten" im Sinne der Entwicklungsmodi aus dem St. Gallener Managementmodell weiterführend zu sein (Rüegg-Stürm 2013). Punktuelle Verbesserungen im Sinne des Ideenmanagements kennt man vom betrieblichen Vorschlagswesen oder weiterentwickelt entlang eines kontinuierlichen Verbesserungsprozesses. Systematische Verbesserungen von Prozessen lassen sich etwa im Rahmen eines pQMS-Projekts entlang der 4-Schritt-Methode (Prozessidentifikation, Ist-Analyse, Soll-Konzeption, Realisieren des Verbesserungspotenzials) erreichen. Im Anschluss daran ist eine Qualitätssicherung gefragt, die eine Einordnung nach den folgenden Reifegraden eines Prozesses ermöglicht (Brandl/Ehrenmüller 2018):

	Reifegrade	Kennzeichen
5	Ständig verbessert	Entsprechend dem Auditprogramm
4	Gelebt	Eingeführt und mit Kennzahlen in IT integriert
3	Optimiert	nach den Kriterien des pQMS extended (State of The Art, wirtschaftlich, rechtlich, in IT integriert, Unternehmenskultur)
2	Beschrieben	Entsprechend der Prozessbeschreibung
1	Es läuft	… wie gewohnt …

Bei dieser Vorgangsweise wird der technologische Fortschritt nicht berücksichtigt.[40] Erst mit dem Optimieren des Reifegrads im Bereich

---

[40] Vergleich: Die Optimierung der Kerze führt nicht zur Einführung von LED-Technologien.

der Dienstleistung ist das Schaffen von Handlungsspielraum für Führungskräfte und Mitarbeiter/innen durch das Verringern der benötigten Ressourcen für eine definierte Dienstleistung möglich. Ansätze dazu finden sich unter den Schlagworten „Vermindern der Verschwendung von Ressourcen" beim Erstellen von Dienstleistungen und „Erhöhen der Wertschöpfung". Schauen wir uns in der nachfolgenden Grafik die fünf wichtigsten Kategorien zur Verminderung von Verschwendung (Muda) im Bereich der Dienstleistung an (Imai 2001; Kurmis 2014):

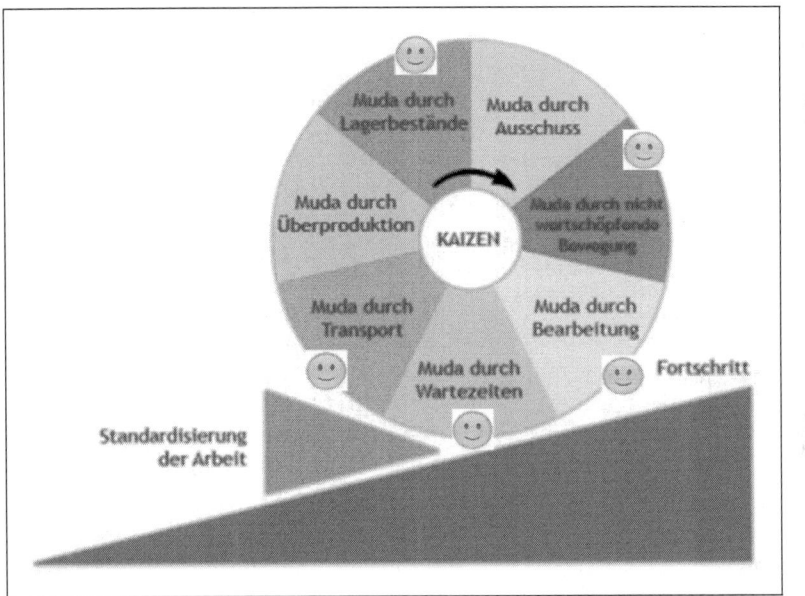

Abbildung 17: Verminderung von Verschwendung (Muda)

Dazu kommt das Streben nach möglichst kontinuierlicher Auslastung (Mura) und das Vermeiden von Belastungsspitzen (Muri). Im Zuge der Dienstleistungserbringung lassen sich fünf „Verschwendungskategorien" besonders hervorheben:

1. **Transport:** Der Transport von Gegenständen ist eine nicht wertschöpfende Tätigkeit und gehört zu der notwendigen Verschwendung, da Materialien zwangsläufig transportiert, angeliefert und entsorgt werden müssen. Allerdings gilt es, die Verschwendung

durch Transporte bestmöglich zu reduzieren. Häufig müssen Mitarbeiter ihre Arbeit an der Dienstleistung unterbrechen, weil Dinge fehlen, die sie zum Weiterarbeiten benötigen, diese aber noch nicht an den Arbeitsplatz geliefert wurden. So entsteht durch fehlenden Materialfluss eine andere Verschwendungsart: das Warten. Durch den Transport selbst werden Ressourcen für nicht wertschöpfende Tätigkeiten gebunden, die anderweitig für die Wertschöpfung eingesetzt werden könnten.

2. **Bewegung:** Unnötige Bewegung ist ein weiterer Aspekt, der die Produktivität senkt. Zur unnötigen Bewegung zählt etwa die Bewegung in eher kleinen Maßstäben wie zum Beispiel der Gang zu unnötig weit entfernt angeordneten Komponenten (z. B. PCs) oder ein Lager, aber auch das regelmäßige Abgehen aller Räume. Oft ist eine ungünstige oder fehlende Arbeitsplatzergonomie oder veraltete Ausstattung Grund für unnötige Bewegungen, die nicht nur die Effizienz und auch Motivation des Mitarbeiters/der Mitarbeiterin vermindert, sondern auch zu schlechter Qualität führen kann. Um die Arbeitsplatzergonomie zu verbessern, müssen die Arbeitsabläufe genau analysiert werden, um anschließend optimale Bedingungen für den Arbeitsablauf schaffen zu können. Durch die richtige Anordnung der Komponenten und Betriebsmittel, der vollständigen Verfügbarkeit aller benötigten Materialien und den richtigen Umgebungsbedingungen wie etwa Beleuchtung und Tischhöhe können erhebliche Verbesserungen erzielt werden. Unnötige Bewegung im größeren Maßstab äußert sich durch regelmäßiges Umhergehen des Mitarbeiters/der Mitarbeiterin innerhalb des Arbeitsbereichs oder dadurch, dass der/die Mitarbeiter/in sogar den eigenen Arbeitsbereich verlassen muss, um z. B. fehlendes Material aus anderen Bereichen/Stockwerken zu beschaffen. Unordnung ist dann ein weiterer Grund dafür, dass viel Arbeitszeit mit der Suche nach Daten, Akten oder Materialien verschwendet wird. Bei solchen Suchaktionen legt der/die Mitarbeiter/in Strecken zurück oder es vergeht Zeit, währenddessen er/sie natürlich nicht wertschöpfend tätig sein kann.

3. **Wartezeiten:** Warten ist, wie der Name schon sagt, ein Zeitraum, während dessen keine Aktivität stattfindet. Der/die Mitarbeiter/in ist aus irgendwelchen Gründen – etwa Antwortzeiten des Computers oder in der Ordination eines Arztes – gezwungen zu warten und kann daher keine wertschöpfende Arbeit an einer

Dienstleistung vollziehen. Die schwerwiegendste Auswirkung ist der negative Effekt auf die Verzögerung der Erstellung der Dienstleistung der Produkte. Wartezeiten können aber auch einen erheblichen Einfluss auf die Motivation der Mitarbeiter/in haben. Mitarbeiter/innen, die immer wieder auf die Weiterarbeit warten müssen, werden auf Dauer auch unzufrieden.

4. **Lagerbestände:** Bestände finden sich am Anfang der Wertschöpfungskette (Lager im Keller), innerhalb der Wertschöpfungskette als „Work in Process" (Lager am Stockwerk) und am Ende der Wertschöpfungskette (Lager am Arbeitsplatz/Wohnbereich). Hohe Bestände verbergen hier die eigentlichen Probleme in der Wertschöpfungskette. Prozessunzulänglichkeiten werden oft durch das Heraufsetzen entsprechender Sicherheitsbestände umgangen. Dies ist eine schnelle und einfach durchzuführende Maßnahme, die allerdings verhindert, dass sich die Prozessbeteiligten mit den eigentlichen Problemen innerhalb des Prozesses auseinandersetzen. Hohe Bestände verursachen Kapitalbindungs- und Raumkosten sowie ein erhöhtes Risiko bezüglich der Wertminderung durch Veralterung (Haltbarkeitsdatum abgelaufen) sowie Schwund.

5. **Bearbeitung:** Von unnötigen Prozessen spricht man, wenn Prozesse oder Arbeitsschritte ohne Notwendigkeit für die geforderte Dienstleistung anfallen: Unterlagen mehrfach verlangen, defekte oder veraltete Geräte verwenden, Medienbrüche etc. Die Folge ist, dass der dadurch entstehende Mehraufwand vom Kunden/von der Kundin nicht bezahlt werden will. Es leidet durch den höheren Arbeitsaufwand jedenfalls die Effizienz.

Eine systematische Suche nach der Verminderung von Verschwendungsmöglichkeiten kann nun anhand der Prozesslandkarte eines sozialen Dienstleisters oder einer allgemeinen Prozesslandkarte für gleichartige Dienstleister erfolgen. Mit diesen fünf Kriterien kann man eine Reihung von Innovationsideen und -projekten vornehmen, in dem man in einem ersten Schritt versucht, mögliche Einsparungspotenziale abzuschätzen. Damit lässt sich in der Folge durch die Verminderung von Verschwendung bzw. die schonendere Nutzung von Ressourcen Handlungsspielraum für weitere strategische Projekte generieren. Da die demografische Entwicklung ein Ansteigen der älteren Bevölkerung vorzeichnet, geht es damit weniger um Einsparungen als um die bessere Nutzung der Ressourcen im

Sinne einer Neuen Effizienz (vgl. Beitrag 2.3). Diese Aufstellung kann und muss ergänzt werden durch die Erkenntnisse zum Nutzen der Kund/innen aus deren Sichtweise. Der Nutzen der Kund/innen ist Grundlage für die Gestaltung der notwendigen Dienstleistung und für die anschließende Gestaltung der Prozesse, wie dies etwa bei der Quadromo-Methode praktiziert wird (Becker et al. 2015): Hier werden aus den recht unterschiedlichen Bedürfnissen der Kund/innen die Anforderungen an die Dienstleistungen bzw. mehrerer Dienstleistungsmodule erstellt, um dann die erforderlichen Ressourcen und die Kosten zu ermitteln.

In Summe steht für alle Entscheidungsträger das Herausarbeiten der zumindest zwei bis vier wichtigsten Ansatzpunkte pro Jahr hinsichtlich der weiteren Vorgangsweise für ihre Einrichtung samt deren Begründungen an. Dabei gilt es, den jeweiligen Entscheidungsträgern den Nutzen darzulegen und ein ggf. mehrjähriges Investitionspaket zu schnüren, indem das Gesamtprojekt in kleinere Teilprojekte zerlegt wird.

2.4.5 Führungskräfteentwicklung mit Prozessgestaltung und Dienstleistungsentwicklung verbinden

Zur Umsetzung des neuformulierten Leitbilds und der oben angeführten Neuerungen braucht es jedenfalls eine Unterstützung der Führungskräfte und „Schlüsselkräfte" auch durch externe Berater und Trainer. Erst dann erscheinen neue Handlungsspielräume in greifbarer Nähe. Da ist zum einen das Optimieren der Prozesse und Modifizieren der dazugehörigen sozialen Dienstleistungen und zum anderen erfolgt durch die Erkenntnisse zur Steigerung des Nutzens der Kund/innen bei Einhaltung des wirtschaftlichen Rahmens auch eine Veränderung der sozialen Dienstleistungen. Folgende unternehmensspezifische Zielgruppen lassen sich mit unterschiedlichen Lernformen und Themen festmachen (Brandl/Ehrenmüller 2019):

- Die oberen Führungskräfte im Sinne von Neuerungen kennenlernen

- Die Führungskräfte im operativen Bereich im Sinne von Unterstützung beim Umsetzen

- Potenzielle Nachwuchsführungskräfte und Schlüsselmitarbeiter im Sinne der Mithilfe bei der Umsetzung

- Langjährige Mitarbeiter/innen im Sinne von „Auffrischen und Neuausrichten"
- Mitarbeiter/innen im Sinne der Information über die zukünftige Entwicklung

Während es im oberen Bereich der Führungskräfte um das Erleben praktischer Beispiele und die Formulierung der strategischen Ausrichtung geht, benötigen die Führungskräfte im operativen Bereich Unterstützung im Sinne der Einführung von Neuerungen (siehe dazu Band 2, Beitrag 3.8 zum INTRA Lab). Weiterhin kann man sich, bezogen auf die Hierarchieebene, auch an den Themen der „Performance Pyramide" (Lynch/Cross 1991) orientieren.

Bei langjährigen Führungskräften und bei nicht in den Veränderungsprozess involvierten Mitarbeiter/innen geht es um das Verständnis der Neuausrichtung und der dazugehörigen Umsetzungsprojekte. In Lehrgängen zur Nachwuchsförderung hingegen erscheint es sinnvoll, „Umsetzungsprojekte" zur Unterstützung der neuen Unternehmenskultur im Sinne des Optimierens von Abläufen oder der Neugestaltung von Dienstleistungen direkt in Führungskräftelehrgänge zu integrieren. Die klassische Personalentwicklung wird so zur strategieumsetzenden Unternehmensentwicklung (vgl. Stiefel 2018).

2.4.6 Ausblick

Mit dem Artikel wurde versucht, eine Argumentation dahingehend zu liefern, dass es Sinn macht, Neuerungen im Unternehmen strategiebezogen auszuwählen und in die Umsetzung zu bringen. Das zentrale Element ist hier jedenfalls das „Wollen" der Führungskräfte und das Befähigen der Führungskräfte im Zuge einer strategieumsetzenden Personalentwicklung (vgl. Brandl 2019). Eine induktive Vorgangsweise kann hier in der Regel punktuell helfen und ist – wenn das so ist – auch in die Arbeit an der zukünftigen Ausrichtung des Dienstleisters miteinzubeziehen. Eine Kulturänderung von einem hierarchisch ausgerichteten Unternehmen in Richtung mehr zu unternehmerischem Denken sollte in jedem Fall beobachtet werden.

2.4.7 Literatur-/Quellenverzeichnis

Becker, J. et al. (2015): Service Design – Mit der Quadromo-Methode von der Idee zum Konzept. Springer Gabler, Berlin.

Brandl, P. (2019): Personalentwicklung als Unternehmensentwicklung. Springer, Wiesbaden.

Brandl, P./Ehrenmüller, I. (2018): Step by Step: Prozessbasierte IT-Potenziale für die Pflege. Consozial, Nürnberg.

Brandl, P./Ehrenmüller, I. (2019): pQMS extended – Neues Qualitätsmanagementsystem für die Langzeitpflege. Walhalla Fachverlag, Regensburg.

Cross, K. F./Lynch, R. L. (1998): Measure Up! How to Measure Corporate Performance. Cambridge MA.

Doppler, K./Lauterburg C. (2014): Change Management: Den Unternehmenswandel gestalten. Campus, Frankfurt/Main.

Glasl, F./Kalcher, T./Piber, H. (2014): Professionelle Prozessberatung: Das Trigon-Modell der sieben OE-Basisprozesse. Haupt – Freies Geistesleben, Bern.

Glasl, F./Lemson, D. (2016) – www.marettek-management.de/change-prozess/ (letzter Zugriff: 26.08.2018)

Hammer, M./Champy, J./Künzel, P. (2003): Business Reengineering: Die Radikalkur für das Unternehmen. Campus, Frankfurt/Main.

Imai, M. (2001): Kaizen – Der Schlüssel zum Erfolg der Japaner im Wettbewerb. Ullstein, Berlin.

Kurmis, O. (2014): Kanban in der IT – Software-Entwicklung intelligent steuern. – https://de.slideshare.net/oliworx/kanban-in-der-it (letzter Zugriff: 26.08.2018)

Reder, G. (2012): Arbeitszufriedenheit als Baustein zur MitarbeiterInnenbindung am Beispiel der Pflegeheime eines oberösterreichischen Sozialhilfeverbandes, Linz.

Rüegg-Stürm, J. (2013): Das neue St. Galler Management-Modell. Grundkategorien einer integrierten Managementlehre. Der HSG-Ansatz. Haupt, Bern.

Stiefel, R. T. (Hrsg.) (2018): Führungskräfte-Entwicklung: Worüber man in der Praxis ungern spricht: Ein Insider berichtet. EHP Edition Humanistische Psychologie, Köln.

Weiss, M. (2010): Management in Skizzen: Die Kraft der Bilder im Change Management. Haupt, Bern.

Prof. Dr. Paul Brandl, Professur für Organisation und Prozessmanagement mit Schwerpunkt Qualitätsmanagement in Alten- und Pflegeheimen an der FH-Oberösterreich – Department Sozial- und Verwaltungsmanagement, Linz, Österreich.

2.5 Soziale Organisationen auf dem Weg nach New Work – eine grobe Orientierung
Hendrik Epe

2.5.1 Einleitung

Wie kann es gelingen, soziale Organisationen[41] auf den Weg nach „New Work" zu bringen? Diese Frage stellt sich zunehmend. Zum einen ist New Work ein in beinahe allen Medien auftauchendes Buzzword geworden. Zum anderen stehen soziale Organisationen tatsächlich vor zukünftigen Fragestellungen, die mit den Antworten von gestern nicht mehr beantwortet werden können. Starre Strukturen etablierter Wohlfahrtsverbände müssen aufgelöst werden, Entscheidungswege sind zu verkürzen und zunehmende Komplexität verlangt, dass sich soziale Organisationen netzwerkartig aufstellen, Hierarchien abbauen und selbstorganisiert arbeiten.

All diese Bemühungen sind grundsätzlich begrüßenswert, ermöglichen sie doch eine Arbeitsweise, die dem grundlegenden Auftrag sozialer Organisationen deutlich näherkommt, als dies in formal-hierarchisch gegliederten Organisationsformen möglich ist. Gleichzeitig muss die Auseinandersetzung mit „neuen" Formen der Gestaltung von und der Zusammenarbeit innerhalb Organisationen einer genaueren Betrachtung unterzogen werden, um nicht unerfüllbare Hoffnungen aufseiten der Mitarbeiter/innen, der Klient/innen, aber auch aufseiten der Führungskräfte zu schüren.

Im Folgenden wird daher einführend der Begriff „New Work" betrachtet und auf eine für den Zweck – die zukunftsfähige Gestaltung sozialer Organisationen – passende Definition heruntergebrochen. Daran anschließend wird die den sog. New Work-Organisationen inhärente stärkere Selbstorganisation in den Blick genommen. Insbesondere steht hier die Frage im Zentrum, wozu stärkere Selbstorganisation dienen soll. Diesen Teil abschließend werden aber auch die mit der Selbstorganisation einhergehenden Herausforderungen sowie, wenn vorhanden, Grenzen der Selbstorganisation thematisiert. Der Beitrag schließt mit einer Orientierung für die Einführung von Selbstorganisation in bestehenden Organisationen.

---

[41] Hier wird der Definition von Grunwald/Maelicke (vgl. 2013, S. 923) gefolgt, die soziale Organisationen pragmatisch als Unternehmen der Sozialwirtschaft in öffentlicher, privat-gemeinnütziger oder gewerblicher Trägerschaft definieren.

Dabei ist schon hier darauf zu verweisen, dass es keine rezepthaften Standardlösungen geben kann und das theoretische Konzept „New Work" für jede Organisation hochgradig individuell zu betrachten ist. Es wird berücksichtigt, dass es nicht darum gehen kann, bestehende Strukturen sozialer Organisationen radikal aufzulösen, um in der Konsequenz „die Affen den Zoo regieren zu lassen", wie es Stefan Kühl bereits 1994 (!) pointiert ausgedrückt hat (vgl. Kühl 2015). Vielmehr gilt es die Rahmenbedingungen gelingender Selbstorganisation – als ein wesentliches Prinzip der New Work-Organisationen (vgl. Väth, 2019) – zu berücksichtigen.

Der Weg nach New Work sieht somit für jede Organisation anders aus.

2.5.2 Was ist New Work?

Vorab bedarf es einer Definition des Begriffs „New Work" und damit der Ausrichtung des Beitrags. In den letzten Monaten und Jahren wird auf unterschiedlichsten Ebenen darüber diskutiert, wie sich die Veränderung der Arbeitswelt fassen lässt, wo Ansatzpunkte liegen und wie diese definiert werden (vgl. z. B. BMAS 2017).

Der Begriff „New Work" öffnet eine in der Diskussion um die Zukunft der Arbeit wesentliche Dimension: Bei der Befassung mit der Veränderung der Arbeitswelt geht es um mehr als rein organisationale Veränderungen. New Work fokussiert aus dieser Perspektive auf ein alternatives Gesellschaftsmodell, das das bisher geltende Lohnarbeitssystem infrage stellt.[42]

2.5.2.1 New Work als Gesellschaftsveränderung

Das Konzept „New Work" geht auf den US-amerikanischen Professor Frithjof Bergmann zurück, der New Work als Alternative zum vorherrschenden Lohnarbeitssystem beschreibt.

Stark verkürzt geht es Bergmann darum, dass das Lohnarbeitssystem, so wie wir es kennen, von Grund auf zu den in unserer Gesellschaft verstärkt auftretenden Problemen führt:

---

[42]   Hier ist zu beachten, dass es neben dem beschriebenen Konzept „New Work" auch andere Systeme für unsere gesellschaftliche Zukunft gibt, die ebenfalls zu diskutieren wären. Zu denken ist z. B. an die breiten Diskussionen zum bedingungslosen Grundeinkommen (vgl. z. B. Spannagel 2015).

> „Die besondere Form der Arbeit, die wir ‚Lohnarbeit' nennen, ist erst so alt wie die industrielle Revolution, also ungefähr 200 Jahre. Schon als dieses System eingeführt wurde, gab es warnende Stimmen, die ihm keine gute Zukunft voraussagten. Heute krankt das Lohnarbeitssystem an vielfältigen und schweren Mängeln. Deshalb ist es an der Zeit, die Arbeit von Grund auf neu zu organisieren. Das Lohnarbeitssystem ist dabei, zu sterben, und das nächste System, die Neue Arbeit, muss aufgebaut werden." (Bergmann 2004, S. 11)

Das von Bergmann skizzierte Konzept basiert darauf, das System der Lohnarbeit zu ersetzen durch ein System, das aus den drei Teilen besteht:

- Erwerbsarbeit (1/3)

- High-Tech-Self-Providing (Selbstversorgung, 1/3)

- einer Arbeit, die man wirklich, wirklich will (1/3)

Hintergrund der Entwicklung des Konzepts ist die Feststellung, dass die „klassische" Erwerbsarbeit insbesondere aufgrund der Roboterisierung und Automatisierung und damit der Substituierung von Tätigkeiten zurückgehen wird (vgl. dazu z. B. Bonin/Gregory/Zierahn 2015). Um jedoch eine finanzielle Basis für alle zu schaffen, soll im Konzept „New Work" ein Drittel aus der zukünftig noch zur Verfügung stehenden klassischen Erwerbsarbeit bestehen. Gleichzeitig werden durch das erzielte Einkommen Anschaffungen möglich, die nicht durch eigene Arbeit oder nachbarschaftliche Netzwerke erzeugt werden können.

Das zweite Drittel der zur Verfügung stehenden Zeit wird mit Selbstversorgung auf technisch höchstem Niveau zugebracht. Konkret geht es nicht ausschließlich darum, Kartoffeln im eigenen Garten anzubauen, sondern darum, mit den heute zur Verfügung stehenden technischen Möglichkeiten (z. B. 3D-Druck) Dinge des täglichen Lebens (angefangen von der Kartoffel bis hin zu z. B. technischen Geräten) herzustellen. Hinzu kommt, dass sich die Menschen zunehmend Gedanken um den tatsächlich sinnvollen Konsum machen, wodurch sich der Bedarf automatisch reduziert (vgl. hierzu Reichel 2019).

Als dritte Säule von „New Work" steht die Arbeit, die Menschen „wirklich, wirklich wollen": Ausgehend davon, dass Arbeit grundsätzlich niemals endet, wenn man Arbeit als über das Lohnarbeitssystem hinausgehend definiert (z. B. Familie, Pflege, Ehrenamt), ist dieser Bestandteil wesentlich für das Konzept „New Work".

Bergmann favorisiert hier einen evolutionären Ansatz der Systemveränderung, der nur nach und nach erfolgen kann, vorangetrieben durch Menschen, die sich an dem orientieren, was sie wirklich, wirklich wollen. Die Menschen sollen sich demzufolge allmählich unabhängiger machen vom Lohnarbeitssystem durch Selbstversorgung (Mikroebene).

Zusammenfassend soll New Work aus dieser Perspektive unabhängig vom Lohnarbeitssystem für alle Menschen Selbstständigkeit, Freiheit und die Teilhabe an der Gemeinschaft ermöglichen. Der Zwang zur (fast) ausschließlichen Partizipation an den traditionellen Lohnarbeitsstrukturen soll sich damit auflösen.

> „Der Vordenker der ursprünglichen Idee einer New-Work-Bewegung sieht das Ganze als Do-it-yourself-Konzept für eine von der Lohnarbeit befreiten Welt(!)" (Bruns 2017, S. 74)

2.5.2.2 New Work als Organisationsentwicklung

Vor dem Hintergrund der unter 2.5.1 skizzierten Fakten ist interessant, zu beobachten, welche Entwicklung der Begriff New Work in den letzten Jahren genommen hat (vgl. dazu auch Väth 2016). Es ist auffällig, dass ein Großteil der Veröffentlichungen zum Thema nicht auf das beschriebene Konzept von Bergmann verweist, sondern New Work als insbesondere Unternehmen und damit die Arbeitswelt, nicht die Gesellschaft als Ganzes veränderndes Konzept beschreiben. Diese Ausrichtung lässt sich als Engführung des ursprünglichen Konzepts kritisieren.

Gleichzeitig und insbesondere mit Blick auf das erste Drittel des Konzepts „New Work" ist es möglich, die dringend notwendige Veränderung der Arbeitswelt als ausschlaggebend für eine Veränderung der Gesellschaft anzusehen: Erst durch die Veränderung der Arbeitswelt wird es möglich, die Gesellschaft als Ganzes zu verändern, hin zu mehr Freiheit, Nachhaltigkeit, (sozialer) Verantwortung, hin zu mehr Sinn und Zeit für das „wirklich, wirklich Wichtige".

Der Blick zurück zeigt, dass dies schon immer so gewesen ist: Durch die Entwicklung der Landwirtschaft sind die Menschen sesshaft geworden, durch die Entwicklung der Webstühle und der Dampfmaschine wurde das Industriezeitalter eingeläutet und durch die Informationstechnologie bewegen wir uns immer mehr in einer „Wissensgesellschaft". Und all diese Veränderungen der Arbeitswelt haben zu neuen Gesellschaftssystemen geführt:

> „Wichtige historische Gesellschaftsformationen sind nach Marx die klassenlose Urgesellschaft der frühen Stammesgesellschaften, die von Landwirtschaft und despotischer Herrschaft geprägte ‚asiatische Produktionsweise', die Sklavenhaltergesellschaft der Antike, der Feudalismus des Mittelalters und die bürgerlich-kapitalistische Produktionsweise." (https://de.wikipedia.org/wiki/Gesellschaftsformation)

Hinzu kommen natürlich Sozialismus und Kommunismus, deren Bezug zur Arbeitswelt als „Diktatur des Proletariats" auf der Hand liegt.

Damit wird deutlich: Die Veränderung der Arbeitswelt führt zu gesellschaftlichen Veränderungen. Entsprechend lässt sich von „New Work" auch dann sprechen, wenn es „nur" um organisationale Veränderungen, um neue Organisationsdesigns, um Arbeitsgestaltung etc. geht.

2.5.2.3 New Work auf individueller Ebene

Schon der von Bruns angeführte Begriff des „Do-it-yourself-Konzeptes" verweist auf den sehr individuellen Charakter von New Work: New Work auf Mikroebene und verstanden im Sinne Bergmanns fokussiert die Frage, wie es Menschen gelingen kann, einer Arbeit nachzugehen, die man (ganz individuell) *wirklich, wirklich will.*

Hinter dieser zunächst einfachen Frage steht ein anderes Verständnis von dem, was traditionell als „Arbeit" definiert wurde. So schreibt Väth (2016, S. 16), dass es zu einfach ist,

„wenn wir sagen: In dem Moment, in dem man ausstempelt, gilt New Work nicht mehr. Denn mit New Work ist es wie mit echtem Zeitmanagement: Entweder man praktiziert es über alle Lebensbereiche hinweg (und nicht nur im Berufsleben) oder man lässt es".

New Work in diesem Sinne verlangt von den Menschen, sich über den beruflichen Kontext hinaus mit ihren Stärken, Bedürfnissen und Potenzialen zu befassen. Nur dann kann es möglich sein, zu einer Arbeit zu finden, die „man wirklich, wirklich will". Dieser Wandel hin zu Potenzialentfaltung und der Beschäftigung mit den eigenen, ganz individuellen Stärken steht im Gegensatz zur üblichen Sozialisation in Systemen, die einem – radikal formuliert von der Wiege bis zur Bahre oder zumindest bis zum Ausstieg aus dem Berufsleben – vorgeben, was wann zu lernen ist, was wann ansteht und welche Entscheidungen man wann treffen muss, um in den vorgegebenen Systemen „zu funktionieren".

„Ob New Work in Zukunft wirklich die Arbeitswelt revolutioniert, hängt davon ab, wie ernst wir unsere Freiheiten wirklich nehmen." (Bruns 2017, S. 76)

2.5.3 Der Versuch einer pragmatischen Definition: Was ist New Work?

Im Folgenden wird der Anspruch des Konzepts „New Work" auf die Meso- und damit die organisationale Ebene reduziert. New Work reduziert sich in diesem Beitrag auf die sich durch die wesentlichen gesellschaftlichen Veränderungen – Digitalisierung, Flexibilisierung, Globalisierung, Klimakatastrophe etc. (vgl. näher Bruckner/Werther 2018, S. 16 ff.) – ergebende Notwendigkeit auch für soziale Organisationen, mit zunehmender Komplexität umgehen und sich schneller und anders als bisher verändern zu müssen.

Diese Veränderungen wiederum führen in Bezug auf die Arbeitswelt zu Flexibilisierungen, veränderten Organisationsstrukturen, einer Veränderung der Arbeitsbeziehungen (vgl. ebd.) und damit zu neuen Organisationsdesigns, veränderter Arbeitsgestaltung, Selbstorganisation, agilem Management und vielem mehr.

Hier ist zu wiederholen, dass es keine allgemeingültigen Methoden, Vorgehensweisen oder Rezepte geben kann, wie sich Organisationen „auf den Weg nach New Work" begeben können. Vielmehr muss jede Organisation mit ihren je eigenen Spezifika und Herausforderungen betrachtet werden, um darüber einen individuellen Weg zur Gestaltung der Zukunft zu finden. Gleichzeitig lassen sich Methoden und Herangehensweisen finden, die – individuell angepasst – Antworten liefern können.

2.5.4 Wozu New Work?

Die Frage, warum eine Beschäftigung mit dem Thema New Work auch aus Perspektive der Sozialwirtschaft – über den allgemeinen Hype hinaus – sinnvoll ist, wird im ersten Teil dieses Kapitels skizziert. Wesentlicher als diese Frage erscheint jedoch die Frage nach dem „Wozu" oder anders gefragt: Welchen Nutzen hat die Beschäftigung mit New Work für soziale Organisationen?

2.5.4.1 Herausforderungen sozialer Organisationen

Als wesentliche Herausforderungen für soziale Organisationen lassen sich vor allem der demografische Wandel sowie der Fachkräftemangel, Ökonomisierungs- und Privatisierungstendenzen, neue Anforderungen an die Qualität und die Wirkungsmessung sozialer Dienstleistungen anführen.

Darüber hinaus haben gesamtgesellschaftliche Veränderungen – allen voran die digitale Transformation, aber auch die Globalisierung, Individualisierungstendenzen usw. – Auswirkungen auf die Sozialwirtschaft als Branche und die sozialen Organisationen auf Meso-Ebene. Diese werden im vorliegenden Beitrag aus Platzgründen nicht diskutiert.

Die demografischen Veränderungen in Deutschland haben für soziale Organisationen Auswirkungen hinsichtlich fehlender Fachkräfte auf der einen und sich verändernden Aufgabenfeldern (von der Jugendhilfe zur Altenhilfe) und Anforderungen (Multiproblemfälle) auf der anderen Seite. Kurz zusammengefasst stehen Organisationen der Sozialwirtschaft vor der Herausforderung, einem steigenden Bedarf nach sozialen Dienstleistungen (z. B. in der Pflege oder in der Kinderbetreuung) bei gleichzeitig abnehmendem Fachkräfteangebot adäquat gerecht werden zu können. Die Entwicklungen sind besonders brisant, wenn die regional sehr unterschiedlichen Auswirkungen des demografischen Wandels in Betracht gezogen werden. So zeigt der Fachkräftemangel insbesondere in ländlichen Regionen schon jetzt enorme Auswirkungen bei in diesen Regionen gleichzeitig schneller steigendem Bedarf nach sozialen Dienstleistungen und einer schon bestehenden Unterversorgung (vgl. z. B. Tabatt-Hirschfeldt 2018, S. 89–110).

Mit dem demografischen Wandel geht ein in sozialen Arbeitsfeldern teilweise real existierender Fachkräftemangel eng einher. Hier ist einerseits die Frage nach der Besetzung offener Stellen als quantitatives Problem zu klären: Gibt es genügend Bewerber/innen für die offenen Stellen? Hinzu kommt ein weiteres Problem, das sich in dem strapazierten Begriff der Generationen Y und Z manifestiert. Wie können Organisationen der Sozialwirtschaft auf sich verändernde Werte sowie Ansprüche zukünftiger Arbeitnehmer/innen reagieren? Die begrenzte Anzahl an zukünftigen Arbeitnehmer/innen stellt andere Anforderungen an die Ausgestaltung der jeweiligen Arbeitsplätze (vgl. näher Kopf 2015). Weitergehende Fragen betreffen auch die Bindung der Mitarbeiter/innen an das eigene Unternehmen, Fragen des Umgangs mit den Kompetenzen altersbedingt ausscheidender Fachkräfte, Fragen der Personalentwicklung usw.

Becke et al. (vgl. 2016, S. 13) weisen darauf hin, dass der Fachkräftemangel jedoch nicht allein durch die demografischen Entwicklungen hervorgerufen wird. Hinzu kommen Attraktivitätseinbußen der Sozial-, Pflege- bzw. Gesundheitsberufe, die mit den Schlagworten von schlechten organisationalen Rahmenbedingungen, geringem Einkommen und Perspektivlosigkeit hinsichtlich der Aufstiegschancen zusammengefasst werden können (vgl. auch Heider-Winter 2014, S. 10).

Über den Fachkräftemangel hinausgehend werden soziale Organisationen mit zunehmenden Ökonomisierungs- und Privatisierungstendenzen konfrontiert. Hohe Anforderungen an Wirkungsmessung, zunehmende Konkurrenz der Organisationen untereinander, zunehmende Konkurrenz durch externe Akteure (z. B. Social Entrepreneurship, privatwirtschaftliche Anbieter) bei gleichzeitig steigender Komplexität der durch die Organisationen wahrzunehmenden Aufgaben (Multiproblemklientel), erfordern neue Vorgehensweisen. Hinsichtlich der Erhöhung des Kosten- und Leistungsdrucks ist eine rein negative Sichtweise jedoch zu eingeschränkt. So ließe sich die These vertreten, dass Soziale Arbeit vor Einführung marktlicher Steuerungselemente ineffizient ebenso wie ineffektiv gearbeitet hat und in den letzten mindestens 20 Jahren (vgl. Becke et al. 2016, S. 12) eine „Marktbereinigung" stattfindet. Holdenrieder erachtet es als erstaunlich, dass

> „viele Sozialunternehmen bis vor wenigen Jahren eine meist ablehnende Haltung in Bezug auf betriebswirtschaftliches Denken und Handeln an den Tag [legten], was ihnen eine (berechtigt) häufige Kritik einbrachte". (Holdenrieder 2013, S. 14)

Er hebt diesbezüglich fehlende Effektivität, Effizienz und Transparenz der Leistungserfüllung von Organisationen der Sozialwirtschaft hervor, konstatiert aber, dass sich im Zuge der Ökonomisierung das Qualifikationsniveau in Richtung betriebswirtschaftlicher Kompetenz auszuweiten scheint (vgl. ebd.). Schon an dieser Stelle ist zu erwähnen, dass bei der Gestaltung von New Work-Organisationen der Aspekt der professionellen Dienstleistungserbringung und damit auch der Wirtschaftlichkeit nicht vernachlässigt werden darf.

Neben der Wirtschaftlichkeit sind neue Qualitätsanforderungen erwähnenswert, die an soziale Organisationen gestellt werden.

> „Werkzeuge wie das Kontraktmanagement, Benchmarking, Budgetierung oder Qualitätsmanagement prägen den Alltag in allen Arbeitsfeldern der Sozialen Arbeit und haben als Anforderung an die Anbieter sozialer Dienstleistungen mittlerweile Eingang in alle Sozialgesetze gefunden." (Galuske 2014, S. 1028)

Diesbezüglich kommt Grunwald (vgl. 2013, S. 818) zu der Einschätzung, dass die „Qualitätsdebatte nicht primär unter sozialpädagogisch-professionellen, sondern vor allem unter ökonomischen Vorzeichen geführt", das Erreichte eher verteidigt und damit die Weiterentwicklung Sozialer Arbeit und aus organisationaler Perspektive die Weiterentwicklung der Organisation behindert wird. Weitergehend ist auf die mit den gestiegenen Qualitätsanforderungen oftmals einhergehende Bürokratisierung sozialer Organisationen zu verweisen.

2.5.4.2 Vorteile von New Work-Organisationen

Im Gegensatz zum „Warum" blickt die Frage nach dem Wozu nach vorn: Wo liegt der Nutzen des Strebens nach sog. New Work-Organisationen, die über die Bedienung der Management-Mode „New Work" hinausgeht? Welche echten Mehrwerte lassen sich erwarten, wenn man das Organisationsdesign formal-hierarchischer Organisationen überdenkt?

Diese Perspektive einzunehmen ist wichtig, da die jeweils zu betrachtende Organisation damit von der Reaktion auf Veränderungen anderer Funktionssysteme (z. B. Rechtssystem, Medizinsystem) hin zu eigener Aktion wechselt. Es besteht die Möglichkeit, aktiv die Zukunft der Organisation zu gestalten.

Die Vorteile von New Work-Organisationen im oben definierten Sinn zeigen sich vor allem in gesteigerter Innovationsfähigkeit, neuen Möglichkeiten des Umgangs mit Komplexität, in der Qualitätssicherung durch Kommunikation, in der Attraktivitätssteigerung der Organisation sowie in der Steigerung von Effektivität und Effizienz. Abschließend ist die Möglichkeit der Potenzialentfaltung als Nutzen zu betonen.

Innovationsfähigkeit bezeichnet die Fähigkeit sozialer Organisationen, zielgerichtet neue soziale Dienstleistungen, wirtschaftliche, organisationsstrukturelle und -prozessuale sowie soziale Problemlösungen zu realisieren, die darauf ausgerichtet sind, die Ziele der Organisation auf eine neuartige Weise zu erreichen (vgl. Epe 2016). Diese Definition verdeutlicht, dass sich Innovationsfähigkeit auch nach innen – auf Strukturen und Prozesse der Organisation – richten kann. Die Innovationsfähigkeit einer Organisation gestaltet sich aus systemischer Sicht durch die vorhandenen Prozesse, Rituale, Vorgaben, Regelungen und Kommunikationswege und damit durch die Organisationsstruktur. Wenn diese Strukturen, „systemtheoretisch als ‚Entscheidungsprämissen' bezeichnet" (Kühl/Muster 2016, S. 12), hinterfragt und bei nichtvorhandenem Nutzen weggelassen werden, ergeben sich Freiräume, die von den Mitarbeiter/innen selbstorganisiert zur Entwicklung neuer Dienstleistungen, Produkte und ggf. sogar der Organisation als Ganzes (Geschäftsmodellinnovation) genutzt werden können. Dazu bedarf es jedoch eines Verständnisses der Entwicklung sozialer Systeme und damit einhergehend der Verabschiedung der Führungskräfte von der „steuernden Grundhaltung in nichtsteuerbaren Systemen" (vgl. näher Epe 2016).

Ein weiterer Nutzen agiler Organisationen liegt in besseren Möglichkeiten, mit der in sozialen Organisationen von Natur aus hohen und sich durch die Veränderungen der „VUKA-Welt" (vgl. Epe 2015) weiter steigernden Komplexität umzugehen. So sind – vereinfacht formuliert – „traditionelle" Steuerungsmethoden in Organisationen (z. B. Prozess- oder Qualitätsmanagement) auf kausale, plan- und damit steuerbare Prozesse ausgerichtet. Der Versuch, diese Methoden auf komplexe Situationen zu übertragen, scheitert oftmals. Hier ergeben sich durch sich selbst organisierende Teams und damit durch die steigende interne Komplexität neue, schnelle und die Potenziale aller Beteiligten nutzende Optionen für den Umgang mit komplexen organisationsexternen Anforderungen.

„Die größten menschlichen Errungenschaften sind durch Kommunikation zustande gekommen – die schlimmsten Fehler, weil nicht miteinander geredet wurde." Die Übertragung dieses Zitats von Stephen Hawking auf Katastrophen sozialer Organisationen ist leicht: Hätten die Mitarbeiter/innen in Jugendämtern, die für die Verhinderung von Kindswohlgefährdung zuständig sind, mehr und angstfrei miteinander gesprochen, wäre es seltener zu Kindstötungen gekommen (vgl. Goldberg 2013). Die offene Kommunikation aller Beteiligten miteinander steht im Zentrum verschiedener „agiler Methoden und Praktiken". So heißt es im agilen Manifest (s. o.), dass Individuen und Interaktionen vor der Einhaltung von Prozessen und der Nutzung von Werkzeugen stehen. Das der Sozialen Arbeit inhärente „Miteinander kommunizieren" wird hier zu einer die Qualität der Arbeit sichernden Methode.

Sofern es sozialen Organisationen gelingt, nach neuen, anderen, die Menschen tatsächlich in den Mittelpunkt stellenden Methoden zu arbeiten, ist davon auszugehen, dass die Attraktivität der Organisation als Arbeitgeber steigt. Als diesbezüglich eindrückliches Beispiel ist die niederländische Pflegeorganisation Buurtzorg hervorzuheben, der es mit einer anderen Art, Zusammenarbeit zu gestalten, gelungen ist, den Markt der ambulanten Pflege in den Niederlanden komplett aufzurollen. Im Jahr 2016 arbeiteten etwa 10.000 Menschen für die im Jahr 2006 gegründete Organisation (vgl. Hennesay 2017 oder Heinrich, 2019). Auch in Deutschland finden sich Ansätze, Pflegedienste ähnlich zu strukturieren (vgl. www.ich-und-du-pflege.de). Im Kontext der „klassischen" Sozialwirtschaft sind diesbezügliche Beispiele noch kaum auffindbar, wenn auch begründet denkbar (z. B. die Offene Kinder- und Jugendarbeit).

Insbesondere der Effizienzbegriff wird nicht direkt mit Sozialer Arbeit oder sozialen Organisationen verknüpft. Schaut man sich jedoch die Veränderungsdynamik an, denen sich soziale Organisationen gegenübersehen, nimmt die Bedeutung deutlich zu: Nur wenn es Organisationen gelingt, das Richtige zu tun und sich schnell an neue Begebenheiten anzupassen oder besser noch, diese mitzugestalten, ist deren Überlebensfähigkeit gesichert (Effektivität). Daneben ist in sozialen Organisationen effizientes Vorgehen unabdingbar, da externe (meist Steuer-)Gelder für die Erbringung der Leistungen erforderlich sind. Und die Frage, ob die richtigen Dinge getan werden und welche Wirkung diese Aktivitäten haben (Wirkungsmessung), muss bei der Arbeit mit Menschen und dem Umgang mit meist öffentlichen Geldern richtungsweisend sein. Agile Methoden der Zusammenarbeit bieten hier aufgrund des iterativen und auf die Kommunikation aller Beteiligten setzenden Vorgehens Möglichkeiten, mit denen Effektivität und Effizienz bei gleichzeitiger Anpassungsfähigkeit der Organisation gelingen kann.

> „The environment we operate in determines how much of our innate potential we can manifest." (Laloux 2014, S. 285)

Wenn wir an die Umgebungen denken, in denen (soziale) Arbeit traditionell organisiert ist, regt der obige Satz zumindest zum Nachdenken an und die Potenzialentfaltung in der Entwicklung hin zu einer neuen Arbeitswelt wird hochgradig bedeutsam, denn: Wenn es gelingt, die gesellschaftliche Transformation so zu gestalten, dass selbstorganisierte, sinngetriebene und das ganze Potenzial der Menschen berücksichtigende Organisationen geschaffen werden, ergeben sich neue, menschliche Möglichkeiten der Zusammenarbeit und des Zusammenlebens. In dieser Entwicklung werden soziale Organisationen allein aufgrund des Fachkräftemangels gezwungen, über die bisherigen Möglichkeiten der „Personalbindung" hinaus nachzudenken und neue Wege der Arbeit zu gestalten. Und wenn Selbstbestimmung dann noch Ziel sozialer Arbeit ist (vgl. die Internationale Definition Sozialer Arbeit, DBSH 2016), müssen die Mitarbeiter/innen in den Organisationen zunehmend selbstbestimmt handeln können und dürfen.

Mit den bisherigen Ausführungen wurde deutlich, dass sich der Weg hin zu New Work-Organisationen in der Sozialwirtschaft auf verschiedenen Ebenen lohnt. So ist – um das obige Beispiel aufzu-greifen – Buurtzorg nicht nur ein schnell wachsender und damit allem Anschein nach attraktiver Arbeitgeber, die Organisation ist auch hochgradig effizient. Die Mitteleinsparungen für das nieder-ländische Gesundheitssystem sind beträchtlich (vgl. Laloux 2014, S. 65).

2.5.5 Wie geht New Work in sozialen Organisationen?

Der Einstieg in die konkrete Umsetzung von Maßnahmen zur Ent-wicklung sozialer Organisationen erfolgt über die Grundhaltung der Führungskräfte der Organisation. Daran anschließend werden Methoden, Handlungsrahmen und Maßnahmen skizziert, wenn man im Kontext von New Work überhaupt von „Maßnahmen" spre-chen kann.

2.5.5.1 Ohne oben geht es nicht

Eine wesentliche Determinante für tiefgreifende organisationale Wandlungsprozesse und eine Neuausrichtung der Gesamtorganisa-tion hin zu einer veränderten Zusammenarbeit – hin zu New Work – ist die Unterstützung dieses Prozesses durch die oberste Führungs-ebene der Organisation. Dies ist unabhängig davon, ob es sich um eine soziale Organisation oder um eine andere Branche handelt.

Laloux (vgl. 2014, S. 237) sieht die beiden wesentlichen Hürden für eine erfolgreiche Veränderung der Organisation hin zu New Work im Sinne von Ganzheitlichkeit, Selbstorganisation und organisatio-nalem Sinn in der fehlenden Unterstützung des obersten Manage-ments bzw. der Inhaber/innen der Unternehmen. Für diese besteht immer die Möglichkeit, aufgrund ihrer formalen Macht neue Ent-wicklungen hin zu einer menschenzentrierten Arbeit zu brechen.

Voraussetzungen sind somit zum einen ein Verständnis für den Sinn und Nutzen organisationaler Veränderung hin zu New Work sowie ein Grundvertrauen in das Gelingen der Transformation, zum ande-ren ein entsprechendes Menschenbild bzw. eine Grundhaltung, die Menschen auch in organisationalen Kontexten als intrinsisch moti-viert und veränderungsfähig ansieht.

2.5.5.2 Den Status quo akzeptieren

Der Fokus dieses Beitrags zu „New Work in sozialen Organisation" liegt darauf, für etablierte soziale Organisationen Möglichkeiten zur Neugestaltung aufzuzeigen. Diese Anmerkung ist insofern relevant, da die Neugründung nach neuen Organisationsformen, Regeln und Prinzipien alternativer Zusammenarbeit deutlich einfacher zu bewerkstelligen ist. Bestehende Organisationen müssen sich jedoch mit dem Dilemma befassen, das Alltagsgeschäft aufrechtzuerhalten und weiterzuentwickeln, bei gleichzeitiger Notwendigkeit der Transformation hin zu einem grundlegend anderen Paradigma, wie Arbeit gestaltet werden kann, hin zu New Work.

Diese auch unter dem Begriff der „Ambidextrie" diskutierte Herausforderung (vgl. z. B. Schumacher/Wimmer 2018; Raitner 2018) führt zu anderen Anforderungen als die Neugründung einer Organisation. Beispielsweise ist für etablierte Organisationen

> „die Gefahr groß, dass die erforderlichen Veränderungen im bestehenden Geschäft und die start-up-förmig organisierten Prozesse zur Entwicklung des Neuen einander blockieren, statt zu einer Quelle wechselseitiger Stimulation zu werden. Für diese erfolgreiche Verzahnung bei gleichzeitig getrenntem Agieren gibt es wohl noch keine ausgetretenen Pfade, die sich für schlichtes Kopieren anbieten würden" (Schumacher/Wimmer 2018).

Entsprechend ist es für etablierte Organisationen relevant, zu akzeptieren, dass beide Wege gleichzeitig gegangen werden müssen und nicht allein „das Neue" alles Bestehende verdrängt.

Sofern die Führung der Organisation die Entscheidung getroffen hat, sich auf den Weg der Transformation der Organisation zu begeben, ist gleichzeitig der Status quo der Organisation zu würdigen. Nicht die Auflösung des Bestehenden, die radikale Selbstorganisation, die Abschaffung der Führung, die Auflösung aller Hierarchien, die Neugestaltung tradierter Organisationsstrukturen hin zu Netzwerkstrukturen (vgl. Grilz 2016) oder die unreflektierte Einführung neuer „Betriebssysteme"à la Holocracy (vgl. Zeuch 2016) usw. ist angebracht. Vielmehr ist ausgehend vom Status quo zu überlegen, welche Veränderung zu den Bedarfen der Organisation passt und damit zuerst angegangen werden sollte:

> „Try listening to what best suits the organization's needs."
> (Laloux 2014, S. 268)

Es ist hinzufügen, dass sich Organisationen schon immer mit ihrer Entwicklung befassen mussten. Change Management ist auch und gerade für lang bestehende Organisationen kein neues Thema. Der Unterschied zu den Entwicklungen hin zu „New Work" besteht jedoch darin, dass es sich hier nicht um eine „inkrementelle Weiterentwicklung" und damit Optimierung der Organisationen handelt. Vielmehr ist der zu beschreitende Weg als organisationale Innovation zur Schaffung von wirklich neuen Formen der Zusammenarbeit und damit als echte Transformation der Organisation zu beschreiben (vgl. näher Jelden 2019).

2.5.6 Entwicklung einer New Work-Grundhaltung

> „Die meisten Unternehmen tun so, als müsste man nur ein paar Rollen und Regeln verändern, und schon würden Menschen kreativer, verantwortungsvoller und selbstbestimmter. Dieses Herangehen übersieht, dass jede maßgebliche Veränderung in der Außenwelt eine entsprechende Veränderung im Innenleben der einzelnen Menschen braucht." (Breidenbach/Rollow 2019, S. 18)

Die oben angesprochene Grundhaltung für den Weg nach New Work ist damit nicht ausschließlich für die oberste Leitung der Organisation, sondern auch für die den Veränderungsprozess anstoßenden Führungskräfte und die Mitarbeiter/innen relevant. Diese Grundhaltung lässt sich als „agiles Mindset" beschreiben:

> „Ein agiles Mindset ist ein dynamisches Mindset. Das beinhaltet die Überzeugung, dass jeder Mensch sich zu jeder Zeit entwickeln kann, wenn er sich dazu entscheidet. Es bedeutet auch, dass nichts in Stein gemeißelt ist, sondern alles ein work in progress – nicht nur das Projekt, auch das eigene Mindset." (Hofert 2017, S. 24)

Hofert schreibt weiter, dass die Grundhaltung der Beteiligten eine Reaktion auf die sich ändernden Anforderungen für die Organisationen in einer sich permanent verändernden Umwelt ist.

> „Das agile Umfeld definiere ich dabei als sich schnell wandelnd und unter Komplexität nicht berechenbar. In einem agilen Umfeld gibt es wenig feste Zustände, Entwicklung ist unplanbar." (Hofert 2017, S. 27)

Der oft angeführte Satz: „Mit unseren Mitarbeitern geht das aber nicht!" gehört damit der Vergangenheit an. Und die Übertragung des sich schnell wandelnden, hochkomplexen Umfelds, in dem eine neue Grundhaltung gefordert ist, auf die Arbeit in sozialen Organisationen ist einfach: Wo herrscht mehr Veränderung, Dynamik und Komplexität als z. B. in einer Kita-Gruppe, einem Jugendzentrum oder einer Wohngruppe? Entsprechend prädestiniert sind soziale Organisationen und die darin agierenden Menschen für die erfolgreiche Umsetzung von den hier skizzierten New Work-Ansätzen.

Zum New Work-Mindset gehört auch der Mut der Führungskräfte ebenso wie der Mitarbeiter/innen, sich iterativ auf Experimente einzulassen und Dinge auszuprobieren. Hier jedoch tun sich die oftmals traditionell strukturierten und agierenden sozialen Organisationen schwer – teilweise berechtigt aufgrund gesetzlicher Vorgaben oder ethischer Bedenken bei der Arbeit mit Menschen, teilweise jedoch auch unberechtigt aufgrund der Angst, Neues falsch machen zu können.

Echte Arbeit

Echte Arbeit klingt zunächst etwas gewöhnungsbedürftig. Bei genauer Betrachtung jedoch wird deutlich, was darunter zu verstehen ist: Die zunehmenden Tendenzen der Implementierung tayloristisch orientierter Managementmodelle aus der Betriebswirtschaftslehre in soziale Organisationen mit den damit einhergehenden Auswirkungen (mehr Bürokratisierung, Dokumentations- und Berichtspflichten etc., vgl. näher Kleve 2007, S. 192; Brinkmann 2010, S. 242; Schellberg 2017, S. 272) führt zu einer sich ausweitenden Beschäftigung mit Tätigkeiten, die keinen wirklichen Mehrwert für die Nutzer/innen sozialer Dienstleistungen liefern und nicht mit dem organisationalen Sinn kompatibel sind.

Spannend ist in diesem Zusammenhang die These, dass die „Digitalisierung Sozialer Arbeit" Möglichkeiten eröffnen kann, die Routine- und oftmals nicht Mehrwert generierenden Tätigkeiten durch digitale Prozesse zu substituieren, wodurch die Kernkompetenzen sozialer Arbeit wieder stärker zur Geltung kommen (können), auch wenn hier die empirischen Belege noch ausstehen.

Zusammenfassend ist es für eine Veränderung hin zu New Work also notwendig, dass die Menschen in den Organisationen ihre Arbeitszeit mit „echter", Mehrwert generierender Arbeit zubringen und gleichzeitig über den Mehrwert ebenso wie den Zweck der Organisation Bescheid wissen.

Zusammenarbeit ermöglichen

Einzelunternehmer/innen, Freelancer ebenso wie Mitarbeiter/innen in Organisationen, die eine sehr spezifische, für die Organisation einzigartige Rolle – unabhängig von einem Team – ausfüllen, sind so oder so gezwungen, sich selbst zu organisieren. Sie sind gezwungen, einen Sinn in ihrer Tätigkeit zu finden, ohne den die Arbeit „allein" kaum möglich ist. Zwangsläufig bringen diese Menschen ihre ganze Person mit ein.

Anders hingegen sieht es aus in Teams bzw. Gruppen in traditionell strukturierten Organisationen: Hier wird zwar häufig von Teamarbeit gesprochen, eine wirkliche Zusammenarbeit der Menschen zeigt sich jedoch selten. Nur weil Menschen auf einem Flur sitzen, einer Abteilung zugeordnet oder einer „Vorgesetzten" unterstellt sind, lässt sich nicht automatisch von Teamarbeit sprechen.

Teamarbeit entsteht dort, wo die Menschen vom Zweck der gemeinsamen Arbeit wissen und hinter diesem stehen. Die gemeinsame Vision der zu erledigenden Aufgabe bekommt eine neue Bedeutung. Hinzukommen muss die Möglichkeit sowie die Fähigkeit des Teams, Verantwortung für den gemeinsamen Prozess und das Ergebnis übernehmen zu können (vgl. Hofert 2016, S. 38 und S. 98 ff.).

Klare Werte und Prinzipien agiler Zusammenarbeit

Die Vorstellung, dass der Weg zu New Work, zu mehr Selbstorganisation und Agilität damit einhergeht, dass „jeder machen kann, was er will", ist nicht nur kontraproduktiv für die Diskussion um eine Neugestaltung der Arbeit in sozialen Organisationen. Die Vorstellung ist auch schlichtweg falsch, da selbstorganisierte Zusammenarbeit immer auf Werten der Zusammenarbeit und daraus abgeleiteten

Prinzipien fußen muss. So steigt etwa Laloux zum Prozess der Selbstorganisation ein mit dem Satz:

> „Self-management requires an interlocking set of structures and practices." (Laloux 2014, S. 99)

Die Strukturen und Praktiken werden ebenda ausführlich beschrieben. Ebenso werden im Kontext der Agilität (vgl. Hofert 2016, 2018) klar strukturierte Vorgehensweisen beschrieben, die sich im agilen Manifest (vgl. dazu erläuternd Michl 2017) sowie auch in agilen Methoden wie z. B. dem Scrum (vgl. Schwaber/Sutherland 2013) detailliert dargelegt wiederfinden.

An dieser Stelle ist ein vertiefter Blick auf das agile Manifest zu werfen. Dieses betrachtet Agilität insbesondere aus der Perspektive der Entwicklung und Umsetzung einzelner Produkte und Projekte. Dessen Geschichte gründet – grob zusammengefasst – auf der Feststellung einiger Softwareentwickler, dass überbordende Prozesse und Hindernisse, die mit der eigentlichen Softwareentwicklungsarbeit wenig zu tun hatten und „die Qualität bezogen auf das Ergebnis (im Sinne einer Zufriedenheit aller Beteiligten) schwer getrübt haben" (Michl 2017), hinderlich sind für die Bewältigung komplexer und hochdynamischer Anforderungen der Softwareentwicklung.

Im Agilen Manifest heißt es:

> „Wir erschließen bessere Wege, Software zu entwickeln, indem wir es selbst tun und anderen dabei helfen. Durch diese Tätigkeit haben wir diese Werte zu schätzen gelernt:
> - Individuen und Interaktionen mehr als Prozesse und Werkzeuge
> - Funktionierende Software mehr als umfassende Dokumentation
> - Zusammenarbeit mit dem Kunden mehr als Vertragsverhandlung
> - Reagieren auf Veränderung mehr als das Befolgen eines Plans
>
> Das heißt, obwohl wir die Werte auf der rechten Seite wichtig finden, schätzen wir die Werte auf der linken Seite höher ein."
> (Agile Manifesto 2001)

Hier lassen sich – auch unabhängig von der Softwarebranche – viele der agilen Methoden und Praktiken nutzbringend verorten: Scrum, Kanban oder Design Thinking fokussieren im Kern auf die Gestaltung agiler Prozesse, von der Entwicklung neuer Produkte und Dienstleistungen über das agile Projekt- bis hin zu Ansätzen agilen Qualitätsmanagements. Jedoch sind die Methoden als Hilfsmittel für agile Teams zu verstehen,

> „die die Geisteshaltung des agilen Manifests mit Leben füllen und unterstützen sollen. Aber nicht die Methode ist das Ausschlaggebende, sondern die Geisteshaltung. Eine Geisteshaltung, die sich offen gegenüber Veränderungen zeigt und alle Betroffenen zu Beteiligten macht." (Michl 2018, S. 12)

Daraus ergibt sich ein Dreiklang aus Haltungen, Werten und Methoden, die – so Michl – im Zusammenspiel wirkungsvoll werden.

Strukturen, Prozesse und Rituale weglassen

Die bisherigen Ausführungen bewegen sich entweder auf einer recht abstrakten Ebene (Mindset) oder erfordern umfassende Um- und Neustrukturierungen bisheriger Prozesse der Zusammenarbeit (agile Methoden).

Denkbar einfach umzusetzen ist jedoch die Möglichkeit, die in der Organisation existierenden Strukturen, Prozesse und Rituale zu überprüfen und bei nicht vorhandenem Nutzen für den Zweck der Organisation wegzulassen. So bedarf es – als einfaches Beispiel – aus versicherungstechnischen Gründen ggf. einer Dienstreiseregelung. Fraglich ist jedoch der Aufwand des Prozesses: Lassen sich hier Schritte vereinfachen oder weglassen?

Dieses Weglassen (oder zumindest Reduzieren) hat Auswirkungen auf die Art der Zusammenarbeit. Aus systemischer Perspektive wird dadurch ein Impuls in das soziale System gegeben, der Veränderungen auslöst. Ob die Veränderungen die erwünschte oder eine völlig andere Wirkung haben, lässt sich erst im Nachgang beobachten. Hier wiederum ist die experimentelle Grundhaltung gefragt, die auch aushält, wenn sich Effekte nicht unmittelbar positiv auswirken.

Wichtig in diesem Kontext ist jedoch das schon bei den Ausführungen zur Entwicklung der New Work-Grundhaltung angedeutete Prinzip:

> „Es besteht ein dynamisches Gleichgewicht zwischen Strukturen im Außen und Strukturen im Inneren." (Breidenbach/Rollow 2019, S. 25)

Damit ist es relevant, bei aller Strukturveränderung die Veränderungen auf Ebene der Haltung der Mitarbeiter/innen im Prozess der Organisationsentwicklung unbedingt mitzudenken.

Einfache Maßnahmen zur Zusammenarbeit

Die bereits angesprochene experimentelle Grundhaltung ist ebenfalls förderlich für die Umsetzung einfacher Maßnahmen, die den Wissensaustausch und die Vernetzung der Menschen in bestehenden Organisationen einfach(er) ermöglichen. Wilkat (2017) benennt hier drei Möglichkeiten des Wissensaustauschs, nämlich

* in einer regelmäßig stattfindenden, strukturierten Mittagspause,
* die Durchführung von Corporate Barcamps (vgl näher Jelden 2016) und
* das „Unternehmens-Meetup" (kleine, formlose Treffen zu bestimmten Themen).

Aktuell breit diskutiert wird die Methode „Working Out Loud", die sich als „transparente, offene Zusammenarbeit im Netzwerk und Schlüsselqualifikation in einer vernetzten Arbeitswelt" (www.workingoutloud.de) definieren lässt und gerade für Mitarbeiter/innen zur abteilungsübergreifenden Zusammenarbeit in großen Organisationen sinnvoll ist (vgl. Jähnert 2019).

Anführen lässt sich gerade für größere Verbände mit unterschiedlichen Organisationen auch die regelmäßige Durchführung von „Social Innovation Nights" (vgl. Epe 2017), also der Vorstellung innovativer Ansätze und neuer Projekte aus Organisationen oder Teilen des jeweiligen Verbands in anregender Atmosphäre.

Beispiele aus dem sozialen Bereich

Gibt es aber Beispiele von sozialen Organisationen, die den Weg hin zu New Work gehen oder zumindest Ansätze davon verfolgen? Ehrlich gesagt ist die Suche nach entsprechenden Organisationen, die die Zusammenarbeit anders gestalten, ziemlich schwierig. Sicherlich gibt es die berühmten Beispiele wie die bereits angesprochene ambulante Pflegeorganisation Buurtzorg aus den Niederlanden (vgl. zum Organisationsmodell Leichsenring/Staflinger 2017; Laloux 2014, S. 62 ff.), die Evangelische Schule Berlin Zentrum (vgl. Laloux 2014, S. 93 ff.) oder die „Auf Kurs Jugendhilfe", einem Jugendhilfeträger aus Hamburg (vgl. www.aufkurs-jugendhilfe.de).

Klassisch sozialwirtschaftliche Beispiele von Organisationen aus Deutschland, die eine Transformation hin zu „New Work" organisationsweit durchlaufen haben, sind jedoch (noch) rar gesät. Dies mag einerseits daran liegen, dass die Außendarstellung sozialer Organisationen oftmals nicht besonders gut ist bzw. das „Trommeln in der Informationsflut" von diesen Organisationen geübt werden muss, wenn man gehört werden will. Andererseits ist fraglich, ob die Strukturen gerade der größeren sozialwirtschaftlichen Organisationen und Verbände entsprechende Organisationsdesigns, Formen der Zusammenarbeit und andere Herangehensweisen an das Management ermöglichen.

Dass das Thema jedoch zunehmend virulent wird, zeigen Veranstaltungen, die das Thema „New Work in der Sozialwirtschaft" explizit aufgreifen (vgl. z. B. Bundesakademie für Kirche und Diakonie 2018 oder der Social Talk an der EH Darmstadt 2018).

Abschließend ist darauf zu verweisen, dass die Entwicklung sozialer Systeme als Prozess zu verstehen ist, der nicht von heute auf morgen abgeschlossen sein kann.

Fazit oder: Wie geht New Work?

Zusammenfassend wird deutlich, dass der Weg zu mehr Selbstorganisation, der Weg der Organisation hin zu einer New Work-Organisation nicht „mal eben so" geschweige denn „nebenbei" erfolgreich vollzogen werden kann. „Mal eben so" gelingt es, gratis Kaffee einzuführen und einen Kickertisch aufzustellen. Fritjof Bergmann spricht hier von „Lohnarbeit im Minirock" (vgl. Hornung 2018), also dem reinen Aufhübschen der Organisationen, um die Arbeit ein wenig angenehmer zu gestalten mit dem Ziel, „mehr Leistung aus den verbleibenden Mitarbeiter/innen zu pressen". Die Gestaltung von New Work-Organisationen – sofern die Grundlagen von Bergmann nicht ganz außer Acht gelassen werden sollen – bedarf somit einer tiefgehenden Auseinandersetzung mit der eigenen Grundhaltung, mit der eigenen Organisation und den darin arbeitenden Menschen. Die Frage „Wie geht New Work?" zu beantworten, ist damit eine Herausforderung, die vor allem die Heterogenität und Komplexität insbesondere sozialer Organisationen tangiert.

Es bleibt festzuhalten, dass jede Organisation für sich entscheiden muss, welchen Weg sie gehen will und welche ersten Schritte dafür nötig sind. Der bereits zitierte Satz von Laloux bringt es gut auf den Punkt:

> „Try listening to what best suits the organization's needs."
> (Laloux 2014, S. 268)

Es geht bei dem Weg zu einer anderen Art der Zusammenarbeit oder übergreifend bei der Frage nach der Zukunft sozialer Organisationen darum, nachzuspüren, was für die jeweilige Organisation passend ist. Das können ganz unterschiedliche Maßnahmen und Schritte sein, ganz im Sinne von Georg Christoph Lichtenberg: „Ich weiß nicht, ob es besser wird, wenn es anders wird. Aber es muss anders werden, wenn es besser werden soll."

Welche Herausforderungen und Grenzen gehen jedoch mit der Gestaltung der Organisationen in Richtung von New Work für soziale Organisationen einher?

2.5.7 Herausforderungen und Grenzen für den Wandel hin zu New Work

Im Folgenden liegt der Fokus auf innerorganisationalen Hindernissen für einen Wandel hin zu New Work, hin zu neuen Arbeitsformen, neuem Organisationsdesign und insgesamt hin zur Annahme der sich durch die Veränderung der Arbeitswelt ergebenden Dynamik und Komplexität liegen. Was hindert soziale Organisationen daran, den Weg nach New Work zu beschreiten?

Vollständige Überlastung

Soziale Organisationen sind so ausgelastet oder vielmehr überlastet, dass ihnen schlichtweg die Zeit fehlt, sich mit dem dringend notwendigen Wandel zu befassen und diesen Wandel beidhändig – Stichwort Ambidextrie – anzugehen. Die bekannte Geschichte des Waldarbeiters, der keine Zeit hat, seine Axt zu schärfen, weil er die Bäume schlagen muss, kommt unweigerlich in den Sinn. Die Aus- und Überlastung der Organisationen basiert zu großen Teilen auf den unter 2.5.2 angesprochenen Entwicklungen: Fachkräftemangel, zunehmende Finanzierungsengpässe, Bürokratiemonster, zunehmend komplexe Anforderungen der Klientel sozialer Arbeit. Die für die Entwicklung der Organisationen Verantwortlichen sind Getriebene in dieser Gemengelage. Auch wenn allerorts versucht wird, einen gewissen Optimismus, was die Zukunft der Sozialwirtschaft angeht, an den Tag zu legen, ist die geschilderte Situation optimaler Nährboden für disruptive Entwicklungen von Branchen, die aktuell noch überhaupt nicht auf dem Schirm sozialer Organisationen sind.

Wenn Breidenbach und Rollow (2019, S. 22) schreiben, dass „Firmen sich eine ‚digitale Denkweise' zulegen und lernen [müssen], Komplexität ‚zu surfen' anstatt sie zu beherrschen", um im heutigen Arbeitsumfeld nachhaltig erfolgreich zu sein, entstehen Zweifel, ob die – um im Bild zu bleiben – Kreuzfahrtschiffe der Sozialwirtschaft überhaupt in der Lage sind, den Wandel in der gebotenen Geschwindigkeit zu meistern.

Aus einer anderen Perspektive begründet weisen soziale Systeme immer ein Beharrungsvermögen auf, das Wandel als störend empfindet. Der Begriff der „Autopoiesis" beschreibt die Selbsterhaltung einer sozialer Systeme und damit auch von Organisationen. Der beschriebene Wandel hin zu New Work-Organisationen umfasst jedoch ein Infragestellen des Vorhandenen, wodurch sich das sog. Innovators Dilemma ergibt: Das soziale System „Organisation" müsste sich selbst radikal infrage stellen, wodurch das etablierte Geschäft jedoch bedroht wird.

Struktur sozialer Dienstleistungen

In diesem Kontext ist weitergehend die Struktur sozialer Dienstleistungen in Deutschland als Hindernis zu betrachten. So untergliedern sich die Organisationstypen (vgl. näher Brinkmann 2010,

S. 54 ff.) , die Leistungen der Sozialwirtschaft anbieten, in öffentliche Träger (z. B. Jugendämter), die sechs Spitzenverbände der freigemeinnützigen Wohlfahrtspflege, andere gemeinnützige Organisationen (z. B. Kirchen) sowie privat-gewerbliche Träger (z. B. private Alten- und Pflegeheime). Ausgenommen sind hier noch Einzelpersonen (z. B. Berufsbetreuer/innen), da der organisationale Aspekt hier weniger ausschlaggebend ist. Relevant in diesem Kontext ist, dass die mehr als 105.000 Einrichtungen (Stand 2012, es dürften inzwischen mehr sein), die sich in Trägerschaft der Spitzenverbände der freigemeinnützigen Wohlfahrtspflege befinden (vgl. BAG-FW, 2012), die mit Abstand größte Mitarbeiterzahl der drei Trägerarten aufweisen. Hinzu kommen die öffentlichen Einrichtungen, deren Gesamtzahl schwierig auszumachen ist.

Relevant als Hindernis für eine Transformation ist dies insofern, als bei den freigemeinnützigen sowie den öffentlichen Einrichtungen Regelungen gelten, die eine individuelle Ausgestaltung der Arbeit schwierig, wenn nicht gar unmöglich machen. Konkreter: Aufgrund der vorherrschenden Tarifverträge (TV-L, TVöD, AVR etc.) sind zumindest im Rahmen der Entlohnung der Mitarbeitenden klare Grenzen gesetzt. Dies ist aus Perspektive der Mitarbeiter/innen zu begrüßen. Der Arbeitskampf um bessere Arbeitsbedingungen ist mehr als lohnenswert. Andererseits ist jedoch fraglich, inwieweit das Senioritätsprinzip innerhalb dieser Organisationen auch aufgrund der geschilderten „VUKA-Welt" dringend notwendige Innovationen behindert (vgl. näher Epe 2017).

Innerorganisationale Hindernisse für einen Wandel hin zu New Work

Wird der Blick weg von den Gesamtlandschaft hin zu der jeweiligen Organisation gerichtet, ist Organisationsentwicklung nicht nur möglich, sondern wird auch (z. B. von der BAG-FW) explizit gefordert (vgl. BAG-FW 2017). Davon ausgehend, dass sich die Führung der Organisation die Notwendigkeit für einen Wandel der Organisation bewusst ist und davon ausgehend, dass die Führung diesen Wandel nicht anhand bekannter „Mehr desselben"-Lösungen vollziehen will, sondern sich bewusst auf neue Wege und „New Work" einlassen will, bleibt die Frage: Welche darüber hinausgehenden Grenzen für die Einführung neuer Arbeits- und Organisationsformen im Sinne der Selbstorganisation, Ganzheitlichkeit und des organisationalen Sinns lassen sich finden?

2.5.8 Offenheit der Veränderung gegenüber

Die größte Hürde liegt in der Offenheit der Mitarbeiter/innen Veränderungen allgemein gegenüber. Dieser Aspekt muss nicht weiter ausgeführt werden, da die Beharrungstendenzen von Menschen gegenüber Veränderungen wohl jedem bewusst sein dürften, der sich mit Veränderung befasst. Notwendig in diesem Kontext ist, dass es bei der Transformation von Organisationen hin zu neuen Arbeitsformen eben nicht nur um die Transformation der Organisation geht, sondern auch die Menschen in den Organisationen auf dieser Entwicklung begleitet und Veränderungen auf persönlicher Ebene, auf der Ebene der Grundhaltungen und Glaubenssätze, gestaltet werden müssen. Der Buchtitel von Breidenbach und Rollow (2019) ist hier vielsagend: *New Work needs Inner Work*.

Die „falschen Mitarbeiter/innen"

Das Argument, die „falschen Mitarbeiter/innen" zu haben, erfolgt in der Diskussion um New Work häufig: Es gibt doch Menschen, die einfach nur ihren Job machen und sich nicht um die Entwicklung der Organisation kümmern wollen!? Grundsätzlich ist gegen dieses Argument nichts einzuwenden. So wird es Menschen geben, die die Entwicklung der Organisation nicht mitgehen werden und wollen. Hier sind – im Extremfall – Wege und Möglichkeiten zu erarbeiten, wie die Menschen gut aus der Organisation heraus begleitet werden können (vgl. näher Laloux 2014, S. 165 ff.). Auch wird es Menschen geben, die aufgrund ihres Egos, der Angst vor Macht- und Statusverlust oder auch aus anderen persönlichen Gründen den Weg nicht mitgehen werden. Hier ist es angebracht, die Menschen gehen zu lassen. Das ist aber die Ausnahme. Fraglich ist vielmehr, warum es Menschen gibt, die den Weg nicht gehen wollen und wie diese Menschen auf dem Weg hin zu mehr Eigenverantwortung begleitet werden können.

Der oben skizzierten Argumentation der agilen Grundhaltung folgend, die davon ausgeht, dass alle Menschen aller Alters- und Bildungsstufen und aller Positionen im Beruf entwicklungsfähig und -willig sind, muss in der Organisation die Frage in den Mittelpunkt rücken, welche Rahmenbedingungen, Strukturen und Prozesse es braucht, damit Menschen innerhalb der Organisationen ihr Potenzial entfalten und die Entwicklung hin zur New Work-Organisation mitgehen können.

Arbeitsrecht und gesetzliche Rahmenbedingungen

Es braucht aber, allein aufgrund der gesetzlichen Rahmenbedingungen, zum Beispiel eine/n Geschäftsführer/in. Es braucht genauso die Einhaltung gesetzlicher Anforderungen, die den Auf- bzw. vor allem Umbau von sozialen Organisationen hin zu neuen Arbeitsweisen verhindern, oder? Ja und Nein.

Ja, es gibt die entsprechenden Bedingungen, die einzuhalten sind. Hier gewinnt die Frage des Arbeitsrechts in einer zunehmend entgrenzten Arbeitswelt eine neue Bedeutung. So sind unter anderem Homeoffice, mobiles Arbeiten und neue Vergütungsmodelle ebenso wie die betriebliche Mitbestimmung oder neue Qualifikationsanforderungen Themen, die althergebrachte Vorstellungen von Arbeit umwälzen und neue Antworten erforderlich machen. Auch Selbstorganisation und neue Organisationsmodelle erfordern neue Lösungen, da – als Beispiel – trotz aller Gleichberechtigung ein/e Geschäftsführer/in anderen Haftungsrisiken ausgesetzt ist, als dies die Angestellten sind. Umfassend diskutiert wird aktuell z. B. die Abschaffung bzw. Neugestaltung der Arbeitszeitregelungen, verbunden mit der Frage, ob eine maximale Obergrenze von 10 Stunden Arbeit pro Tag sinnvoll ist oder Monatsarbeitszeiten sinnvoller wären. Die kürzlich beschlossene Pflicht zur Erfassung der Arbeitszeiten durch den Europäischen Gerichtshof versucht hier, Antworten zu liefern, ohne die Heterogenität der Beschäftigungen heute und in Zukunft angemessen zu berücksichtigen. Aus einer radikalen New Work-Perspektive ist fraglich, ob das Konzept der festen, vertraglich geregelten Arbeitszeiten überhaupt sinnvoll ist, wenn es den Teams selbstorganisiert gelingt, ihre Arbeitszeit und ihr Gehalt auszugestalten. Methoden, wie diese Ausgestaltung ohne die befürchtete Entgrenzung und damit Gefahren des Burnout etc. gelingen kann, sind umfassend dokumentiert (vgl. z. B. Laloux 2014, S. 129 ff.).

Hier mangelt es vielmehr am Vertrauen der Führungskräfte den Mitarbeiter/innen gegenüber. So wurde z. B. die Festlegung und Kontrolle der Arbeitszeiten vor allem aus einer in Organisationen häufig vorherrschenden Misstrauenshaltung erarbeitet (auch wenn der Schutz der Arbeitnehmer/innen immer mitgedacht werden muss). Das schon angesprochene Senioritätsprinzip ist für eine neue Arbeit einerseits hinderlich, andererseits herrscht dadurch – zumindest in Teilen – Gehaltstransparenz. Nähere Informationen zu den rechtlichen Rahmenbedingungen von New Work finden sich z. B. bei Redmann (2018).

Entscheidungsfindung

Die Frage der Entscheidungsfindung ist wesentlich, wenn es um das reibungslose „Funktionieren" von Organisationen geht. Es ist relevant, wer wann welche Entscheidung trifft. Wenn die formale Hierarchie fehlt, stellt sich jedoch die Frage: Wer soll entscheiden?

Wer entscheidet darüber, ob und, wenn ja, wer neu eingestellt wird? Wer entscheidet über notwendige Weiterbildungen? Wer entscheidet darüber, ob jemand in Teilzeit arbeiten kann oder aus der Teilzeit wieder zurück in die Vollzeit-Beschäftigung wechselt? Wer entscheidet im täglichen Geschäft z. B. über die Aufnahme neuer Jugendlicher in die Einrichtung? Wer entscheidet über die Strategie der Organisation?

Die traditionellen Organisationsmodelle haben ihre Stärke darin, dass die Entscheidungswege klar geregelt sind. Dienstwege zeigen auf, wer wo wann und was entscheiden muss. Diese Form der Entscheidungsfindung stößt jedoch an ihre Grenzen unter komplexen, sich permanent verändernden Bedingungen. So kann die Führungskraft, die qua Amtes in der Entscheidungsposition wäre, ggf. gar nicht mehr absehen, welche Entscheidung in welcher Situation richtig ist. Innerhalb sich selbst organisierender Teams sind somit andere Entscheidungswege gefragt. Beispielsweise hat Laloux einen sehr einfachen, aber radikalen Ansatz beschrieben:

> „In principle, any person in the organization can make any decision. But before doing so, that person must seek advice from all affected parties and people with expertise on the matter." (Laloux 2014, S. 100)

Alternative, wirkungsvolle Entscheidungsmethoden sind aber auch die aus der Soziokratie entlehnte Konsentmethode (Niemand ist dagegen. – statt: Die Mehrheit ist dafür.) oder der konsultative Einzelentscheid (Der/die Kompetenteste entscheidet nach Einholen von verschiedenen Meinungen.). Darüber hinaus lassen sich viele weitere alternative Entscheidungsmethoden finden, die je nach Situation unterschiedlich angewendet werden können. Eine gute Übersicht liefern Oestereich und Schröder (vgl. 2017, S. 149 ff.).

Fehlende Netzwerkkompetenzen

Lambers (2014, S. 120 ff.) erweitert das St. Galler Management-Modell in der Anpassung auf soziale Organisationen explizit um den Baustein der Vernetzungsprozesse. Angesprochen sind dabei die Vernetzungen der Organisationen in Trägerverbünden und Versorgungsketten sowie die zunehmende Vernetzung sozialer Organisationen mit erwerbswirtschaftlichen Unternehmen.

Es ist gut und wichtig, die Vernetzung der Organisationen mit anderen Organisationen und Unternehmen zu thematisieren. Als Risiko für eine veränderte Arbeitswelt lässt sich hier jedoch absehen, dass die interne Vernetzung der „Ab-Teilungen" der Organisation nicht funktioniert. Kluge schreibt dazu:

> „Eine zentrale Erfahrung von Unternehmen wie Bosch oder Continental, (...) die hierzulande frühzeitig mit dem ‚digitalen Umbau' begonnen haben, ist die Erkenntnis, dass ohne Vernetzungs-Kompetenz und Vernetzungs-Möglichkeiten kein ernsthafter Wandel zu schaffen ist. Um die ‚Weisheit der Vielen' anzuzapfen, muss man die Vielen erstmal zusammenbringen. Solange die Mitarbeiter aber, eng geführt von ihren Managern (ich sage bewusst nicht Führungskräften) in ihren Silos weder rechts noch links über den Tellerrand schauen können und dürfen, wird dieses Momentum nie erreicht." (Kluge 2018)

Auch das Beispiel Buurtzorg zeigt, dass der Zusammenhalt der radikal als Netzwerk strukturierten Organisation nur über interne Kommunikationsmöglichkeiten gelingt, die teamübergreifend Transparenz ermöglichen:

> „To be able to use this network the best they can Buurtzorg has established an important and supportive IT infrastructure to allow and promote knowledge sharing, client focus, and constant alignment." (Corporate Rebels 2017)

Die fehlenden Netzwerkkompetenzen existieren somit nicht nur in der Vernetzung nach außen. Zunächst einmal müssen sich soziale Organisationen intern öffnen, um Kommunikation, Entwicklung und Innovation über die Abteilungsgrenzen hinaus zu ermöglichen.

Dabei ist zu beachten, dass die alleinige Einführung eines Intranets, als Beispiel, nicht ausreicht – das Intranet bzw. die Vernetzung muss gelebt werden.

2.5.9 New Work: Risiken und Herausforderungen für soziale Organisationen

Sind das alle Risiken? Finden sich noch mehr? Und: „Geht" so New Work? Wenn also soziale Organisationen die Tipps in diesem Beitrag umsetzen, die geschilderten Herausforderungen beachten, dann funktioniert es? Nein, sicher nicht.

New Work ist ein theoretisches Konzept, das von jeder sozialen Organisation – sehr individuell – auf die jeweilige Situation hin angepasst werden muss. New Work ist damit kein „umzusetzendes Rezept". Dafür sind soziale Systeme und damit soziale Organisationen zu komplex und vor allem zu individuell. Das bedeutet, dass es für jede Organisation eigene, neue Wege hin zu einer veränderten Arbeitswelt geben muss, die gemeinsam erarbeitet werden müssen. Ja, es gibt Rahmenbedingungen, die für soziale Organisationen vergleichbar sind. Aber der Weg hin zu einer zukunftsfähigen und zeitgemäßen Gestaltung der Organisation ist immer individuell und muss individuell gegangen werden. Das mag einerseits frustrierend sein („Schon wieder kein Rezept.").

Andererseits eröffnen sich damit aber Wege des Ausprobierens, Wege der Offenheit hin zu einer neuen, anderen und besseren Arbeitswelt. Und es ist immer möglich, mit kleinen Experimenten innerhalb jeder Organisation zu beginnen. Jede/r Einzelne kann seinen/ihren Teil zur Transformation der Arbeitswelt – auch in sozialen Organisationen – beitragen.

2.5.10 Literatur-/Quellenverzeichnis

Becke, G./Bleses, P./Goldmann, M. (2016): Soziale Innovationen – eine neue Perspektive für die Arbeitsforschung im Feld sozialer und gesundheitsbezogener Dienstleistungen. In: Becke, G./Bleses, P./Frerichs, F./Goldmann, M./Hinding, B./Schweer, M. (Hrsg.): Zusammen – Arbeit – Gestalten. Soziale Innovationen in sozialen und gesundheitsbezogenen Dienstleistungen. Springer VS, Wiesbaden, S. 9–31.

Bergmann, F. (2004): Neue Arbeit, Neue Kultur. Arbor Verlag, Freiburg i. Br.

Breidenbach, J./Rollow, B. (2019): New Work needs Inner Work: Ein Handbuch für Unternehmen auf dem Weg zur Selbstorganisation.

Brinkmann, V. (2010): Sozialwirtschaft: Grundlagen – Modelle – Finanzierung. Springer, Wiesbaden.

Bruns, C. (2017): Wer gestaltet eine neue Arbeitskultur? Warum New Work eine Frage der Selbstständigkeit ist. In: Aufbruch in eine neue Arbeitswelt. XING New Work Book.

Bundesarbeitsgemeinschaft der freien Wohlfahrtspflege (BAG-FW 2017): Digitale Transformation und gesellschaftlicher Zusammenhalt – Organisationsentwicklung der Freien Wohlfahrtspflege unter den Vorzeichen der Digitalisierung – www.bagfw.de/veroeffentlichungen/stellungnahmenpositionen/detail/article/ digitale-transformation-und-gesellschaftlicher-zusammenhalt-organisationsentwicklung-der-freien/ (letzter Zugriff: 21.04.2018)

Bundesministerium für Arbeit und Soziales (2017): Weißbuch Arbeiten 4.0. – http://issuu.com/support.bmaspublicispixelpark.de/docs/161121_wei__buch_ final?e=26749784/43070404 (letzter Zugriff: 02.03.2018)

Christensen, C. (2011): The Innovators Dilemma: Warum etablierte Unternehmen den Wettbewerb um bahnbrechende Innovationen verlieren. Vahlen, München.

Corporate Rebels (2017): BUURTZORG'S HEALTHCARE REVOLUTION: 14,000 EMPLOYEES, 0 MANAGERS, SKY-HIGH ENGAGEMENT. – https://corporate-rebels. com/buurtzorg/ (letzter Zugriff: 21.04.2018)

Dörr, S./Albo, P./Monastiridis, B. (2018): Digital Leadership – Erfolgreich führen in der digitalen Welt. In: Grote, S./Goyk, R. (2018): Führungsinstrumente aus dem Silicon Valley. Konzepte und Kompetenzen. Springer Fachmedien, Wiesbaden, S. 37–61.

Epe, H. (2015): Die 14 wichtigsten Kompetenzen für Soziale Arbeit und was das mit der Zukunft der Gesellschaft zu tun hat. – www.ideequadrat.org/kompetenzen-soziale-arbeit-vuca/ (letzter Zugriff:25.06.2019)

Epe, H. (2016): Innovationskompetenz in Organisationen der Sozialwirtschaft. Ansätze zur Überwindung organisationaler Innovationsbarrieren. Unveröffentl. Master-Thesis.

Epe, H. (2017): Neues Arbeiten konkret: Drei Wege zu (mehr) New Work!? – https:// ideequadrat.org/neues-arbeiten-konkret-drei-wege-zu-mehr-new-work/ (letzter Zugriff: 06.04.2018)

Epe, H. (2017a): Vor New Pay in der Sozialwirtschaft kommt New Anerkennung! Ein paar Gedanken … – https://ideequadrat.org/new-pay-in-der-sozialwirtschaft/ (letzter Zugriff: 20.04.2018)

Galuske, M.: Methoden der Sozialen Arbeit. In: Otto, H.-U./Thiersch, H. (Hrsg.) (2014): Handbuch Soziale Arbeit. Ernst Reinhardt Verlag, München, Basel, S. 1021–1035.

Grilz, W. (2016): Struktur der Selbstorganisation. In: TrigonThemen 02|2016. – www.trigon.at/wp-content/uploads/2017/08/TT-16-2.pdf (letzter Zugriff: 05.04.2018)

Grunwald, K. (2013a): Qualitätsmanagement. In: Grunwald, K./Horcher, G./Maelicke, B. (Hrsg.) (2013): Lexikon der Sozialwirtschaft. Nomos, Baden-Baden, S. 818–823.

Grunwald, K. (2013b): Systemisches Management. In: Grunwald, K./Horcher, G./ Maelicke, B. (Hrsg.): Lexikon der Sozialwirtschaft. Nomos, Baden-Baden, S. 1012– 1017.

Grunwald, K. (2013c): Soziale Arbeit, ihre Selbstverortung und ihr Verhältnis zu Fragender Steuerung sozialwirtschaftlicher Unternehmen. In: Wöhrle, A./ Beck, R./Grunwald, K./Schellberg, K./Schwarz, G./Wendt, W. R.: Grundlagen des Managements in der Sozialwirtschaft. Nomos, Baden-Baden, S. 81–116.

Günter, J. (2017): Wo Arbeit 4.0 das Arbeitsrecht an die Grenzen bringt. – www.humanresourcesmanager.de/news/wo-arbeit-4-0-das-arbeitsrecht-an-die-grenzen-bringt.html (letzter Zugriff: 20.04.2018)

Hackl, B./Wagner, M./Attmer, L./Baumann, D. (2017): New Work: Auf dem Weg zur neuen Arbeitswelt. Management-Impulse, Praxisbeispiele, Studien. Springer, Wiesbaden.

Heider-Winter, C. (2014): Employer Branding in der Sozialwirtschaft. Springer Fachmedien, Wiesbaden.

Hofert, S. (2018): Agiles Mindset. Mitarbeiter entwickeln, Zukunft der Arbeit gestalten. Springer, Wiesbaden.

Hofert, S. (2016): Agiler führen. Einfache Maßnahmen für bessere Teamarbeit, mehr Leistung und höhere Kreativität. Springer, Wiesbaden.

Holdenrieder, J. (Hrsg.) (2013): Betriebswirtschaftliche Grundlagen Sozialer Arbeit. Eine praxisorientierte Einführung. Kohlhammer, Stuttgart.

Hornung, St. (2018): Frithjof Bergmann: „Ich ärgere mich sehr, sehr tüchtig". – www.haufe.de/personal/hr-management/frithjof-bergmann-uebt-kritik-an-akteuller-new-work-debatte_80_467516.html (letzter Zugriff: 17.06.2019)

Jelden, J. (2016): Corporate BarCamp – So geht Unternehmenskonferenz heute. – https://komfortzonen.de/corporate-barcamp-unternehmenskonferenz/ (letzter Zugriff: 06.04.2018)

Jelden, J. (2019): Transformationsprozesse: Wenn Unternehmen sich auf eine Reise ins Unbekannte begeben. – https://komfortzonen.de/transformationsprozesse/ (letzter Zugriff: 25.06.2019)

Jähnert, H. (2019): Recap WOL – Rückblick auf einen Working Out Loud Circle. – https://medium.com/@foulder/recap-wol-r%C3%BCckblick-auf-einen-working-out-loud-circle-1d4f767de38e (letzter Zugriff: 17.06.2019)

Kluge, A. (2018): Alles was CIOs zur Enterprise Collaboration wissen müssen. – https://acent.de/digitalisierung-eine-einfuehrung/ (letzter Zugriff: 21.04.2018)

Kolhoff, L./Grunwald, K. (Hrsg.) (2018): Aktuelle Diskurse in der Sozialwirtschaft I. Springer Fachmedien, Wiesbaden.

Kopf, H./Müller, S./Rüede, D./Lurtz, K./Russo, P. (2015): Made in Germany? Fachkräftemangel gefährdet den Wirtschaftsstandort Deutschland. In: Kopf, H./Müller, S./Rüede, D./Lurtz, K./Russo, P. (Hrsg.): Soziale Innovationen in Deutschland. Von der Idee zur gesellschaftlichen Wirkung. Springer VS, Wiesbaden, S. 61–63.

Laloux, F. (2014): Reinventing Organizations. A Guide to Creating Organizations Inspired by the Next Stage of Human Consciousness. Nelson Parker, Brüssel.

Michl, T. (2017): Agile Prinzipien – warum das agile Manifest der Softwareentwicklung auch der Sozialwirtschaft den Weg weist. – https://ideequadrat.org/agile-prinzipien-warum-das-agile-manifest-der-softwareentwicklung-auch-der-sozialwirtschaft-den-weg-weist/ (letzter Zugriff: 06.04.2018)

Oestereich, B./Schröder, C. (2017): Das kollegial geführte Unternehmen: Ideen und Praktiken für die agile Organisation von morgen. Vahlen, München.

Raitner, M. (2018): Die Kunst der Beidhändigkeit. – https://fuehrung-erfahren.de/2018/04/die-kunst-der-beidhaendigkeit/ (letzter Zugriff: 06.04.2018)

Redmann, B. (2017): Agiles Arbeiten im Unternehmen: Rechtliche Rahmenbedingungen und gesetzliche Anforderungen. Haufe, Freiburg.

Reichel, A. (2019): Welche Fragen auf dem WEF 2019 gestellt werden müssten. – www.zukunftsinstitut.de/artikel/welche-fragen-eigentlich-auf-dem-wef-2019-gestellt-werden-muessten/ (letzter Zugriff: 25.06.2019)

Schumacher, T./Wimmer, R. (2018): Gleichzeitig optimieren und neu erfinden? Zum produktiven Miteinander von Innovationslabs und etablierten Unternehmen. In: OrganisationsEntwicklung, Nr. 1 |2018, S. 10–17.

Schwaber, K./Sutherland, J. (2013): Scrum Guide. Deutsche Übersetzung: www.scrumguides.org/docs/scrumguide/v1/Scrum-Guide-DE.pdf (letzter Zugriff: 06.04.2018)

Spannagel, D. (2015): Das bedingungslose Grundeinkommen: Chancen und Risiken einer Entkoppelung von Einkommen und Arbeit. – www.boeckler.de/pdf/p_wsi_report_24_2015.pdf (letzter Zugriff: 06.03.2018)

Väth, M. (2016): Arbeit – die schönste Nebensache der Welt: Wie New Work unsere Arbeitswelt revolutioniert. Gabal, Offenbach.

Väth, M. (2019): New Work Charta. – https://humanfy.de/new-work-charta/ (letzter Zugriff: 25.06.2019)

Wilkat, B. (2017): 3 erprobte Ideen für neues Machen in konservativen Unternehmensstrukturen. – https://medium.com/the-new-worker/3-erprobte-ideen-f%C3%BCr-neues-machen-in-konservativen-unternehmensstrukturen-59d3d9e6040a (letzter Zugriff: 06.04.2018)

Zeuch, A. (2016): Holocracy. Vom Scheitern eines Betriebssystems. – www.unternehmensdemokraten.de/holocracy-vom-scheitern-eines-betriebssystems/ (letzter Zugriff: 05.04.2018)

Hendrik Epe ist Sozialmanager und begleitet freiberuflich soziale Organisationen zu den Themen New Work, Agilität, Innovationsfähigkeit und der digitalen Transformation. Auf seinem Blog www.ideequadrat.org widmet er sich der Frage, wie die Zukunft der Arbeit in und für Organisationen der Sozialwirtschaft gestaltet werden kann.

2.6 Soziale Innovation im Gefüge sozialer Versorgung
Anne Parpan-Blaser

Kürzlich stieß ich bei Recherchen im Internet auf die Seite eines niedrigschwelligen erlebnispädagogischen Projekts mit Fokus auf schulabsente Jugendliche, das in einer deutschen Großstadt erfolgreich implementiert wurde. Da Studien zeigen, dass häufiges Schwänzen oder Verweigern des Unterrichts eine Karriere des sozialen Abstiegs hin zu Lebensbedingungen im Kontext von Erwerbslosigkeit, Obdachlosigkeit, Substanzkonsum o. Ä. begünstigt, sollen Jugendliche in dieser Situation frühzeitig unterstützt und damit Entkopplungsprozesse in den Bereichen Familie, Wohnen, soziale Beziehungen vermieden werden. Trägerschaft des Projekts ist ein Verein. Wissenschaftliche Erkenntnisse zu einem eher neueren Phänomen (Schulabsentismus, Schulausschluss) haben im vorliegenden Fall eine regionale Initiative fundiert. Dieses Beispiel einer Innovation im Sozialwesen zeigt, wie fachliche und wissensbasierte Entwicklungen das Angebot sozialer Versorgung dort ergänzen, wo sich aufgrund neuer Problemlagen Lücken auftun.

Im vorliegenden Beitrag soll zum Thema Innovation und soziale Versorgung folgenden Fragen nachgegangen werden:

- Welche Bedeutung hat Innovation im Gefüge sozialer Versorgung?

- Wie ist das Verhältnis zwischen sozialen Innovationen und Entwicklung in wohlfahrtsstaatlichen Arrangements?

Die Annäherung an diese Fragen erfolgt in drei Teilen: Nachdem eingangs an Differenzierungen zu Innovation herangeführt und aufgezeigt wird, inwiefern der Kontextbezug für soziale Innovationen relevant ist, stehen im zweiten Teil Klärungen zum Thema sozialer Versorgung im Fokus. Der dritte Abschnitt vertieft dann die identifizierten Formen des Kontextbezugs und situiert soziale Innovationen im Sozialwesen. Diese drei Stränge münden abschließend in die Diskussion und einen kurzen Ausblick auf künftige Fragen.

2.6.1 Soziale Innovation im Kontext

In der Auseinandersetzung mit sozialer Innovation mangelt es bislang an theoretisch fundierten, unter Sozialwissenschaftler/innen einhellig anerkannten Zugängen (Howaldt/Hochgerner 2018) und an empirischen Arbeiten mit einer klaren Definition von sozialer

Innovation (de Vries et al. 2015). Geteilt ist jedoch das Verständnis, dass Innovation sowohl eine Prozessform des Entwickelns und Implementierens wie auch ein als neuartig qualifiziertes Ergebnis bezeichnet. Innovationen führen zu einer signifikanten, das heißt umfassenden, tiefgreifenden und dauerhaften Veränderung der Praxis (Moore et al. 1997).

Da es an dieser Stelle um soziale Innovationen im Kontext sozialer Versorgung geht, soll einleitend auf eine Differenz eingegangen werden, die im Folgenden bedeutsam ist: Auf die Unterscheidung von sozialer Innovation im Sinne einer gesellschaftlichen Innovation und Sozialer Innovation als Innovation im Sozialwesen und im engeren Sinn in der Sozialen Arbeit. Hinsichtlich sozialer respektive gesellschaftlicher Innovation beziehe ich mich auf die Definition von McGowan et al. (2017), die damit neue Programme, Strategien, Maßnahmen, Verfahren oder Konzepte bezeichnen, die darauf abzielen, soziale Probleme anzugehen und Ressourcen, Kompetenzen, soziale Routinen und kulturelle Werte des Sozialsystems zu verschieben, welche das Problem hervorgebracht haben.

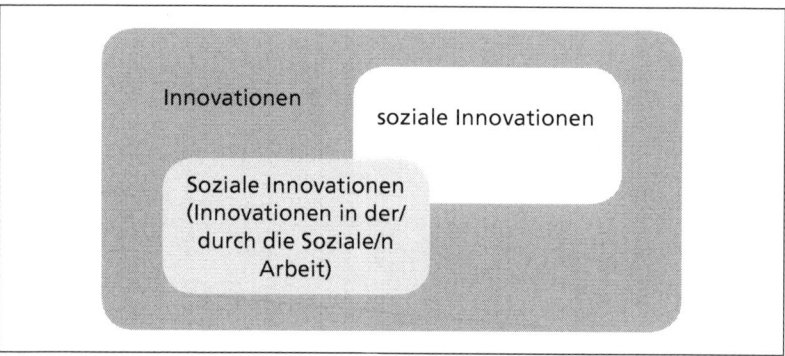

Abbildung 18: Verhältnis von Innovationen, sozialen/gesellschaftlichen Innovationen und Sozialer Innovationen

Allgemein gilt Innovation (vgl. Abbildung 18, dunkelgraues Feld) als Brückenkonzept zwischen Wissenserzeugung und Co-Kreation unter Beteiligung von Wissenschaft und fachlicher bzw. gesellschaftlicher Praxis (Franz/Kaletka 2018). Das heißt, dass anwendungsorientiert verschiedenste Wissensformen zu neuartigen Produkten oder Prozessen kombiniert werden, deren Entwicklung, Erprobung und Verbreitung von Lernprozessen und neuen Verhaltensweisen begleitet sind. Neues und neu kombiniertes Wissen ist demnach eine notwenige, wenn auch nicht hinreichende Bedingung von Innovation (Hüttemann/Solèr 2018).

Charakteristika von Innovation als Prozess oder als Produkt sind:

- Komplexität, nicht-lineare Verläufe, beschränkte Steuerbarkeit
- Risikohaftigkeit, Potenzial innovatorischen Scheiterns
- Reflexivität
- Diversität und Heterogenität der involvierten Akteure
- hoher Grad an Kontext- und Interaktionsabhängigkeit

Für Innovation im Sozialwesen und in der Sozialen Arbeit (vgl. Abbildung 18, hellgraues Feld) sind weitere Merkmale zu ergänzen: Charakteristisch für Innovation sind hier neben ihrer Bedarfsorientierung, ihrem zumeist organisationalen Kontext auch ihr Wertebezug (Hüttemann/Parpan-Blaser 2015) sowie – angesichts der Arbeit mit vulnerablen Zielgruppen – spezifische Fragen rund um Innovationsrisiken. Zentral ist zudem die Vermittlung und Verbindung unterschiedlicher Wissensarten, da „entwicklungsrelevantes Wissen einerseits im Praxisfeld (Mitarbeitende in Organisationen des Sozialwesens, Adressatinnen und Adressaten sozialer Dienste) und andererseits im Wissenschaftssystem vorliegt" (Hüttemann/Solèr 2018, S. 235).

Soziale Innovation (vgl. Abbildung 18, weißes Feld) ist eng gekoppelt an soziale Probleme und damit an Sachverhalte, die kollektive Lebenslagen betreffen und Abweichungen von rechtlichen Standards sowie sozial erwünschten Verhältnissen darstellen (z. B. Umweltverschmutzung, Armut, sexueller Missbrauch). Einen Sachverhalt als soziales Problem zu thematisieren, geht mit dem Appell zur Veränderung einer sowie mit der Erwartung, dass angemessene Maßnahmen den Sachverhalt mildern oder beseitigen können. Als Ursachen sozialer Probleme gelten demnach Faktoren, deren Gestaltung und Veränderung in der Reichweite gesellschaftlicher Akteure liegen (Scherr 2001). So umfassend ein solches Verständnis von sozialer Innovation ist, so heterogen sind die Neuerungen, die darunterfallen; sie reichen von gemeinschaftlichen Wohnformen und Carsharing über Ökotourismus bis hin zu Urban Gardening und Leihläden.

Soziale Probleme, die allgemein im Kontext sozialer Versorgung oder spezifisch durch die Soziale Arbeit bearbeitet werden, weisen stets eine individuelle und eine strukturelle Dimension auf. Dass sie zu einem bestimmten Zeitpunkt als problematisch identifiziert werden, ist Ergebnis eines sozialen Aushandlungsprozesses. Erst dadurch begründet sich ihre wohlfahrtsstaatliche Bearbeitung bzw. das Bereitstellen von Hilfen zur Bewältigung für Betroffene, die ganz oder zumindest teilweise steuerfinanziert sind. Diese Ausgangslage führt dazu, dass es zwischen Innovationen, sozialen Innovationen im Sinne gesellschaftlicher Innovationen und Sozialen Innovationen Bezüge und Schnittmengen, aber auch Unterschiede gibt (vgl. Abbildung 18).

Für soziale Innovation ist es gemäß van Wijk et al. (2018) zentral, dass sie ihre Wirkung – die Lösung eines hartnäckigen und komplexen gesellschaftlichen Problems – nur erzielen, wenn sie durch entsprechende institutionelle Einbettung Kontinuität erlangen. Die Implementierung sozialer Innovationen hängt aber nicht einzig von ihrem Potenzial oder vom Willen involvierter Akteure ab, sondern auch von den institutionellen und strukturellen Rahmenbedingungen (ebd.). Diese verbessern, behindern oder blockieren die auf der sozialen Meso- oder Makroebene entstehenden Dynamiken der Veränderung. Allerdings ist zu diesen Zusammenhängen bislang erst wenig bekannt, denn – so van Wijk et al. weiter – die Betrachtung und empirische Untersuchung von Innovationsprozessen und Innovationen sozialer Art erfolgt bislang zumeist bezogen auf Projekte und Beteiligte, das heißt auf mikrosozialer Ebene. Auch Oosterlynck et al. (2013) halten fest, dass dem Einfluss verschiedener Governance-Modelle auf soziale Innovation bislang wenig Aufmerksamkeit geschenkt wurde.

Zwischen dem gesellschaftlichen Kontext und Innovationen in der sozialen Versorgung gibt es verschiedene Wechselwirkungen:

1. Gesellschaftliche Verhältnisse bilden den Ausgangspunkt sozialer Innovationen: Wahrgenommenen Lücken, Unzulänglichkeiten und Bedarfen, die in einem bestimmten nationalen oder lokalen System sozialer Versorgung bestehen, soll durch entsprechende Veränderungen begegnet werden. Es sind also soziale Innovationen, die dazu beisteuern, die Balance im Gefüge sozialer Versorgung wiederherzustellen.

2. Innovative Vorschläge zur Bearbeitung eines sozialen Problems beziehen sich oft nicht isoliert auf eine Versorgungslücke, sondern in systemischer Weise auch auf deren Entstehungszusammenhang (Westley 2018).

3. Kontextbedingungen prägen den Verlauf von Innovationsprozessen, indem sie ermöglichend, fördernd oder hindernd wirken.

4. Hinsichtlich des Ergebnisses von Innovationsprozessen ist der soziale Kontext insofern bedeutsam, als dass sich daran der Innovationsgehalt bemisst und definiert. Etwas ist bezogen auf einen bestimmten räumlichen und/oder zeitlichen Kontext innovativ.

5. Innovationen im Sozialbereich bedürfen zwar einerseits des Freiraums zum kreativen und konzeptuellen Entwickeln; andererseits muss zu gegebener Zeit in eine Umsetzungsorientierung gefunden und die Einbettung des neuen Angebots, Programms etc. in die bestehenden Strukturen gesichert werden.

6. Eine soziale Innovation wirkt verändernd und hat damit das Potenzial, die Struktur ihres Entstehungskontextes zu wandeln (Westley/Antadze 2010).

Alle diese Aspekte werden im dritten Teil eingehender beleuchtet. Zunächst ist jedoch zu klären, was soziale Versorgung im vorliegenden Zusammenhang meint.

2.6.2 Soziale Versorgung

Die Begriffe „soziale Sicherung", „soziale Versorgung", „Sozialbereich", „Sozialwesen" werden oft nicht klar voneinander abgegrenzt bzw. teilweise synonym gebraucht. Gemeint ist mit sozialer Versorgung einerseits das Gefüge aus Sozialversicherungen, Sozialhilfe und weiteren finanziellen Sozialleistungen, die die individuelle Existenz im Bedarfsfall sichern. Aus einer Subjektperspektive umfasst soziale Versorgung demnach Geld-, Sach- und Dienstleistungen für Personen und Personengruppen zum Zweck ihrer sozialen Absicherung, ihrer Unterstützung und zur Vermeidung erneuter Notlagen (Kessler/Ruoss 2011). Aus einer Strukturperspektive sind mit sozialer Versorgung die dafür zuständigen Organisationen gemeint (Fritze et al. 2015). Es sind (wirtschafts-, bildungs-, sozial-, gesellschafts-)politische, planerische und strategische Entscheidungen, die das Netz interdependenter staatlicher und privater Institutionen und Akteure der sozialen Versorgung eines Landes oder einer

Region prägen. Neben dieser Versorgung im Sinne einer Subsistenzsicherung gehören zum Sozialwesen auch alle organisierten (nichtmateriellen) Aktivitäten, Leistungen und Hilfen zugunsten von Benachteiligten und Notleidenden (Ortmann 2012). Versorgungsstrukturen sind interdisziplinär und subsidiär, das heißt eine höhere (staatliche) Ebene ist nur dort zuständig, wo Eigenversorgung scheitert und informelle bzw. untergeordnete Strukturen und Hilfen dem Problem nicht wirksam begegnen können (Engler 2015).

Bezogen auf das gemeinschaftliche Zusammenleben geht es bei sozialer Versorgung im Kern nicht nur um ein Verständnis von Solidarität, wonach die Hilfebedürftigkeit von Menschen und Gruppen vom Gemeinwesen aufgefangen, verringert oder verhindert werden soll (Fritze et al. 2015). Der Grundanspruch, dass sich der Staat in äußerster Not um jemanden kümmern soll, koppelt sich ebenso mit Zielen des sozialen Friedens, eines leistungsfähigen Arbeitskräftereservoirs und einer Konjunkturstabilisierung (Baumann 2015). Historisch betrachtet stellt die Konstitution des Sozialstaats per se eine soziale Innovation dar: Die Organisation und Verrechtlichung des Sozialen setzt mit der Industrialisierung ein. Bis zu ihrem Beginn waren die Hilfe der Familie, der Kirche, der Zünfte und des Geburtsortes entscheidend. Mit der erwerbsbedingten Mobilität der Menschen als Folge der Industrialisierung erweisen sich diese Formen als dysfunktional (Ortmann 2012). Soziale Sicherung bezogen auf Unfall und Krankheit werden eingerichtet und zahlreiche weitere Formen der Unterstützung beim Eintreten sozialer Risiken oder individueller Notlagen nehmen sukzessive und differenziert Gestalt an. Es entstehen nationale Systeme sozialer Sicherung und Versorgung, mit je spezifischen Strukturmerkmalen und Gestaltungselementen (vgl. Butterwegge 2001; Esping-Andersen 1990).

Hinsichtlich der Gliederungen des Sozialwesens lassen sich Träger, Einrichtungen und Angebote unterscheiden (Engler 2015). „Träger lenken Einrichtungen in fachlicher, finanzieller und personeller Hinsicht" (ebd., S. 221) und bestimmen letztlich über deren Existenz. Soziale Einrichtungen erbringen im Rahmen einzelner Angebote und Programme die Dienstleistung gegenüber den Betroffenen. Staatliche Träger sind Politik und Verwaltung auf der Ebene von Bund, Ländern/Kantonen und Gemeinden und entsprechen dem, was gemeinhin „die öffentliche Hand" genannt wird. Bei privaten Trägern kann es sich sowohl um gemeinwesenorientierte wie auch um gewinnorientierte Organisationen (NPO, FPO) handeln. Private Träger stehen über Leistungsverträge und Subventionen oft ebenfalls in einem engen Verhältnis zu staatlichen Stellen – dies ist zurzeit z. B. im Asylwesen und in der Arbeitsintegration der Fall. Während NPOs zumeist als gemeinnützige Vereine oder Stiftungen organisiert sind und einen starken Wertebezug aufweisen, betonen profitorientierte Leistungserbringer im Sozialwesen häufig ihre Effizienz und Wirtschaftlichkeit.

Das Verhältnis von staatlichen und privaten Trägern im Sozialwesen ist historisch und im Rahmen je vorherrschender Staatsvorstellungen gewachsen. Während jeder moderne Nationalstaat Sozialpolitik betreibt, machen erst deren Reichweite, Qualität und Quantität ihn zum Sozialstaat (Bundeszentrale für politische Bildung 2010). Die vergleichende Wohlfahrtsforschung (Esping-Andersen 1990; Schubert et al. 2008) unterscheidet Staaten nach Typen, deren Sozialpolitik ähnlich strukturiert ist. Anhand grober Entwicklungslinien lassen sich für Mitteleuropa Länder mit folgenden Charakteristika ausmachen (Evers/Guillemard 2013; Shin 2016):

- Sozial- oder Wohlfahrtsstaaten, die sich in den Wachstumszeiten der 1960er-/1970er-Jahre etabliert haben, weisen zahlreiche Initiativen im Bereich Sozialwerke, Sozialversicherungen, Sozialrechte auf. Es handelt sich hier um einen aktiven Staat, der durch Umverteilung ausgleichend wirkt.

- Neoliberalistische Modelle haben wohlfahrtsstaatliche Strukturen kontinuierlich auf staatliche Kernaufgaben reduziert und legen gleichzeitig großen Wert auf die Garantie der Wirtschaftsfreiheit.

- Gewährleistungsstaaten stellen zwar sicher, dass alle öffentlichen Aufgaben erfüllt werden, erbringen diese aber nur in Kernbereichen selbst. Für andere wichtige Aufgaben werden finanzielle Ressourcen bereitgestellt und die delegierte Leistungserbringung wird kontrolliert und koordiniert.

Mit Blick auf Innovationen im Sozialstaatskontext heben Oosterlynck et al. (2013) die kontinentaleuropäischen Länder mit starken institutionellen Traditionen hervor, für die soziale Innovationen oft eine Ergänzung darstellen deren Integration ins System jedoch tendenziell lange dauert. Da dieses korporative Modell sozialer

Versorgung auf Verhandlungen zwischen Interessengruppen basiert, können einzelne Organisationen oder Gremien Entwicklungen blockieren oder schwächere Interessengruppen ausschließen, die für neue Bedürfnisse einstehen. Die nordischen Länder scheinen a priori am offensten für soziale Innovation als Instrument zur Förderung ihrer sozialen und wirtschaftlichen Entwicklung zu sein. Allerdings können in diesen sozialdemokratisch geprägten Systemen öffentliche Institutionen in ihrer kontrollierenden Rolle auch rigide werden und dadurch eine flexible Anpassung der sozialen Versorgung an die wirtschaftlichen und sozialen Gegebenheiten einschränken. Ebenfalls sind in diesem Sozialstaatstypus relativ viele Ressourcen für die Aufrechterhaltung der Bürokratie gebunden und stehen nicht für Neuentwicklungen zur Verfügung (ebd.). Hartley hält als weiteres Hindernis fest, dass Innovationen im Finanzierungsbereich der öffentlichen Hand sich nur rechtfertigen lassen, wenn damit die Qualität, die Effektivität oder die Zweckmäßigkeit von Diensten oder Steuerungsformen gesteigert wird:

> „In public services, however, innovation is justifiable only where it increases public value in the quality, efficiency or fitness for purpose of governance or services." (Hartley 2005, S. 30)

In neoliberalen Modellen hingegen übernimmt das Sozialunternehmertum eine wichtige Rolle in der sozialen Versorgung und handelt sich damit den Vorwurf einer „Entpolitisierungsstrategie" ein (Brinkmann 2014, S. 14), da private Gelder ohne politische und/oder fachliche Auseinandersetzung und damit agiler eingesetzt werden können.

Neben Arbeiten, die das Verhältnis von sozialen Innovationen und sozialstaatlichen Arrangements fokussieren, sind für die hier diskutierten Fragen auch Studien von Interesse, die den Zusammenhang von zivilgesellschaftlichen Akteuren und sozialer Innovation betrachten. So z. B. diejenige von Andion et al. (2017), die untersucht, welche Akteure sich rund um ein soziales Problem mobilisieren, und in eine Kartografierung öffentlicher Arenen mündet. Die Autoren unterstreichen: Um Dynamiken sozialer Innovation zu verstehen, müssen verschiedene Analyseebenen verbunden, die politischen Dimensionen einbezogen und mittelfristige Folgen für den sozialen Wandel thematisiert werden. Soziale Innovation ist aus dieser Perspektive mehr als die Mitgestaltung und Verbesserung der öffentlichen Dienste: Sie hat hohe politische Bedeutung und unterstreicht das Gewicht zivilgesellschaftlicher Akteure in der Gestaltung sozialen Wandels. Zivilgesellschaft basiert auf Freiwilligkeit und Solidarität und umfasst alle Varianten der sozialen und politischen Beteiligung in informellen Formen des privaten Engagements und der Gemeinschaftsbildung (Anastasiadis 2019). Es ist der Ort, an dem Menschen ihre Anliegen vertreten, politische Ideen artikulieren, protestieren, andere Menschen mobilisieren, soziale Lebensbedingungen aktiv zu gestalten suchen. Zivilgesellschaftliche Anliegen orientieren sich am Gemeinwohl und an einer demokratischen Gesellschaft (Jakob 2002), gehen fließend in soziale Bewegungen über und beeinflussen die Organisationen des dritten Sektors (Parteien, Verbände, Vereine, Gewerkschaften u. Ä.) nachhaltig. Dies wird in Band 2, Kapitel 2 näher beleuchtet.

2.6.3 Soziale Innovation im Gefüge sozialer Versorgung

Wie oben in Aussicht gestellt, wird hier nun detaillierter auf die verschiedenen Berührungspunkte zwischen sozialen Innovationen und dem Gefüge sozialer Versorgung eingegangen. Diese sind komplex und vielschichtig, und es wird deutlich, dass soziale Innovation sich zu Recht als eigenständiger Forschungsgegenstand etabliert hat (u. a. Howaldt/Schwarz 2010).

Die Strukturen sozialer Versorgung entwickeln und verändern sich in Prozessen, an denen sich verschiedenste Akteure (Anbieter, politische Gremien, Behörden und Verwaltung, Betroffene, zivilgesellschaftliche Organisationen usw.) beteiligen (Riedl 2015) – namentlich auch Sozialpolitiker/innen, Fachpersonen aus der Sozialen Arbeit und dem Sozialmanagement (Amstutz/Wüthrich 2017). Soziale Innovationen werden demnach verstanden als Produkt umfassender Innovationssysteme (Phillips et al. 2015), deren Potenzial gerade auch darin liegt, neuen Technologien zur Entfaltung zu verhelfen, indem sie diese in veränderte Denkmuster und soziale Praktiken einbettet (Erklärung „Soziale Innovationen für Deutschland" 2014). Die Rollen der Akteure sind heterogen und reichen von Vorstößen im politischen Agenda-Setting über die Formulierung konkreter Konzepte und deren wissenschaftlichen Untermauerung bis hin zu bürgerschaftlichen Aktionen (Parpan-Blaser 2018a). Es geht dabei letztlich darum, die Anerkennung von normativ begründeten Bedarfen bezogen auf gesellschaftliche Zentralwerte zu erzielen (Hüttemann/Parpan-Blaser 2015) und die grobe Richtung der Veränderung auszuhandeln, um die Zukunftsfähigkeit sozialer Versorgung zu sichern.

Gesellschaftliche Verhältnisse und damit auch der Zustand des sozialen Versorgungssystems zu einem bestimmten Zeitpunkt bilden die Ausgangspunkte wie auch Zielgrößen sozialer Innovationen. Bedarfen, die in einem bestimmten nationalen, regionalen oder lokalen System sozialer Versorgung nicht oder nur unzureichend gedeckt sind, soll durch grundlegende Veränderungen oder punktuelle Ergänzungen begegnet werden. Das Gefüge sozialer Versorgung bildet dort den Ausgangspunkt für soziale Innovationen, wo eine erhebliche Differenz zwischen dem derzeitigen und dem erwünschten Zustand festgestellt wird: Jemand bzw. eine Gruppe identifiziert „ein stabiles, aber ungerechtes Gleichgewicht …, das Ausschluss, Marginalisierung oder Leiden für einen Teil der Bevölkerung verursacht" (McGowan et al. 2017, S. 8 – eigene Übersetzung). Zwei Fragen sind damit verknüpft: Diejenige nach den Rationalitäten und Ordnungsprinzipien des sozialpolitischen Systems und diejenige nach den darin maßgebenden Werteorientierungen. Oosterlynck/Cools gehen in diesem Zusammenhang von einer historischen Affinität sozialer Innovation mit einer „von unten" geäußerten und emanzipatorischen Kritik gegenüber bestehenden wohlfahrtsstaatlichen Diensten aus (Oosterlynck/Cools 2013).

Eigene Forschungen haben demgegenüber gezeigt, dass auch Organisationen, die selbst Teil der sozialen Versorgung sind, soziale Innovationen hervorbringen oder initiieren (Hüttemann/Parpan-Blaser 2014). Auf welcher sozialen Ebene die oben erwähnte Diskrepanz festgestellt, in welchem Duktus die Kritik vorgebracht und von wem deren Bearbeitung initiiert wird, hat entscheidende Konsequenzen auf den weiteren Prozess. Wird der kritisierte Zustand als Chance zur Veränderung umgedeutet? Wird ein soziales Nutzenversprechen entwickelt und werden alternative, kreative Lösungen vorgeschlagen? Sind Betroffene direkt in den Prozess eingebunden oder kann ihre Perspektive im Sinne einer Interessenvertretung einfließen?

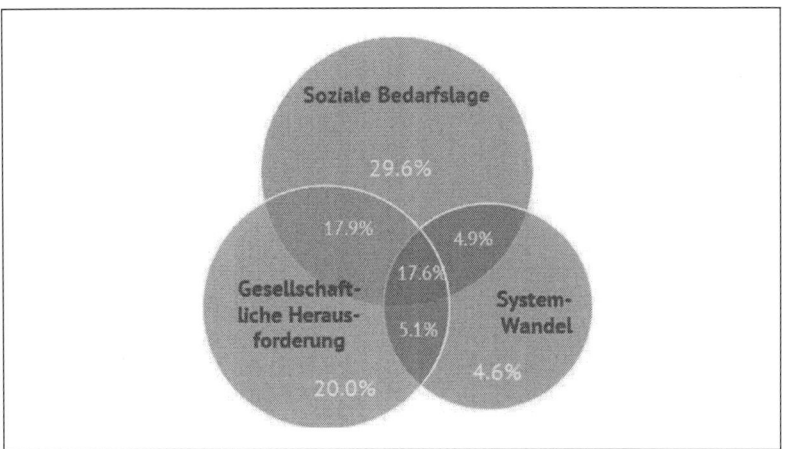

Abbildung 19: Worauf sich die 1005 untersuchten sozialen Innovationen im Projekt SI-Drive[43] bezogen (Schröder 2018, S. 24)

Das Gefüge sozialer Versorgung bildet somit einen wesentlichen Referenzpunkt für das Entstehen sozialer Innovation: Wo im Zusammenspiel (Welfare-Mix) von staatlichen Sicherungssystemen, öffentlichen Diensten und nichtstaatlichen Hilfsorganisationen Lücken bestehen, finden sich die Auslöser für Innovationen, die sich auf die soziale Versorgung beziehen (Parpan-Blaser 2018a).

Soziale Innovationen als neuartige Vorschläge ein soziales Problem zu bearbeiten, beziehen sich nicht isoliert auf die oben beschriebene Versorgungslücke als unmittelbaren Anlass, sondern ebenso auf deren Entstehungszusammenhänge (Westley 2018; Schröder 2018, vgl. Abbildung 19). Bestehende Strukturen und Angebote sozialer Versorgung weisen dort Unzulänglichkeiten auf, wo sich darin bestimmte Muster des politischen Konsenses, der Ressourcenallokation und der Entscheidungsfindung abbilden, die sich als überholt erwei-

---

[43] Das Projekt „Social Innovation – Driving Force of Social Change", kurz SI-DRIVE, ist ein Forschungsprojekt des siebten EU-Rahmenprogramms, das darauf abzielt, das Wissen über soziale Innovationen (SI) in drei Hauptrichtungen zu erweitern: Integration von Theorien und Forschungsmethoden zum besseren Verständnis von sozialer Innovation, Durchführung einer europäischen und globalen Kartierung sozialer Innovation, Sicherstellung der Relevanz für politische Entscheidungsträger und Praktiker durch eingehende Analysen und Fallstudien in sieben Politikbereichen. Weitere Angaben siehe: www.si-drive.eu

sen. In manchen Fällen ist das Gefüge sozialer Versorgung zugleich kausal dafür, dass überhaupt Bedarfe entstehen:

So besteht beispielsweise eine unzureichende finanzielle Absicherung bestimmter Personengruppen durch die Sozialwerke. Grund dafür ist die nach wie vor bestehende – angesichts der sich verändernden Arbeitsteilung veraltete – Ausrichtung an einem Ernährer-Modell, die zu einer Benachteiligung von Care-Arbeitenden führt. Ohne zusätzliche Sicherung durch eine/n verdienende/n bzw. rentenbeziehende/n Ehepartner/in sind sie häufiger auf Bedarfsleistungen wie Sozialhilfe angewiesen (Stutz/Knupfer 2012). Erhöht sich hinsichtlich derartiger Versorgungslücken der zivilgesellschaftliche, wirtschaftliche oder sozialpolitische Druck, ist es wahrscheinlich, dass mit der Kritik auch Vorschläge für alternative Modelle, neuartige Maßnahmen und innovative Projekte vorgelegt werden. Allerdings braucht es zu deren Formulierung und Fundierung Kenntnisse darüber, wie soziale Sicherung und Armut zusammenhängen und wie das bestehende Gefüge sozialer Versorgung wirkt. Erst geeignetes Wissen zu den relevanten Sachverhalten eröffnet die Möglichkeit, mit Innovationsprozessen am „richtigen" Ort anzusetzen und deren Basis argumentativ zu sichern. Ein vertieftes Verständnis der Problemzusammenhänge ermöglicht darüber hinaus Einschätzungen, welche innovativen Ansätze als erfolgversprechend gelten können und welche weniger.

Wo das Gefüge sozialer Versorgung selbst die Erklärung dafür bietet, dass Entwicklungsbedarf besteht, erhöht sich das Kritikpotenzial sozialer Innovation (Brinkmann 2014), da systemimmanente Veränderungen anzustreben sind. Und bei neoliberalen Tendenzen die Bereitstellung sozialstaatlicher Dienste zurückzufahren, erweist es sich als geradezu zynisch, soziale Innovationen als Errungenschaften zu feiern. Das Auftreten von sozialer Innovation kann nämlich durchaus ein Armutszeugnis darstellen, wenn Unterversorgung sie provoziert. Interessant ist hierzu auch die Frage, die Westley/Antadze (2010) aufwerfen: Vermögen soziale Innovationen im Sinne von Projekten, Produkten, Prozessen, Programmen oder Strategien auch die bestehenden Routinen, Ressourcenströme oder Überzeugungen des Sozialsystems, die zur Entstehung des Problems beitragen, herauszufordern und zu verändern?

Soziale Innovation weist zwar oft intentional gesteuerte Anteile auf, ist aber zugleich iterativ, dynamisch und sozial vielschichtig (Hüttemann/Parpan-Blaser 2015). Eng an den Rahmen gekoppelt, in welchem sie erfolgt, ist ihre Gestaltung zwar wünschbar, Planbarkeit hingegen nicht gegeben (Parpan-Blaser 2018b). Geht es um Innovationen, die sich auf das Sozialwesen beziehen, bildet dieses Gefüge zugleich den Gestaltungsrahmen für die entsprechenden Innovationsprozesse. Darin eingelassen sind Bedingungen als Ressourcen und Hindernisse. Gleichzeitig bestimmt eine sozialpolitische Großwetterlage das Zusammenwirken dieser Faktoren und der relevanten Stakeholder.

Darüber hinaus weist jedes Handlungsfeld sozialer Versorgung (wie Alter, Jugend, Migration und Integration, Sucht) seine eigenen Strukturen, Dynamiken und Interdependenzen auf, die maßgeblich durch Akteure und ihre jeweiligen Interessen geprägt sind (Kessler/ Ruoss 2011). Daraus ergeben sich für Entwicklungen je spezifische Einflussfaktoren förderlicher oder hinderlicher Art, die in ihrem Zusammenspiel bestenfalls erfasst, nicht aber bis ins Letzte gesteuert oder gar kontrolliert werden können. Die Forschung zeigt zudem, dass von der Idee bis zur Implementierung je nach Phase im Entwicklungsprozess einzelne Faktoren besonders wirksam sind (Nock et al. 2013), so z. B. die Organisationsgröße oder die Öffentlichkeitsarbeit und Kommunikation. Innovationsprozesse sind komplex: Es handelt sich um multi-dimensionale, oft transdisziplinäre und vielfältig miteinander verbundene Formen der Zusammenarbeit, des Lernens und des Kompromisses, von denen jede sowohl beabsichtigte als auch unbeabsichtigte Folgen haben kann (Holtgrewe/Millard 2018). Daraus ergeben sich umfassende und teilweise unübersichtliche Dynamiken der Veränderung. Innovation im Kontext sozialer Versorgung zu initiieren, bedingt, Kenntnis von diesen Zusammenhängen zu haben, denn daraus lassen sich wichtige Hinweise für die Gestaltung eines Innovationsprozesses ableiten. Oft sind es zeitweilige Instabilitäten, die den Ausgangspunkt von Innovationen bilden. Westley et al. (2013) schlagen vor, mittels institutionellen Ressourcen und Handlungsermächtigung (im Sinne von Agency) die für Innovation erforderliche Destabilisierung intentional hervorzurufen. Hier knüpfen auch Fragen an, wo und wie Innovationsförderung anzusetzen hat, damit nicht nur einzelne, vielversprechende Projekte unterstützt werden, sondern auch zur Erhöhung der strukturellen Innovationsfähigkeit in Verwaltungen oder sozialen Einrichtungen beigetragen wird.

Innovation ist bekanntlich ein relatives Konzept, das heißt ihre Wahrnehmung ist an einen sozialen, räumlichen, zeitlichen oder fachlichen Kontext verknüpft. Von Innovation als Ergebnis zu sprechen, ist also erst nachträglich und in einer vergleichenden Weise möglich. Dabei ist zudem von einer graduellen Abstufung der Neuartigkeit und Originalität (Innovationsgrad) auszugehen (Osborne 1998). Der Grad an Neuartigkeit bemisst sich für Innovationen im Gefüge sozialer Versorgung daran, wie – im Vergleich zu bisherigen Angeboten – die Passgenauigkeit der Bedarfsdeckung, die Qualität der Angebotserweiterung und der Beitrag zur Versorgung der betroffenen Personen ausfällt (Parpan-Blaser 2018a). Auch wenn das bisherige Gefüge sozialer Versorgung als Vergleichshorizont für den Innovationsgehalt einer Veränderung (Hartley 2005) dient, wird einer makrostrukturellen Perspektive auf Innovation bislang eher wenig Bedeutung beigemessen. Da soziale Innovationsprozesse meist immaterielle Ergebnisse hervorbringen, ist es weiter wichtig, mit konzisen Beschreibungen ihren Gehalt verständlich zu machen:

> „Insbesondere im Sozialbereich, aber auch grundsätzlich in einem organisationalen und gesellschaftlichen Kontext sind kommunikative, systemische und strategische Kompetenzen zentral. Bestehende Strukturen und soziale Systeme sind nur mit anschlussfähigen und damit im Endeffekt verständlichen Ideen zu verändern." (Kessler/Ruoss 2011, S. 151)

Bezogen auf Innovationen der sozialen Versorgung kommt deshalb detaillierten Konzepten besondere Bedeutung zu, denn sie verdeutlichen, worin die Neuerung liegt, und wie sie die bestehenden Versorgungsstrukturen ergänzt.

Damit ist ein weiterer Bezug zwischen sozialen Innovationen und der sozialen Versorgung benannt: Innovationen verändern den Kontext, in dem sie entstehen bzw. auf den sie sich beziehen. Innovationen wirken transformativ (verändernd), provokativ oder reparativ. Diese Wirkungen ergeben sich jedoch nicht in einem linearen Verlauf und oft nicht unmittelbar. So können auch von Innovationen ausgehende, später erforderliche Anpassungen die wesentliche Veränderung darstellen und sukzessive zu einem umfassenden Paradigmenwechsel führen (Westley/Antadze, 2010). Oosterlynck/Cools (2013) halten fest, dass soziale Innovationen den Welfare-Mix verändern, indem durch sie neue Akteure, neue Instrumente und neue Ressourcen zum Zuge kommen und neue Situationen schaffen, die es zu handhaben gilt. Die Mehrdimensionalität der sozialen Innovation bezieht sich zum einen auf die Ebenen des Sozialstaats und die damit verbundenen Chancen und Grenzen für die Entwicklung sozial innovativer Initiativen. Zum anderen geht es darum, wie in sozialen Innovationsprozessen diese Chancen aufgegriffen und zum Wirkmechanismus der Veränderung werden. Auch wenn soziale Innovationen sich am einfachsten auf lokaler Ebene beobachten oder rekonstruieren lassen (ebd.), ist es doch notwendig, organisatorische Netzwerke und institutionelle Konfigurationen mit in den Blick zu nehmen, da sie einen festen Bestandteil der sozialen Innovationsdynamik bilden. Grundsätzlich haben Innovationen als neuartige Vorschläge ein beträchtliches kritisches Potenzial, dies hielt bereits Schumpeter (1912) fest, als er von ihrer Kraft zu „schöpferischer Zerstörung" schrieb. Dennoch stellen Holtgrewe/Millard (2018) fest, dass nur rund ein Drittel der zahlreichen im Projekt SI-DRIVE untersuchten sozialen Innovationen auf makro-gesellschaftliche Systemveränderungen abzielten. Einschränkend ist hier zu bedenken, dass

> „Innovation … zwar meistens mit ‚Fortschritt' assoziiert [wird], grundsätzlich … jedoch nicht gesagt werden [kann], ob eine Innovation an sich positiv oder negativ ist. Denn Neuerungen haben meistens sowohl vermutete und beabsichtigte als auch unbeabsichtigte und unerwartete, positive und negative Auswirkungen – je nach subjektiver Perspektive und Kontext, aber oft auch objektiviert. Daraus ergibt sich ein sozial-konstruktivistisches Innovationsverständnis, das gerade auch für den Sozialbereich hilfreich und angemessen ist." (Kessler/Ruoss 2011, S. 150)

2.6.4 Die Rolle der Sozialen Arbeit bei der Innovation des Sozialen

In einem kurzen Exkurs soll nun auf die Frage eingegangen werden, inwiefern die Soziale Arbeit über generische Innovationen Gestalterin des Gefüges sozialer Versorgung ist. Denn (alltags- bzw. lebensweltorientierte) Soziale Arbeit versteht sich kritisch gegenüber gesellschaftlichen Verhältnissen und setzt sich zum Ziel, Akteurin bei der „Neugestaltung des Sozialen" im Zeichen von Gerechtigkeit, Gleichheit, Toleranz und Solidarität zu sein (Thiersch 2002a, S. 13). Diese Neugestaltung verortet Thiersch einerseits auf der gesellschaftspolitischen Ebene, als Mitwirkung in Programmen der Arbeitspolitik, der Städtebau- und Familienpolitik, der Steuer- und Subventionspolitik und zuallererst der Sozialpolitik. Die Gestaltung des Sozialen bildet damit ein Element professioneller Identität und professionellen Handelns: Es geht (1) um die aktive Einmischung in politische Prozesse und Diskussionen, (2) um die Gestaltung von Lebensräumen und (3) um das Bereitstellen einer Infrastruktur sozialer Versorgung im Sinne von Angeboten und Organisationsformen (Thiersch 2002b, S. 14). Thiersch konkretisiert neben diesen programmatischen Überlegungen jedoch nicht, mit welchen Vorgehensweisen Soziale Arbeit die genannten Zielsetzungen erreichen kann. So schreibt Dällenbach:

> „Um jedoch ihr sozial innovatives Potenzial tatsächlich entfalten zu können, muss sich Soziale Arbeit sowohl ihrer gesellschaftlichen Funktion als auch ihrer innovationsförderlichen methodischen Konzepte vergewissern." (Dällenbach 2011, S. 106)

Soziale Arbeit verantwortet im Gefüge der Sozialen Versorgung wichtige Aufgaben. Ihre Angebote und Hilfen können geeignet sein, die Lebenslage der Betroffenen zu verändern. Jeder Einzelfall ist dabei zugleich ein Gradmesser für die soziale Versorgung und ihren Entwicklungsbedarf: Liegen passende Angebote vor? Sind sie zugänglich? Sind sie wirksam? Müssen diese Fragen wiederholt verneint werden, ist auf Unzulänglichkeiten im System sozialer Versorgung zu schließen. Als Reaktion kann Soziale Arbeit organisationsintern oder -übergreifend ein Entwicklungsvorhaben initiieren oder dafür sorgen, einen Rahmen für Veränderung zu schaffen, indem neue Leitideen thematisiert und ein Umdenken – etwa hinsichtlich Problemwahrnehmung, Problembewertung oder akzeptabler Interventionsmöglichkeiten – angeregt wird. Als Disziplin und Profession, die soziale Probleme auf individueller wie struktureller Ebene adressiert, ist die Soziale Arbeit auch aufgefordert, ihre Perspektive in die Sozialpolitik einzubringen (Böhnisch 2002). Unterlässt sie es, Sozialpolitik zu analysieren und zu betreiben, läuft Soziale Arbeit hingegen Gefahr, instrumentalisiert zu werden.

Kritisch ist hier anzumerken, dass sozialarbeiterische Interventionen und methodische Ansätze durchaus auch (ungewollt) Negatives bewirken können oder unvorhergesehene Nebenfolgen haben.

Ebenso ist es möglich, dass Soziale Arbeit dem Druck zur Veränderung unkritisch nachgibt, ohne zu bedenken, woher Innovationsimpulse kommen. Richtschnur absichtsvollen Entwickelns muss in erster Linie der Mehrwert für Nutzerinnen und Nutzer sein sowie das Bewusstsein, dass das, was heute für neuartig und gut befunden wird, es morgen möglicherweise nicht mehr ist. Zur Innovation im Bereich des Sozialen gehört, die Balance zwischen Kritik und Vision zu halten und eine Ausrichtung an ethischen Grundwerten zu suchen.

2.6.5 Soziale Innovation und Transformation der sozialen Versorgung

Der obige Abschnitt hat verdeutlicht, in wie vielen Hinsichten Innovationen für die soziale Versorgung relevant sind bzw. inwiefern das System sozialer Versorgung Innovationen im Sozialbereich rahmt. Der Blick soll nun spezifisch auf die transformative Wirkung sozialer Innovationen im Kontext sozialer Versorgung gerichtet werden. Dazu werden fünf Thesen diskutiert.

Innovationen wirken in komplementärer oder emanzipatorischer Art, das heißt Innovationen ergänzen das bestehende System sozialer Versorgung punktuell oder streben danach, dieses grundlegend zu verändern (Shin 2016). Holtgrewe/Millard (2018) machen aktuelle politische Strategien aus, eher soziale Innovationen zu fördern, die das Feld nicht wesentlich herausfordern und sich in ihren Zielen begrenzen; allerdings zum Preis, auch die potenziellen positiven Auswirkungen einzuschränken. Dennoch ist mit Avelino et al. (2017) davon auszugehen, dass soziale Innovationen ihr institutionelles, soziales und kognitives Umfeld verändern und diese Veränderungen durch Lernprozesse aller Beteiligten vermittelt sind. Die transformative Kraft sozialer Innovationen hängt aber nicht zuletzt damit zusammen, welche zivilgesellschaftlichen und professionellen Akteure involviert sind und wie viel Handlungsmacht diese zu entwickeln vermögen. Auf der Mikroebene bedeutet dies die Bearbeitung konkreter Herausforderungen unter Beteiligung von Betroffenen, auf der Mesoebene adäquate Formen der Organisation, Vernetzung und Kollaboration.

These 1: Nichtstaatliche Organisationen, die agiler reagieren können als staatliche, bauen durch innovative Projekte Druck zur Veränderung der sozialen Versorgung auf (und wieder ab).

Da im Sozialbereich bedeutende Leistungen von privaten, staatlich mitfinanzierten und hybriden Sozialeinrichtungen erbracht werden, ist die Innovationsfähigkeit dieser Organisationen von großer Bedeutung für eine funktionierende soziale Versorgung. Denn sie können agiler auf Bedarfe reagieren, als die in die staatliche Verwaltung eingebundenen Organisationen, für deren Tätigwerden oft langwierige politische Prozesse erforderlich sind. Organisationen des Sozialwesens – öffentliche wie freie Träger – können zwar aufgrund ihrer Expertise und dem ihnen zufallenden Aufgabenfeld als eine der Wiegen sozialer Entwicklung gelten. Oft sind es aber gerade Institutionen des dritten Sektors und der Zivilgesellschaft, die frühzeitig auf soziale Brennpunkte hinweisen, neuartige Vorschläge zu deren Bearbeitung formulieren und so den sozialpolitischen Druck erhöhen (Krlev et al. 2019; Schwarzer 2015). Ihre Aufgabe – so Jakob – sei es, die Resonanz, die gesellschaftlichen Problemlagen in den privaten Lebensbereichen zu finden, aufzunehmen, zu kondensieren und lautverstärkend an die politische Öffentlichkeit weiterzugeben (Jakob 2002, S. 122).

Initiativen und Dienstleistungen von Privaten wie Vereinen, Stiftungen oder Hilfswerken machen so soziale Probleme sichtbar und befördern damit bestenfalls staatliches Handeln. Allerdings kann der Effekt auch ein gegenteiliger sein: Erfolgt eine Problembearbeitung bereits wirksam durch Private, erübrigt sich die (zusätzliche) Unterstützung durch staatliche Mittel. Evers/Ewert (2015) betonen, dass Reformen sozialstaatlicher Institutionen auch aufgrund von Debatten zustande kommen, die gesellschaftliche Akteure durch Mobilisierung, Protest und kreative Vorschläge zu beeinflussen suchen. Soziale Bewegungen können zudem die Einbettung von innovativen Konzepten erleichtern, indem sie robuste, alternative Rahmungen des Themenfeldes entwickeln, die neue Handlungsweisen unterstützen (den Hond/de Bakker 2007).

Je nach sozialstaatlichen Strukturen und politischen Mehrheiten kann es durchaus zur Situation kommen, dass der Rückzug oder das geringe Engagement des Sozialstaats Innovation notwendig macht, um Problemlagen wirksam zu begegnen. Diese Initiativen erlauben wiederum den weiteren Rückzug des Staats. Ebenso kann es sein, dass gewisse Innovationen durch die Struktur der Finanzflüsse und die Fragmentierung des Sozialwesens (Netzwerkdenken versus hoher Koordinationsaufwand) nicht möglich sind. Insgesamt heißt dies, dass es angesichts neuer sozialer Herausforderungen und veränderter sozialer Probleme zwar eine Vielzahl von Initiativen verschiedener Organisationen, Verbänden, Interessengruppen usw. gibt, diese aber oft nicht durch ein planvolles und koordiniertes Vorgehen auf staatlicher Ebene gesteuert oder gebündelt werden (Riedl 2015). Es fehlen in diesem Sinn Bestrebungen, die Passung von Bedarfen und Angeboten sowie die Aufgabenteilung innerhalb der Strukturen sozialer Versorgung anhand einer Gesamtsicht zu optimieren. Wünschbar wären hinsichtlich einer aggregierten sozialen Versorgung die Systematisierung und Abstimmung nichtstaatlicher Initiativen sowie eine partizipative Sozialplanung, die Betroffenen Mitsprachemöglichkeiten gibt.

These 2: Innovationen im Gefüge sozialer Versorgung entstehen oft aus der konkreten Zusammenarbeit von Betroffenen und Fachpersonen.

Als treibende Kräfte für Innovationen im Gefüge sozialer Versorgung sind grob vier Instanzen zu unterscheiden:

- Betroffene, die zivilgesellschaftlich oder politisch (z. B. über einen Vorstoß, eine Initiative) aktiv werden
- zivilgesellschaftliche Organisationen und soziale Bewegungen, die sich die Anliegen Betroffener zu eigen machen
- Fachorganisationen des Sozialwesens
- (sozial-)politische Gremien mit Planungsaufgaben auf lokaler, regionaler oder nationaler Ebene

Bedeutsam sind neben diesen Innovatoren auch die soziale Ordnung, die ihre Handlung rahmt und formt (van Wijk et al. 2018). Soziale Innovation findet stets in einem sozialen Gefüge statt bzw. muss sich als neues Element in ein Gefüge integrieren.

Ein Aspekt von Professionalität ist, Wissen angemessen für die Praxis einzusetzen, sowohl fallbezogen wie auch bei der Entwicklung von Methoden, Programmen etc., was beides dazu beiträgt, der begrenzten Standardisierbarkeit sozialer Dienste zu begegnen. Hinsichtlich sozialer Problemlagen streben Betroffene und Fachpersonen nach Veränderung. So liegt es nahe, dass für die Entwicklung neuartiger Herangehensweisen nicht nur auf Erkenntnisse (aus der Forschung) zurückgegriffen, sondern auch auf die Erfahrungen und die Einschätzungen von betroffenen Personen. Ansätze dazu sind Methoden inklusiven Designs, die über die Einbindung von Nutzer/innen wichtige Hinweise zur optimalen Gestaltung neuer sozialer Dienste liefern.

Der Frage, was innovative Gedanken und Ideen befeuert und Beteiligte an Innovationsprozessen durch Phasen von Fehlschlägen trägt, gehen verschiedene Autoren nach (u. a. Cartel et al. 2018; Fan/Zietsma 2017). Ihre Arbeiten zeigen die Bedeutung von persönlicher Interaktion und sozialen Begegnungen und Bewegungen. Wichtig sind auf jeder Ebene offene Gefäße, die es ermöglichen, Verbindungen einzugehen und zu pflegen, aber auch Debatten und Diskussionen von Akteuren mit unterschiedlichen Sichtweisen auf soziale Probleme zu führen (z. B. innerhalb der Organisation, an Tagungen). Daraus erwächst die Kapazität, um identifizierte Bedarfe herum zu mobilisieren (van Wijk et al. 2018), sei dies durch Professionelle, sei es durch zivilgesellschaftliche Akteure oder Betroffene. Für Fachpersonen und öffentliche Instanzen im Sozialbereich bedeutet das, dass Impulse „von der Basis" erstens als legitime und wertvolle Anregungen wahrgenommen werden sollten. Zweitens sollten Anreize so gesetzt werden, dass die Akteure zu Innovationen ermächtigt und angeregt – oder aufgrund von Regelungen und behördlichen Handlungen zumindest nicht entmutigt – werden. Idealerweise kommt es zu einem Zusammenspiel zwischen initiativer Zivilgesellschaft, Betroffenen und offenen sowie kompetenten Fachpersonen in Organisationen und Verwaltung. Wissen, Dialog, Aktivität und Kompromissbereitschaft sind notwendig, damit gemeinsam Probleme thematisiert, ihnen die gebührende Bedeutung und bei Bedarf Ressourcen für die Bearbeitung zugewiesen werden (Kessler/Ruoss 2011).

These 3: Vernetzung und proaktives Handeln erleichtern
Innovation im Kontext sozialer Versorgung.

Innovative Entwicklungen im Bereich sozialer Versorgung müssen neben einer klaren Bedarfsorientierung auch politische und/oder gesellschaftliche Akzeptanz aufweisen, denn ihre Finanzierung über Steuergelder, Spenden oder Stiftungsbeiträge ist im Sinne einer Investition vorab zu begründen und sicherzustellen (Engler 2015). Förderlich kann hier die Vernetzung innerhalb eines Themenfelds sein, denn sie erlaubt die Bündelung der Kräfte. Van Wijk et al. (2018) arbeiten in diesem Zusammenhang heraus, wie Vielfalt und Institutionalisierungsgrad eines Bereichs mit dessen Innovativität zusammenhängen:

Die Einbettung von Innovationen ist schwierig, wenn zu viele verschiedene Akteure überzeugt werden müssen und ordnende Strukturen fehlen. Ebenso hinderlich ist jedoch auch ein sehr einheitlich und straff organisierter Praxisbereich, in dem wenige Austauschgefäße und heterogene Eigeninteressen bestehen. Eine soziale Problemlage frühzeitig als solche wahrzunehmen, erlaubt, dem Thema proaktiv zu begegnen, ein koordiniertes Vorgehen zu wählen und die in ihren Zusammenhängen erkannten Aspekte des Problems für die Bearbeitung zu priorisieren.

Die Analyse einzelner Innovationsprozesse, die für die soziale Versorgung relevant sind, zeigt, dass drei Typen der Vernetzung unterschieden werden können (Langer et al. 2018):

- intersektorale Managementallianzen, in denen Akteure mit weitreichenden Entscheidungsbefugnissen mitwirken und viel Fachwissen mobilisiert werden kann
- subversive Praxisallianzen, in denen Fachkräfte und Nutzer/innen zusammenspannen, um ihr Wissen in einem neuen Expertensystem einzubringen
- Kampagnen, die als Initiativen von sozialen Bewegungen, politischen Parteien oder Verbänden Anreize und Ansatzpunkte für neue Entwicklungen aufzeigen und z. B. bezogen auf das Gesundheitswesen häufig sind

Welchem Typus eine Allianz zuzurechnen ist, die sich eines Themas annimmt, ist folgenreich für die Integration der verschiedenen Einflussfaktoren. Denn Innovationshandeln muss als ein Prozess verstanden werden, der zwischen Fachpersonen, Netzwerken, finanzierenden Stellen, Leistungserbringern und Nutzer/innen stattfindet (ebd.).

These 4: Innovationen bedingen Pluralismus und Opportunitäten

Innovationen der sozialen Versorgung – so zeigt das Projekt WILCO[44] – gedeihen am besten in Wohlfahrtskontexten, die auf einem Pluralismus von Ressourcen und Verantwortlichkeiten basieren (Evers/Ewert/Brandsen 2014). Umgekehrt ist Innovation dort schwierig zu befördern, wo ein hoher Grad an Zentralisierung herrscht und das Recht, anders zu handeln, zu organisieren und Dienste bereitzustellen, negiert wird.

> „When issue fields feature low multiplicity and high institutionalization, actors within them see few opportunities for social innovation because they are locked into their own way of doing things – these fields are, what Dorado (2005) called, ‚opportunity opaque'." (van Wijk et al. 2018, S. 14)

Wie für soziale Organisationen bereits breit aufgearbeitet (Parpan-Blaser 2018b), braucht Innovation auch auf meso- und makrosozialer Ebene den Raum zur Abweichung und eine grundsätzliche Bereitschaft zur Akzeptanz dessen, was sich außerhalb oder am Rande des Systems und in Abweichung des Erwartbaren entwickelt hat. Auf diese Weise kann Innovation dem Gefüge sozialer Versorgung zu neuer Balance verhelfen und insgesamt zu gesellschaftlicher Kohäsion beitragen. Allerdings scheint es nicht nur der Heterogenität des Themenfelds hinsichtlich Normen, Praktiken und Fragestellungen zu bedürfen, sondern die Akteure darin sollten auch die sog. „windows of opportunity" – die günstigen Zeitfenster – zu nutzen wissen (Westley 2018, S. 25).

These 5: Im Kontext sozialer Versorgung sind die Faktoren, die Innovation begünstigen oder behindern, noch schwieriger zu beeinflussen als in einem organisationalen Kontext.

In sozialen Innovationsprozessen beeinflussen kollektives Handeln und makrostrukturelle Dynamiken einander gegenseitig (Andion et al. 2017) bzw. es besteht eine Interdependenz der verschiedenen

---

[44] Das Projekt WILCO (Welfare innovations at the local level in favour of cohesion) untersuchte im Rahmen länderübergreifender Vergleichsforschung, wie sich lokale Sozialsysteme auf soziale Ungleichheiten auswirken und wie sie den sozialen Zusammenhalt fördern. Weitere Angaben unter: www.wilco-project.eu

sozialen Systemebenen. So können auch verhältnismäßig „kleine" Veränderungen umfassende transformative Wirkung entfalten, ähnlich den sich bildenden Kreisen, wenn ein Stein ins Wasser geworfen wird. Welche Faktoren für einen Innovationsprozess entscheidend sind, variiert nach Phase dieses Prozesses. De Vries et al. (2016) identifizieren anhand einer systematischen Literaturreview zu Innovationen im öffentlichen Bereich Faktoren auf vier Ebenen:

- das Umfeld (Medienaufmerksamkeit, politische Forderungen, regulatorische Aspekte)

- die Organisation (Ressourcenknappheit, Führungsstil, Grad der Risikoaversion bzw. -bereitschaft, Raum zum Lernen, Anreize)

- die Innovation selbst (Einfachheit in der Umsetzung, relativer Vorteil, Kompatibilität, Testbarkeit)

- die Person (Autonomie, Professionalität, Kreativität)

Je nach Analyseergebnis des Entwicklungsbedarfs werden Veränderungen oder Neuentwicklungen an einem anderen Ort innerhalb der sozialen Versorgung ansetzen. Für die Gestaltung sozialer Innovationen sind deshalb organisationale (Ressourcen als Innovationskapitel, Kontakt zu Basis zu den Betroffenen, Offenheit und Zusammenarbeit, Kooperationsbereitschaft etc.) und kontextuelle Bedingungen (Akzeptanz neuer Bedarfe, Risikobereitschaft, Initiativen anderer Akteure usw.) maßgebend einzubeziehen (Nock/Krlev/Mildenberger 2013). In der Vergangenheit wurde die Analyse dieser Prozesse entweder am sozialen Problem ausgerichtet (Zyklus-, Karriere- oder Arenenmodell, vgl. Kirchhofer/Wüthrich 2015), an der Lebens- und Bedarfslage von Betroffenen oder an einzelnen Organisationen und ihrem Angebot für die Zielgruppe(n). Erst jüngere Arbeiten richten eine Mehrebenenperspektive auf das Innovationsgeschehen (Anheier et al. 2019).

2.6.6 Ausblick

Innovation als Prozess und als Ergebnis kann in zweierlei Hinsicht für das System sozialer Versorgung Relevanz haben: Einerseits als systemimmanentes Element oder systemextern mit entsprechender Hebelwirkung. Insofern geht es bei Innovation im Kontext sozialer Versorgung nicht nur um die Veränderung und Anpassung derselben, sondern auch um kleinräumigere Innovation – z. B. auf der

Ebene von Organisationen, die am Puls des Geschehens sind und Lücken der Versorgung am schnellsten bemerken. Was allerdings die (transversale und vertikale) transformative Wirkung von Innovationen angeht, kann diese vorerst mehr theoretisch postuliert denn empirisch belegt werden (Walz 2019). Die Frage, ob an den Entstehungsbedingungen einer sozialen Problemlage etwas verändert werden kann, ist eng an Machtfragen politischer Art gekoppelt. In diesem Zusammenhang scheint es vielversprechend, themenbezogene Entwicklungsprozesse im Verbund anzugehen und über einen fachlichen Diskurs hinaus breite Mobilisierungsarbeit zu betreiben. Deren Kernfrage lautet: Wie können neue Problemlagen sozialpolitisch zum Thema gemacht werden, sodass auch der politische Wille entsteht, die soziale Versorgung anzupassen?

Die vorliegenden Überlegungen lassen den Schluss zu, dass Innovation im Gefüge sozialer Versorgung als Investition in den sozialen und ökonomischen Zusammenhalt einer Gesellschaft zu betrachten ist. Gerade deshalb sollte der Staat als „steering force of change" installiert sein oder bleiben (Martinelli 2019) und eine koordinierende Funktion mit Blick auf den zentralen Wert der Solidarität innehalten. In dieser Garantiefunktion hätte der Staat auch darüber zu wachen, dass die Effizienzsteigerung dieser Organisationen nicht auf Kosten der Betroffenen (tiefe Löhne, unangemessene Unterbringung u. Ä.) erfolgt (Engler 2015).

Dies ist einerseits eine politische Positionierung mit Konsequenzen für die Innovationsförderung und deren Mittelallokation bzw. Ausgestaltung bezogen auf die Impulsphase (Identifikation zukunftsweisender Entwicklungen), die Bewertungsphase (Tauglichkeit für die jeweilige Branche, Einbezug der Nutzer/innen) und die Transferphase (Evaluation, Kommunikation). Ein breites Verständnis von sozialer Innovation bedeutet dann z. B., dass Innovationsförderung sich nicht auf traditionelle Unterstützung von Forschung und Entwicklung beschränken kann (Walz 2019). In Theorie und Forschung zu Innovation bewegt man sich andererseits hin zu den Fragen nach Akteuren, Strukturen, Systemen und Handlungen, wie sie Merkel bereits 1996 für die (politische) Transformationsforschung aufzeigte. Er kam damals zum Schluss, dass zur Analyse von Veränderungsprozessen in Staaten und Gesellschaften nur ein Ansatz dienlich sein kann, der funktionale Teilsystemlogiken, systemische Legitimationserfordernisse, Sozial- und Machtstrukturen, Institutionen und Kontexte gleichermaßen zu fassen vermag.

Sozial- und Geisteswissenschaften sollten hinsichtlich sozialer Innovation nicht einseitig unter einer Nutzenperspektive betrachtet oder technikaffinen Disziplinen untergeordnet werden. Denn sie haben neben der innovationsrelevanten Wissensproduktion das Potenzial, Mentalitäten zu ändern, Reflexivität zu fördern und die öffentliche Debatte zu gestalten (Balaban 2019). Ihnen kommt hinsichtlich sozialer Innovationen eine wichtige Rolle zu, so dass Franz/ Kaletka (2018) postulieren, mehr soziale Innovation brauche mehr Sozialwissenschaft. Gemeint ist damit insbesondere ein sozialökologischer Ansatz zur Analyse sozialer Innovation (Domanski/Kaletka 2018). Weitere konkrete Forschungsdesiderata zu sozialer Innovation sehen de Vries et al. (2015) in multimethodischen Studien, sektorübergreifenden oder ländervergleichenden Untersuchungen und in einer besseren theoretischen Fundierung empirischer Vorhaben.

Insgesamt zeigt sich, dass Innovation im Gefüge sozialer Versorgung eine hohe Bedeutung hat, aber noch nicht auf allen Ebenen gleichermaßen gut erforscht ist. Ebenso bleiben viele Fragen zum Verhältnis von sozialer Innovation und Entwicklungen in wohlfahrtsstaatlichen Arrangements offen. Künftige Arbeiten können hier dazu beitragen, für das Sozialwesen den Brückenschlag zwischen Forschung zu Innovation und Förderung von Innovation zu stärken.

2.6.7 Literatur-/Quellenverzeichnis

Amstutz, J./Wüthrich, B. (2017): Sozialpolitik, Soziale Arbeit, Sozialmanagement und wie alles zusammenhängt. In: Wöhrle, A./Fritze, A./Prinz, T./Schwarz, G. (Hrsg.): Sozialmanagement – Eine Zwischenbilanz. Springer VS, Wiesbaden, S. 249–262.

Anastiasiadis, M. (2019): Soziale Organisationen als Partizipationsräume. Beltz Juventa, Weinheim/Basel.

Andion, C./Moraes, R. L./Gonsalves, A. (2017): Civil society organizations and social innovation. How and to what extent are they influencing social and political change? In: CIRIEC-España, Revista de Economía Pública, Social y Cooperativa, 90, S.5–34.

Anheier, H. K./Krlev, G./Mildenberger, G. (Hrsg.) (2019): Social Innovation – Comparative Perspectives. Routledge, New York/London.

Avelino, F./Wittmayer, J./Pel, B./Weaver, P./Dumitru, A./Haxeltine, A./Kemp, R./Jørgensen, M./Bauler, T./Ruijsink, S./O'Riordan, T. (2017): Transformative social innovation and (dis)empowerment. In: Technological Forecasting & Social Change 145, S. 195–206. – www.sciencedirect.com/science/article/pii/S0040162517305802?via%3Dihub (letzter Zugriff: 29.07.2019)

Balaban, C. (2019): The ‚Innovation' framework and what could lie beyond. In: Bulletin der Schweizerischen Akademie der Geistes- und Sozialwissenschaften SAGW, 1/2019, S. 38–39. – https://sagw.ch/fileadmin/redaktion_sagw/dokumente/ Publikationen/Bulletin/SAGW_Bulletin_19_1_online.pdf (letzter Zugriff: 30.06.2019)

Baumann, B. (2015): Sozialstaaten unter dem Druck der Ungleichheit. In: Riedi, A. M./Zwilling, M./Meier Kressig, M./Benz Bartoletta, P./Aebi Zindel, D. (Hrsg.): Handbuch Sozialwesen Schweiz. Haupt, Bern, S. 446–457.

Böhnisch, L. (2002): Die Verantwortung der Sozialen Arbeit für die Gestaltung des Sozialen. In: Lange, D./Fritz, K. (Hrsg.): Soziale Frage – Soziale Antworten. Luchterhand, Neuwied, S. 3–11.

Brinkmann, V. (2014): Sozialunternehmertum, soziale Innovation und wirkungsorientierte Investition: Perspektiven der Sozialwirtschaft und Sozialer Arbeit. In: ders. (Hrsg.): Sozialunternehmertum. Schneider Verlag Hohengehren, Baltmannsweiler, S. 11–15.

Bundeszentrale für politische Bildung (2010): Wohlfahrtsstaatliche Grundmodelle. – www.bpb.de/politik/innenpolitik/arbeitsmarktpolitik/55072/wohlfahrtsstaatliche-grundmodelle?p=all (letzter Zugriff: 06.03.2019)

Butterwegge, C. (2001): Wohlfahrtsstaat im Wandel. Springer VS , Wiesbaden.

Cartel, M./Boxenbaum, E./Aggeri, F. (2018): Just for fun! How experimental spaces stimulate innovation in institutionalized fields. In: Organization Studies. – https:// doi.org/10.1177/0170840617736937 (letzter Zugriff: 29.06.2019)

Dällenbach, R. (2011): Soziale Arbeit als Gestalterin des Sozialen. In: Fritze, A./ Maelicke, B./Uebelhart, B. (Hrsg.): Management und Systementwicklung in der Sozialen Arbeit. Nomos, Baden-Baden, S. 88–113.

De Vries, H./Bekkers, V./Tummers, L. (2016): Innovation in the Public Sector: A Systematic Review and Future Research Agenda. In: Public Administration, 94/1, S. 146–166.

Domanski, D./Kaletka, C. (2018): Lokale Ökosysteme sozialer Innovation verstehen und gestalten. In: Franz, H.-W./Kaletka, C. (Hrsg.): Soziale Innovationen lokal gestalten. Springer, Wiesbaden, S. 291–308.

den Hond, F./de Bakker, F. (2007) : Ideologically motivated activism: How activist groups influence corporate social change activities. In: Academy of Management Review. – https://journals.aom.org/doi/10.5465/amr.2007.25275682 (letzter Zugriff: 29.06.2019)

Engler, P. (2015): Staatliche und private Träger im schweizerischen Sozialwesen. In: Riedi, A. M./Zwilling, M./Meier Kressig, M./Benz Bartoletta, P./Aebi Zindel, D. (Hrsg.): Handbuch Sozialwesen Schweiz. Haupt, Bern, S. 217–228.

Erklärung „Soziale Innovationen für Deutschland" (2014). – www.zsi.at/object/news/3256/attach/Soziale_Innovationen_1_0.pdf (letzter Zugriff: 04.07.2019)

Esping-Andersen, G. (1990): The Three Worlds of Welfare Capitalism. Polity Press, Cambridge.

Evers, A./Ewert, B. (2015): Social Innovation for Social Cohesion. In: Nicolls, A./Simon, J./Gabriel, M. (Hrsg.): New Frontiers in Social Innovation Research. Palgrave, Houndmills/New York, S. 107–127.

Evers, A./Ewert, B./Brandsen, T. (2014): Social innovations for social cohesion: Transnational patters and approaches from 20 European cities. – www.wilcoproject.eu/downloads/WILCO-project-eReader.pdf (letzter Zugriff: 06.07.2019)

Evers, A./Guillemard, A.-M. (2013): Reconfiguring welfare and reshaping citizenship. In: dies. (Hrsg.). Social Policy and citizenship. The changing landscape. Oxford University Press, Oxford/New York, S. 359–388.

Fan, G. H./Zietsma, C. (2017): Constructing a Shared Governance Logic: The Role of Emotions in Enabling Dually Embedded Agency. In: Academy of Management Journal 60/6, S. 2321–2351.

Franz, H.-W./Kaletka, C. (2018). Einleitung. In: dies. (Hrsg.). Soziale Innovationen lokal gestalten. Springer, Wiesbaden, S. 1–19.

Fritze, A./Amstutz, J./Wüthrich, B. (2015): Einleitung. In: Wüthrich, B./Amstutz, J./Fritze, A. (Hrsg.): Soziale Versorgung zukunftsfähig gestalten. Springer VS, Wiesbaden, S. 17–20.

Hartley, J. (2005): Innovation in Governance and Public Services: Past and Present. In: Public Money & Management 1/2015, S. 27–34. – http://wiki.dbast.com/images/7/77/Innovation_in_Governance_and_Public_Services-_Past_and_Present.pdf (letzter Zugriff: 29.07.2019)

Holtgrewe, U./Millard, J. (2018): Social innovation addressing societal needs and challenges. In: Howaldt, J./Kaletka, C./Schröder, A./Zirngiebel, M. (Hrsg.): Atlas of Social Innovation. Sozialforschungsstelle TU Dortmund, Dortmund, S. 70–72.

Howaldt, J./Hochgerner, J. (2018): Desperately seeking: A shared understanding of social innovation. In: Howaldt, J./Kaletka, C./Schröder, A./Zirngiebel, M. (Hrsg.): Atlas of Social Innovation. Sozialforschungsstelle TU Dortmund, Dortmund, S. 18–22.

Howaldt, J./Schwarz, M. (2010): „Soziale Innovation" im Fokus. Skizze eines gesellschaftstheoretisch inspirierten Forschungskonzepts. transcript, Bielefeld.

Hüttemann, M./Parpan-Blaser, A. (2014): Innovation in der Sozialen Arbeit. In: Hochschule für Soziale Arbeit FHNW (Hrsg.): Soziale Innovation. Olten. S. 46–51.

Hüttemann, M./Parpan-Blaser, A. (2015): Wie Innovation in der Sozialen Arbeit entsteht. In: Wüthrich, B./Amstutz, J./Fritze, A. (Hrsg.): Soziale Versorgung zukunftsfähig gestalten. Springer VS, Wiesbaden, S. 135–141.

Hüttemann, M./Solèr, M. (2018): Zur Relevanz und „Relevierung" von Wissen in Innovationsprozessen. In: Eurich, J./Glatz-Schmallegger, M./Parpan-Blaser, A. (Hrsg.): Gestaltung von Innovationen in Organisationen des Sozialwesens. Springer VS, Wiesbaden, S. 225–251.

Jakob, G. (2002): Soziale Arbeit und zivilgesellschaftliches Handeln. In: Lange, D./ Fritz, K. (Hrsg.): Soziale Fragen – soziale Antworten. Die Verantwortung der Sozialen Arbeit für die Gestaltung des Sozialen. Luchterhand, Neuwied, S. 119–128.

Kessler, O./Ruoss, J. (2011): Innovationen im Sozialbereich – Management als Balanceakt zwischen Gesellschaft, Politik, Klientinnen und Klienten und Mitarbeitenden. In: Fritze, A./Maelicke, B./Uebelhart, B. (Hrsg.): Management und Systementwicklung in der Sozialen Arbeit. Nomos, Baden-Baden, S. 147–181.

Kirchhofer, R./Wüthrich, B. (2015): Versorgungssysteme im Wandel. Welche Faktoren beeinflussen die Ausgestaltung sozialer Versorgung? In: Wüthrich, B./ Amstutz, J./Fritze, A. (Hrsg.): Soziale Versorgung zukunftsfähig gestalten. Springer VS, Wiesbaden, S. 185–191.

Krlev, G./Anheier, H. K./Mildenberger, G. (2019): Introduction: Social Innovation – what is it and who makes it? In: Anheier, H. K./Krlev, G./Mildenberger, G. (Hrsg.): Social Innovation – Comparative Perspectives. Routledge, New York/London, S. 3–35.

Langner, A./Eurich, J./Güntner, S. (2018): Innovation sozialer Dienstleistungen. Ein systematisierender Überblick auf Basis der EU-Forschungsplattform INNOSERV. Springer, Wiesbaden.

Martinelli, F. (2019): Social services „disrupted". The consequences of the restructuring of public social services on spatial justice and economic development. Keynote an der European Conference for Social Work Research ECSWR, April 2019, Leuven/Belgien.

McGowan, K./Westley, F./Tjörnbo, O. (2017): The history of social innovation. In: Westley, F./McGowan, K./Tjörnbo, O. (Hrsg.): The evolution of social innovation. Edward Elgar, Cheltenham/Northampton, S. 1–17.

Merkel, W. (1996): Struktur oder Akteur, System oder Handlung: Gibt es einen Königsweg in der sozialwissenschaftlichen Transformationsforschung? In: ders. (Hrsg.): Systemwechsel 1. Theorien Ansätze und Konzepte zur Transitionsforschung. Leske + Budrich, Opladen, S. 303–332.

Moore, M. H./Sparrow, M./Spelman, W. (1997): Innovation in policing: From production line to jobs shops. In: Altchuler, A./Behn, R. (Hrsg): Innovation in American Government. Brookings Institution, Washington, D.C., S. 274–298.

Nock, L./Krlev, G./Mildenberger, G. (2013): Soziale Innovationen in den Spitzenverbänden der Freien Wohlfahrtspflege. Bundesarbeitsgemeinschaft der Freien Wohlfahrtspflege, Berlin.

Oosterlynck, S./Cools, P. (2013): Modalities of governing the welfare mix. In: Oosterlynck, S./Kazepov, Y./Novy, A./Cools, P./Wukovitsch, F./Saruis, T./Barberis, E./Leubolt, B. (2013): Exploring the multi-level governance of welfare provision and social innovation: welfare mix, welfare models and rescaling. Discussion paper 13/12. – www.academia.edu/4846809/Oosterlynck-Kazepov-et-al-2013-Exploring-the-multilevel-governance-of-welfare-provision-and-social-innovation (letzter Zugriff: 27.02.2019)

Ortmann, F. (2012): Organisation und Verwaltung des „Sozialen" In: Thole, W. (Hrsg.): Grundriss Soziale Arbeit. Springer VS, Wiesbaden, S. 763–775.

Osborne, S. (1998): Naming the beast: Defining and classifying service innovations in social policy. In: Human Relations 51/9, S. 1133–1154.

Parpan-Blaser, A. (2018a): Organisationen des Sozialwesens als Ort von Innovation. In: Eurich, J./Glatz-Schmallegger, M./Parpan-Blaser, A. (Hrsg.): Gestaltung von Innovationen in Organisationen des Sozialwesens. Springer VS, Wiesbaden, S. 31–53.

Parpan-Blaser, A. (2018b): Steuerung und Gestaltung von Innovationsprozessen. In: Eurich, J./Glatz-Schmallegger, M./Parpan-Blaser, A. (Hrsg.): Gestaltung von Innovationen in Organisationen des Sozialwesens. Springer VS, Wiesbaden, S. 253–274.

Phillips, W./Lee, H./Ghobadian, A./O'Regan, N./James, P. (2015): Social innovation and social entrepreneurship: A systematic review. In: Group & Organization Management 40, S. 428–461.

Rey-Garcia, M./Felgueiras, A./Bauer, A./Torbjörn, E./Cancellieri, G. (2019) : Social Innovation for filling the ressource-needs gap in social services. In: Anheier, H. K./Krlev, G./Mildenberger, G. (Hrsg.): Social Innovation – Comparative Perspectives. Routledge, New York/London, S. 104–129.

Riedl, A. K. (2015): Wie kommt das Neue in die Sozialwirtschaft? In: Wüthrich, B./Amstutz, J./Fritze, A. (Hrsg.): Soziale Versorgung zukunftsfähig gestalten. Springer VS, Wiesbaden, S. 193–203.

Scherr, A. (2001): Soziale Arbeit und die nicht beliebige Konstruktion sozialer Probleme in der funktional differenzierten Gesellschaft. Soziale Probleme 12(1/2), S. 73–94. – https://nbn-resolving.org/urn:nbn:de:0168-ssoar-248386 (letzter Zugriff: 27.2.2019)

Schröder, A. (2018): Soziale Innovation Weltweit: Ergebnisse des Global Mapping im Projekz SI-Drive. In: Franz, H.-W./Kaletka, C. (Hrsg.): Soziale Innovationen lokal gestalten. Springer VS, Wiesbaden, S. 21–40.

Schubert, K./Hegelich, S./Bazant, U. (Hrsg.) (2008): Europäische Wohlfahrtssysteme. Ein Handbuch. Springer VS, Wiesbaden.

Schumpeter, J. A. (1912): Theorie der wirtschaftlichen Entwicklung. Eine Untersuchung über Unternehmergewinn, Kapital, Kredit, Zins und den Konjunkturzyklus. Duncker & Humblot, Berlin.

Schwarzer, U. (2015): Soziale Innovation – die Gestaltungskraft bürgerschaftlichen Engagements. In: Moos, G./Peters, A. (Hrsg.): Innovationsmanagement in der Sozialwirtschaft. Nomos, Baden-Baden, S. 167–181.

Shin, C. (2016): A conceptual approach to the relationship between the social economy, social welfare, and social innovation. In: Journal of Science and Technology Policy Management 7/2, S. 154–172.

Stutz, H./Knupfer, C. (2012): Absicherung unbezahlter Care-Arbeit von Frauen und Männern. Anpassungsbedarf des Sozialstaats in Zeiten sich ändernder Arbeitsteilung. Eidgenössisches Büro für die Gleichstellung von Frau und Mann, Bern.

Thiersch, H. (2002a): Positionsbestimmungen der Sozialen Arbeit. Gesellschaftspolitik, Theorie und Ausbildung. Juventa, Weinheim.

Thiersch, H. (2002b): Der Beitrag der Sozialen Arbeit für die Gestaltung des Sozialen. Ein Resümee. In: Lange, D./Fritz, K. (Hrsg.): Soziale Fragen – soziale Antworten: die Verantwortung der Sozialen Arbeit für die Gestaltung des Sozialen. Verhandlungen des 3. Bundeskongresses Soziale Arbeit. Luchterhand, Neuwied, S. 12–21.

van Wijk, J./Zietsma, C./Dorado, S./de Bakker, F./Marti, I. (2018): Social Innovation: Integrating Micro, Meso and Makro Level Insights from Institutional Theory. In: Business & Society 58/5, S. 887–918. – https://journals.sagepub.com/doi/pdf/10.1177/0007650318789104 (letzter Zugriff: 04.07.2019)

Walz, R. (2019): Soziale Innovation: Treiber, Auswirkungen, Förderung. In: Bulletin der Schweizerischen Akademie der Geistes- und Sozialwissenschaften SAGW 1/2019, S. 40–41. – https://sagw.ch/fileadmin/redaktion_sagw/dokumente/Publikationen/Bulletin/SAGW_Bulletin_19_1_online.pdf (letzter Zugriff: 30.06.2019)

Westley, F. (2018): Social innovation and resilient societies. In: Howaldt, J./Kaletka, C./Schröder, A./Zirngiebel, M. (Hrsg.): Atlas of Social Innovation. Sozialforschungsstelle TU Dortmund, Dortmund, S. 21–25.

Westley, F./Antadze, N. (2010): Making a Difference: Strategies for Scaling Social Innovation for Greater Impact. In: The Innovation Journal: The Public Sector Innovation Journal, 15 (2). – www.innovation.cc/scholarly-style/2010_15_2_2_westley-antadze_social-innovate.pdf (letzter Zugriff: 03.01.2019)

Westley, F./Tjörnbo, O./Schultz, L./Olsson, P./Folke, C./Crona, B./Bodin, Ö. (2013): A Theory of Transformative Agency in Linked Social-Ecological Systems. In: Ecology and Society 18/3. – www.ecologyandsociety.org/vol18/iss3/art27 (letzter Zugriff: 29.06.2019)

Prof. Anne Parpan-Blaser ist Professorin am Institut Integration und Partizipation der Hochschule für Soziale Arbeit FHNW in Olten/CH und Lehrbeauftragte an der Akademie für Sozialmanagement ASOM in Wien. Neben diversen Forschungs- und Entwicklungsvorhaben zum Thema Soziale Innovation widmet sie sich in Lehre, Forschung und Dienstleitung den Themen Partizipation, Leichte Sprache und kooperative Prozessgestaltung. Anne Parpan-Blaser ist diplomierte Sozialarbeiterin und hat 2011 zu Innovation in der Sozialen Arbeit promoviert.

2.7 Zwischen zwei Welten: Virtual Reality in der Sozialen Arbeit – Einblicke, Herausforderungen und Impulse für den professionellen Einsatz
Michael Garkisch

2.7.1 Einleitung: Digitalisierung in der Sozialen Arbeit und Virtual Reality

Digitalisierung wird derzeit in der gesellschaftlichen und medialen Diskussion viel Aufmerksamkeit geschenkt (Kröhling 2017; Kreidenweis 2018b). Auch im Kontext der praktischen Sozialen Arbeit und in der Forschung gerät das Thema der Digitalisierung vermehrt in den Fokus (Garkisch 2017; Chan/Holosko 2016; Kreidenweis 2018a; Brandl/Ehrenmüller 2019). Dies ist von zentraler Bedeutung, da es nicht nur Aufgabe der Sozialen Arbeit ist, auf veränderte Lebenswelten zu reagieren, sondern zugleich neue Hilfeformen zu etablieren (Trahan et al. 2019b). Diese reichen z. B. von Apps, Online-Hilfeforen, sozialen Medien bis hin zum Einsatz von virtuellen Technologien (Garkisch 2017). Analog ändert sich hierdurch in vielen Fällen auch die praktische, pädagogische Arbeit in der Sozialen Arbeit durch Digitalisierung (Alfert 2015). Dieser Beitrag setzt den Schwerpunkt auf Virtual Technology (kurz: VR) und wird anhand einer wissenschaftlichen Literaturanalyse zentrale Entwicklungen und Herausforderungen aufzeigen sowie Ansatzpunkt für den professionellen Einsatz geben.

Zunächst ist zu klären, was grundsätzlich unter Virtual Reality verstanden wird.

Definitionen von VR sind sehr vielfältig (Steuer 1992). Übereinkunft herrscht aber darüber, dass es sich um ein technisches System handelt, das verschiedene Elemente miteinander kombiniert: Mittels eine Computers als Endgerät und diversen Sensoren oder Trackern beim Nutzern wird eine Echtzeit-Animation ermöglicht (Steuer 1992; Riva 2005). Durch eine Mensch-Computer-Interaktion entsteht so möglichst realitätsnah eine virtuelle Umgebung, in welche der Nutzer sprichwörtlich „eintauchen" kann (Schultheis/Rizzo 2001). VR hat dabei viele Bezeichnungen wie z. B. Mixed Reality, 360°-Video (Trahan et al. 2019a).

2.7.2 Der wissenschaftliche Ausgangspunkt: Systematische Literaturanalyse

Grundsätzlich ist über die letzten Jahre eine steigende Anzahl an Publikationen zu verzeichnen, die sich mit VR in der Sozialen Arbeit beschäftigen (Trahan et al. 2019a). Bis dato findet sich aber keine wissenschaftliche Publikation, die einen systematischen Forschungs-überblick über VR in der Sozialen Arbeit gibt. Diese Lücke soll der vorliegende Buchbeitrag schließen und anhand der Forschungs-methode Systematische Literaturanalyse (Tranfield et al. 2003) einen strukturierten Einblick in das Forschungsfeld geben. Dabei orientiert sich dieser Beitrag an bereits erschienenen Literaturanalysen aus der Sozialen Arbeit und der Managementforschung (Chan/Holosko 2016; Fraser et al. 2018; Garkisch et al. 2017). Folgende Forschungsfragen stehen im Mittelpunkt:

- Wie hat sich die VR-Forschung im Feld Soziale Arbeit in den letzten Jahren entwickelt?

- In welchen Bereichen werden VR-Angebote eingesetzt und was ist hierbei zu beachten?

- Welcher weitere Forschungsbedarf und Lücken lassen sich aus der Literatur erkennen?

Um diese Forschungsfragen zu beantworten, wurden zunächst einmal fünf themenspezifische[45] sowie vier sektorenspezifische[46] Suchwörter gebildet. Diese wurden dann miteinander verknüpft und in

---

[45] „Virtual reality"; VR; „augmented reality"; „mixed reality"; „virtual technologies"

[46] „Social Work"; „social services"; „social care"; „human services"

insgesamt vier Suchwortserien[47] verbunden. Mithilfe dieser vier Suchwortserien wurde in insgesamt vier Datenbanken[48] eine Suche nach Publikationen unternommen. Im Anschluss daran fand ein kurzes Screening des Abstracts nach Einbezugskriterien statt. Nach positiver Bewertung wurde jeweils der gesamten Artikel einer qualitativen Inhaltsanalyse unterzogen (Mayring 2015; Gläser/Laudel 2010).

2.7.3 Kurz-Einblicke zu Virtual Reality in der Sozialen Arbeit und Anwendungsbereiche

Bereits im Jahr 1997 diskutierte Kreuger in seinem Artikel ‚The End of Social Work' die steigende Bedeutung von Technologien für den Einsatz in der Sozialen Arbeit. Ebenso fanden vor über 20 Jahren VR-Angebote Einzug in die Soziale Arbeit und fokussierten sich auf den Bereich der einfachen Phobien. Seither wurden vielfältige VR-Angebote entwickelt (Trahan et al. 2019a).

Im Zeitraum zwischen 2004 und 2018 konnten im Rahmen dieser Literaturanalyse insgesamt 38 Publikationen ausgemacht werden. Dabei zeigt sich insbesondere zwischen den Zeitraum 2012 und 2018 eine deutliche Zunahme der Publikationen. Die drei Schwerpunkt-Journals im Sample sind Research on Social Work Practice (vier Publikationen); Journal of Technology in Human Services (drei Publikationen) und Social Work Education (drei Publikationen).

Aus den 38 Artikeln lassen sich nach der qualitativen Inhaltsanalyse (Gläser/Laudel 2010; Mayring 2015) vier thematische Schwerpunkte zum Thema VR in der Sozialen Arbeit ableiten (Abbildung 20), welche nachfolgend ausführlich dargestellt werden.

---

[47] Z. B. „Virtual Reality" AND („social work" OR „social services" OR „social care" OR „human service")
[48] PsychInfo; Scopus; Social Service Abstracts; PubMed

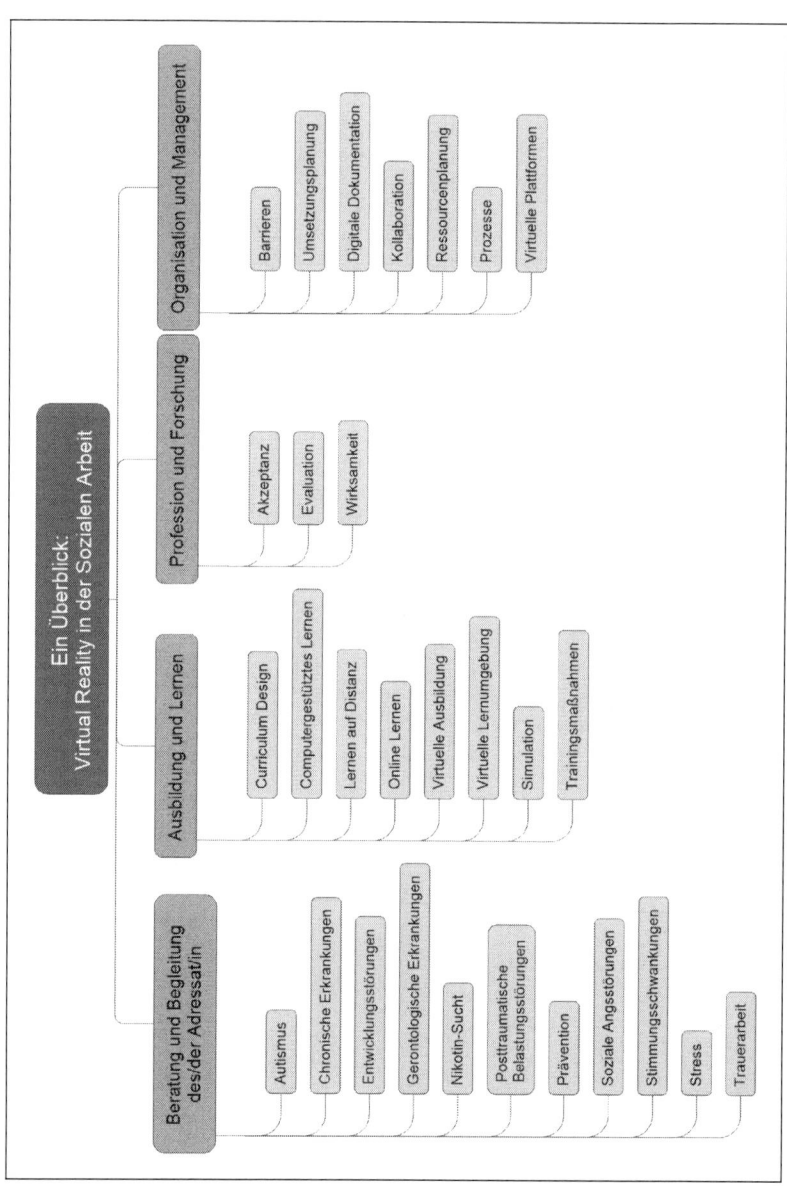

Abbildung 20: Thematische Vielfalt der Publikationen zum Thema Virtual Reality und Soziale Arbeit

2.7.3.1 Beratung und Begleitung

Bei Veröffentlichungen im Kontext von Beratung und Begleitung stehen die Angebote für Adressat/innen und die Bereiche im Mittelpunkt, in welchen VR-Angebote eingesetzt werden. Ein Schwerpunkt kommt aus dem Bereich der Nikotin-Sucht (Bordnick et al. 2005; Bordnick et al. 2012; Bordnick et al. 2013; Kaganoff et al. 2012; Thompson-Lake et al. 2015). VR findet darüber hinaus aber auch Anwendung bei gerontologischen Erkrankungen wie z. B. Demenz (Blackmann et al. 2007; Damianakis et al. 2008). Beispielsweise ist es möglich, mit VR-Anwendungen ein Umfeld für demenzfreundliche Spazierwege zu entwickeln und entsprechende Anpassungen vorzunehmen (Blackmann et al. 2007). Auch im Kontext von Autismus findet VR Anwendung (Burke et al. 2018; Smith et al. 2017). So wird VR z. B. im Kontext von Jobinterviews eingesetzt, um an Autismus erkrankten Jugendlichen die Jobchancen zu verbessern (Smith et al. 2017). Weitere Anwendungsbereiche sind chronische Erkrankungen (Damianakis et al. 2008); Stress (Shah et al. 2015) und posttraumatische Belastungsstörungen (Freedman et al. 2015; Haaken/Stadick 2016). Weitere Bereiche können der Aufzählung in der Abbildung 20 entnommen werden.

2.7.3.2 Ausbildung und Lernen

Mit dem Einsatz von Virtual Technology in der Ausbildung von Sozialarbeiter/innen wird grundsätzlich großes Potenzial verbunden (Smokowski/Hartung 2003; Martin 2017). So richten zahlreiche Publikationen ihren Fokus auf VR-Anwendungen im Kontext von Ausbildung und Lernen (Chan et al. 2008; Maidment 2005; Pickering et al. 2018; Quinney et al. 2008; West 2008). Zugleich werden auch die Herausforderungen im Kontext virtuelles Lernen (Maidment 2005; Wilson et al. 2013; Muñoz-Cristóbal et al. 2018) und Lernen auf Distanz diskutiert (Reinsmith-Jones et al. 2015; Vernon et al. 2009). Hierfür ist eine enge Vernetzung von Präsenz- und Virtueller Lehre erforderlich (Muñoz-Cristóbal et al. 2018), welche unter anderem durch regelmäßige Treffen oder einen Austausch über E-Mail und Foren sichergestellt werden kann (Waldman/Rafferty 2006). Um eine Verzahnung zu erreichen, sind auch Curricula entsprechend (neu) zu gestalten (Anstadt et al. 2016).

2.7.3.3 Profession und Forschung

Die Forschung zu VR konzentriert sich heute in vielen Fällen auf die Untersuchung der Wirksamkeit der eingesetzten Anwendungen (Trahan et al. 2017; Anstadt et al. 2016; Damianakis et al. 2008). Studien in der Betreuung von chronisch Kranken zeigen, dass Therapeut/innen die virtuelle Gruppeninteraktion mit den Adressat/innen insgesamt vergleichbar mit denen derer in der Präsenzgruppe in Real-Life erachten (Damianakis et al. 2008). Durch kollaborative Forschung und Partnerschaften können nicht nur neue Ideen entwickelt, sondern auch entsprechende Kompetenzen interdisziplinär genutzt werden (Lewis et al. 2010; Riva 2005).

2.7.3.4 Organisation und Management

Kollaborative Zusammenarbeit ist ebenfalls von Bedeutung (Quinney et al. 2008; Lewis et al. 2010; Parker-Oliver/Demiris 2006), da hierdurch Best-Practice-Beispiele ausgetauscht werden (Lewis et al. 2010). In punkto VR und Soziale Arbeit ist z. B. auch eine interdisziplinäre Zusammenarbeit mit der Informatik möglich (Parker-Oliver/Demiris 2006). In diesem Kontext können auch die virtuellen Plattformen ihre Erwähnung finden (Anstadt et al. 2016; Knowles et al. 2017): So ist z. B. NeuroVirtual 3D eine Plattform, die es ermöglicht, VR-Angebote im Bereich Neurorehabilitation und bei psychologischen Erkrankungen vollständig zu planen, zu entwickeln und auch umzusetzen (Cipresso et al. 2016). Aber auch die digitale Dokumentation gewinnt an Bedeutung (Daly/Ballantyne 2009).

2.7.4 Herausforderungen

Barrieren und Hindernisse im Kontext von VR und Sozialer Arbeit gibt es viele, die es zu überwinden gilt (Lewis et al. 2010; Maidment 2005; Parker-Oliver/Demiris 2006; Pickering et al. 2018; Martin 2017). Diese entstehen im Wesentlichen dadurch, dass Soziale Arbeit seit jeher vom direkten, persönliche Interaktion mit dem Adressaten geprägt ist (Parker-Oliver/Demiris 2006). Einige dieser Herausforderungen (Abbildung 21) sollen nachfolgend exemplarisch näher betrachtet werden.

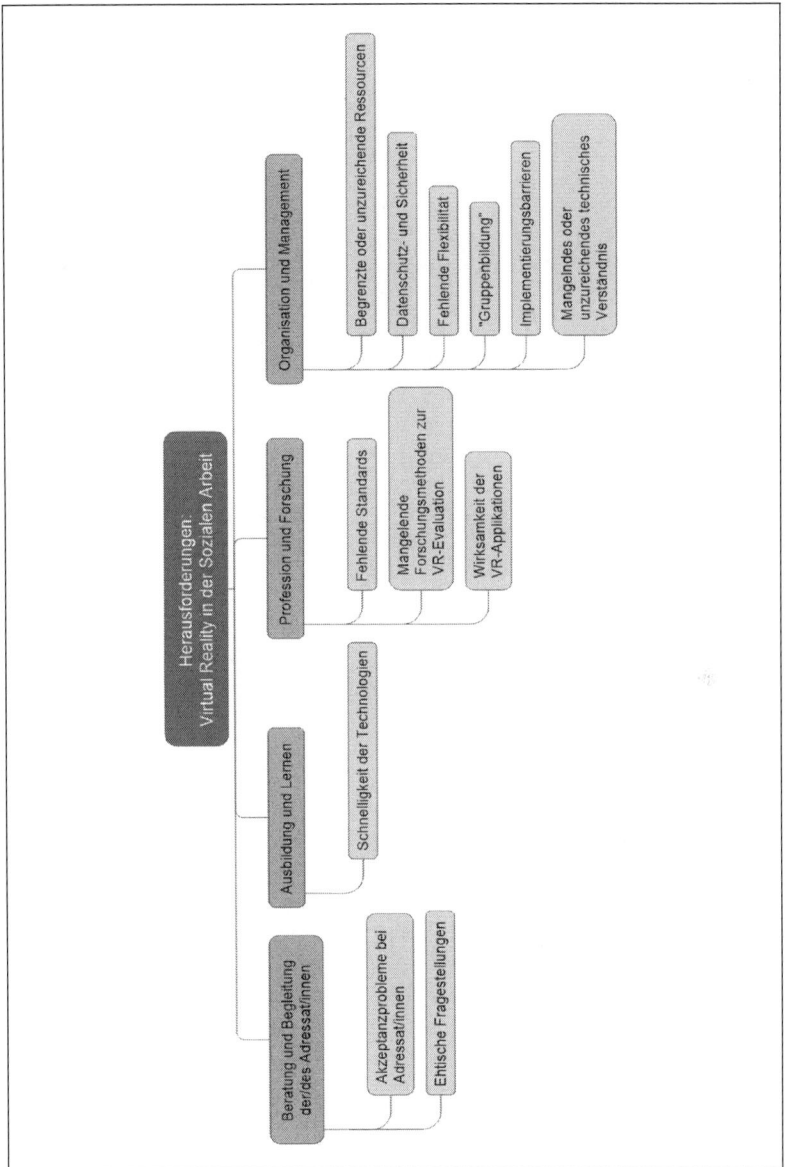

Abbildung 21: Herausforderungen beim Einsatz von Virtual Reality in der Sozialen Arbeit

2.7.4.1 Beratung und Begleitung

Auf dieser Ebene sind die Akzeptanzprobleme seitens der Adressat/innen hervorzuheben (Trahan et al. 2019b; Parker-Oliver/Demiris 2006), wie auch der Datenschutz und die Datensicherheit hervorzuheben (Muñoz-Cristóbal et al. 2018). Ebenfalls zu erwähnen sind die ethischen Fragestellungen des Einsatzes von VR in der Sozialen Arbeit (Trahan et al. 2017).

2.7.4.2 Ausbildung und Lernen

In diesem Kontext ist der schnelle technologische Wandel anzuführen, auf welchen es stetig mit angepassten oder neuen Ausbildungskonzepten zu reagieren gilt (Lewis et al. 2010).

2.7.4.3 Profession und Forschung

Beim Einsatz von VR-Technologien in der Sozialen Arbeit fehlen in vielen Fällen Standards und Leitlinien, an welchen man sich orientieren könnte (Muñoz-Cristóbal et al. 2018).

2.7.4.4 Organisation und Management

Zunächst einmal gilt es, den Akzeptanzproblemen und dem mangelnden Verständnis von digitalen Technologien von Sozialarbeiter/innen zu begegnen (Franklin/Swan 2015; Parker-Oliver/Demiris 2006; Pickering et al. 2018; Garrett 2005; Waldman/Rafferty 2006; Trahan et al. 2019a). Insbesondere auch im Kontext der digitalen Bildung ist es essenziell, dass ein ausreichendes technisches Verständnis vorhanden ist oder aufgebaut werden kann (Waldman/Rafferty 2006). Auch an die begrenzten oder unzureichenden Ressourcen sollte gedacht werden (Muñoz-Cristóbal et al. 2018; Vernon et al. 2009), wobei hierbei auch insbesondere die technischen Ressourcen (z. B. Breitbandanbindung) berücksichtigt werden müssen (Vernon et al. 2009). Darüber hinaus gibt es zahlreiche Implementierungsbarrieren zu beachten (Pickering et al. 2018). Bei der Implementierung zeigt sich in vielen Fällen eine „Grüppchenbildung", dass Personen sich entweder deutlich für oder gegen den Einsatz von Technologien in der Sozialen Arbeit einsetzen (Maidment 2005). Auch sind Organisationen und das Management in manchen Bereichen nicht sehr flexibel. So bleibt es auch oft aus, dass einfach mal ausprobiert wird (Washburn et al. 2016).

2.7.5 Praktische Implikationen: Empfehlungen für den praktischen Einsatz von VR in der Sozialen Arbeit

In diesem Abschnitt werden anhand der vier thematischen Schwerpunkte praktische Implikationen abgeleitet, welche aus der Abbildung 22 und den nachfolgenden Ausführungen zu entnehmen sind.

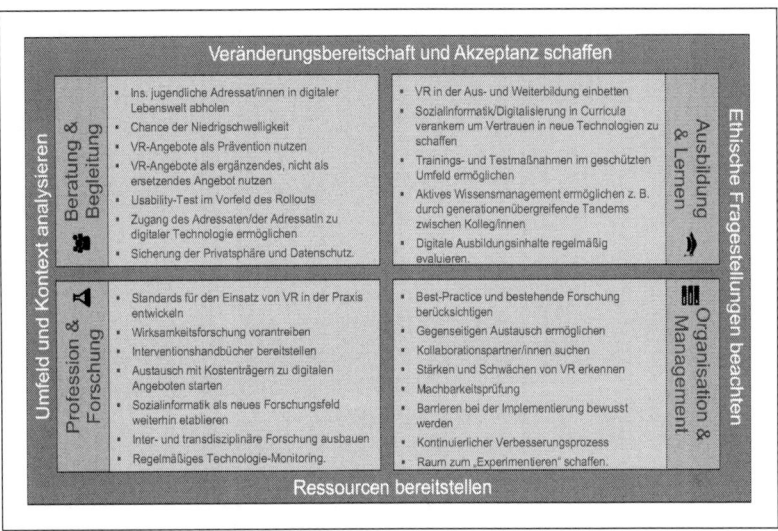

Abbildung 22: Übersicht über die praktischen Implikationen

2.7.5.1 Rahmenbedingungen

- **Veränderungsbereitschaft und Akzeptanz schaffen**: Veränderungsbereitschaft und Akzeptanz bei allen Beteiligten sollten grundsätzlich erstmals gegeben sein (Garrett 2005; Damianakis et al. 2008; Lewis et al. 2010; Muñoz-Cristóbal et al. 2018). Aufseiten der Sozialarbeiter/innen geht es um das grundsätzliche Wissen und die Bereitschaft, wohingegen der Adressat auch in Real-Life entsprechend bei der digitalen VR-Intervention begleitet werden muss (Damianakis et al. 2008). Dabei geht es auch darum, das veränderte Umfeld zu analysieren (Garrett 2005), aber auch, eine Unternehmenskultur zu schaffen, die offen ist für Neues, zugleich aber auch Raum für Reflexion und gemeinsames Lernen ermöglicht (Lewis et al. 2010).

- **Ressourcen bereitstellen:** Entsprechende Ressourcen werden beim Einsatz von VR-Angeboten benötigt (Wilson et al. 2013; Freedman et al. 2015; Knowles et al. 2017; Davis/Goodman 2014; Martin 2017; Pickering et al. 2018). Dabei dürfen die Kosten von VR-Angeboten nicht außer Acht gelassen werden, wenngleich die Kosten für VR-Endgeräte erschwinglicher geworden sind (Freedman et al. 2015). Aus Sicht der Organisation müssen auch die Kosten für die Programmierung und die Plattformnutzung von VR-Applikationen berücksichtigt werden (Knowles et al. 2017). Ebenfalls müssen die technischen Ressourcen und die Hardware vorhanden sein (Martin 2017; Pickering et al. 2018), sonst würde die Datenauswertung und Kommunikation untereinander erschwert, was wiederum Frustration bei den Beteiligten auslösen kann (Pickering et al. 2018).

- **Umfeld und Kontext analysieren**: Potenzial für die jeweilige Umsetzung muss mit Hinblick auf den jeweiligen Kontext immer überprüft werden (Anstadt et al. 2011; Lewis et al. 2010). Dabei gilt es ebenfalls, ethische Fragestellungen bei der Anwendung ausführliche Betrachtung zu schenken (Trahan et al. 2017). Existierende Studien über die Wirksamkeit (Kaganoff et al. 2012) oder Best-Practice-Beispiele (Lewis et al. 2010) können entsprechend hilfreich sein. Hinzu kommt, dass sich Technologien auch permanent weiterentwickeln und es essenziell ist, entsprechende Neuerungen immer zu beobachten (Lewis et al. 2010).

2.7.5.2 Beratung und Begleitung

Grundsätzlich bieten die VR-Angebote Chancen der Niedrigschwelligkeit (Freedman et al. 2015; Haaken/Stadick 2016; Parker-Oliver/emiris 2006). So können VR-Angebote bereits präventiv als internetbasierte Frühintervention eingesetzt werden (Freedman et al. 2015). VR sollte dabei immer als ergänzende, aber nicht als ersetzende Methode gesehen werden (West 2008; Franklin/Swan 2015; Chan et al. 2008; Freedman et al. 2015; Riva 2005). So ist im Setting von Beratung darauf zu achten, dass stets die virtuelle Umgebung mit der realen Umgebung/dem realen Leben verknüpft wird (Franklin/Swan 2015).

Insbesondere auch für Jugendliche ist VR geeignet, da man sie mit diesen Angeboten in ihrer bestehenden, digitalen Lebenswelt abholt

(Parker-Oliver/Demiris 2006). Wichtig zugleich ist aber dennoch, dass die Privatsphäre des Adressaten/der Adressatin zu jeder Zeit gesichert ist (Knowles et al. 2017).

Die sich stetig veränderte Lebens- und Lernwelt der Adressat/innen im Kontext der Digitalisierung gilt es zu analysieren und genau zu verstehen (Vernon et al. 2009; Waldman/Rafferty 2006; Trahan et al. 2019b). Dafür ist es auch entscheidend, den Zugang der Adressat/innen zu digitalen Technologien zu ermöglichen, sodass keine Exklusion entsteht (Trahan et al. 2019b; Freedman et al. 2015). Zahlreiche Studien bestätigen, dass viele Adressat/innen auch im digitalen Bereich aktiv sind. Insbesondere bei Jugendlichen zeigt sich, dass nicht nur 99 % ein Smartphone nutzen, sondern zugleich auch die Nutzung von Streaming-Diensten wie Spotify oder Netflix deutlich zugenommen haben (MPFS 2018). Trotz Zunahme von digitalen Angeboten muss aber auch der digitalen Spaltung Rechnung getragen werden (Trahan et al. 2017). So sollte an die Zugänglichkeit von VR-Technologien bei den Adressat/innen gedacht werden (Trahan et al. 2019b), da nicht nur die Anschaffung, sondern auch die Nutzung von VR-Angeboten Kosten verursachen (Trahan et al. 2017; Freedman et al. 2015).

2.7.5.3 Ausbildung und Lernen

VR sollte als Inhalt in der Ausbildung von Sozialarbeiter/innen mit betrachtet werden (Wilson et al. 2013; West 2008; Chan et al. 2008; Pickering et al. 2018). Dabei ist auch darauf zu achten, dass digitale Angebote bereits in Lehrplänen und Curricula zu verankern sind. So kann es gelingen, bereits frühzeitig für die Akzeptanz bei Sozialarbeiter/innen zu werben (Trahan et al. 2019b), um auch die Angst vor dem Einsatz der Technologien zu nehmen (Lewis et al. 2010). Ferner braucht es gezielte Trainingsmaßnahmen für Sozialarbeiter/innen, bei welchen im geschützten Umfeld getestet und der Einsatz reflektiert werden kann (Martin 2017; Damianakis et al. 2008; Davis/Goodman 2014; Pickering et al. 2018; Quinney et al. 2008). Hier ist jeweils auf das unterschiedliche Vorwissen von Sozialarbeiter/innen zu achten (Quinney et al. 2008). Beispielsweise können Zertifikatslehrgänge an Hochschulen stattfinden (Trahan et al. 2019b). Auch ist es hierdurch möglich, die technologischen Barrieren gezielt abzubauen (Damianakis et al. 2008). Mit der Anwendung kehrt auch die zunehmende Praxis ein: So können Tandems zwischen Kolleg/innen gebildet werden, um sich gegenseitig bei der Anwendung zu unterstützen (Davis/Goodman 2014).

Wichtig erscheint, die Nutzung von VR-Ausbildungsinhalten in der Sozialen Arbeit zu erhöhen, aber die Dozent-Teilnehmer-Interaktion nicht zu ersetzen, da diese weiterhin unerlässlich bleiben wird (Chan et al. 2008).

Ebenfalls sollte daran gedacht werden, Sozialinformatik als Element in der Ausbildung der Sozialen Arbeit zu integrieren bzw. als eigenständiges Fachgebiet weiter auszubauen (Parker-Oliver/Demiris 2006).

2.7.5.4 Profession und Forschung

Standards und Leitlinien für den Einsatz von VR-Technologien sind zu entwickeln (Damianakis et al. 2008; Maidment 2005; Muñoz-Cristóbal et al. 2018). Sozialarbeiter/innen, die VR-Applikationen in ihrer praktischen Arbeit einsetzen, sollten nicht nur geschult sein, sondern die Anwendung in wöchentlichen Supervisionen reflektieren (Damianakis et al. 2008). Ebenfalls sollten Anwender ein Interventionshandbuch bereitgestellt bekommen (Damianakis et al. 2008; Muñoz-Cristóbal et al. 2018). Darüber hinaus können bei der Entwicklung von Standards die nationalen und internationalen Verbände und Vereinigungen der Sozialen Arbeit mitwirken (Maidment 2005). Auch bedarf es für den Einsatz von VR in der Ausbildung von Sozialarbeiter/innen Standards (Muñoz-Cristóbal et al. 2018). Zeitnah sollte ebenfalls ein Austausch mit den Kostenträgern über digitale Angebote gestartet werden (Garrett 2005; Pickering et al. 2018). Hierfür ist es empfehlenswert, frühzeitig auf Kostenträger zuzugehen, um zu informieren und Unterstützung zu bekommen oder Modellprojekte zu initiieren (Pickering et al. 2018).

2.7.5.5 Organisation und Management

Die Planung um Umsetzung von VR muss gemanagt werden (Lewis et al. 2010; Freedman et al. 2015; Garrett 2005; Martin 2017; Pickering et al. 2018). Hierfür braucht es zunächst einmal ein Umfeld, das es ermöglicht, Informationen auszutauschen. Darüber hinaus braucht nicht selbst entwickelt und umgesetzt werden, sondern es ist auch empfehlenswert, Partner für eine Kollaboration (z. B. Universitäten/Hochschulen) mit ins Boot zu holen (Lewis et al. 2010; Quinney et al. 2008). Ferner gilt es, Stärken und Schwächen der jeweiligen VR-Intervention zu erkennen (Freedman et al. 2015; Garrett 2005). Dazu gehört ggf. auch eine Machbarkeitsprüfung im Vorfeld durchzuführen (Washburn et al. 2016). Hierzu können Usability-Tests bzw. die Erstellung und Test von Prototypen im Vorfeld der Entstehung hilfreich sein (West 2008). Dabei gilt es auch bereits auf mögliche Einschränkungen des Einsatzes von VR-Technologien zu achten (Blackmann et al. 2007).

Hinzu kommt, sich der Barrieren bei der Implementierung/Umsetzung bewusst zu werden (Lewis et al. 2010; Pickering et al. 2018). So gilt es, Ängste und Bedenken des Personals frühzeitig und mit der nötigen Sensibilität zu erkennen (Lewis et al. 2010). Dabei zeigen Forschungsergebnisse, dass anfängliche Vorbehalte seitens Sozialarbeiter/innen in vielen Fällen im Laufe der Intervention erfolgreich abgebaut werden können (Pickering et al. 2018). Sind VR-Angebote einmal umgesetzt, gilt es, im Rahmen eines kontinuierlichen Verbesserungsprozesses den Sachstand regelmäßig zu überprüfen (Lewis et al. 2010; Martin 2017; Pickering et al. 2018)

2.7.6 Limitationen und weitere Forschung

2.7.6.1 Limitationen

Natürlich hat eine wissenschaftliche Methode auch ihre Limitationen. So ist zunächst einmal zu erwähnen, dass die Nutzung der Key-Words und Datenbanken entscheidend ist. Nachdem die Key-Words aus dem Englischen kommen, wurden entsprechend auch nur englische Publikationen einbezogen. Auch der Zeitraum bei der Suche (2003 bis 2019) grenzt die Ergebnisse ein, wurde aber schon so gewählt, dass entsprechend viele Publikationen mit einbezogen werden konnten.

2.7.6.2 Weitere Forschung

Wenngleich eine Zunahme an Studienergebnissen über den betrachteten Zeitraum zu verzeichnen ist (Waldman/ Rafferty 2006; Shah et al. 2015), fehlt es dennoch an ausreichender Forschung zur VR in der Sozialen Arbeit (Anstadt et al. 2011; Parker-Oliver/Demiris 2006). Ein aktives Auseinandersetzen in der Forschung mit den praktischen Fragen der Anwendung ist unumgänglich (Martin 2017). Folgende Punkte (Abbildung 23) können Ansatz für weitere Forschung in diesem Themenfeld sein:

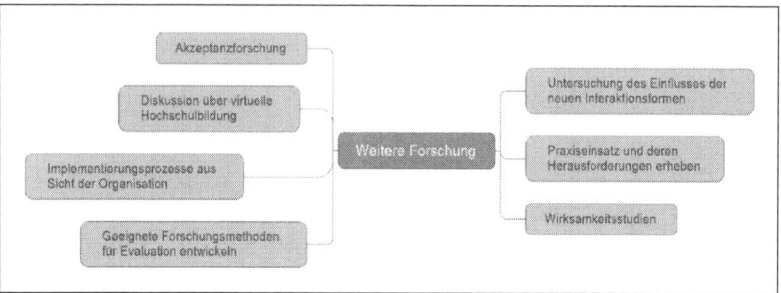

Abbildung 23: Übersicht über weitere Forschung

Grundsätzlich ist die Forschung zum Thema Akzeptanz auszubauen, sowohl aufseiten der Adressat/innen als auch bei den Sozialarbeiter/innen (Franklin/Swan 2015; Freedman et al. 2015). Eng damit verbunden sind auch die Herausforderungen des Einsatzes von VR in der Praxis zu analysieren (Parker-Oliver/emiris 2006). Nicht außer Acht gelassen werden sollte auch der Prozess des Einsatzes von VR-Angeboten, von der Idee bis zur Implementierung. Dieser sollte weiter erforscht werden (Damianakis et al. 2008).

Soziale Arbeit als Disziplin muss sich mehr an der Diskussion über virtuelle Hochschulbildung beteiligen (Maidment 2005; Martin 2017; Pickering et al. 2018). So gilt es insbesondere in Erfahrung zu bringen, welche Ausbildungsinhalte in digitaler Form vonstattengehen können und Informationen darüber zu sammeln, wie die Lernerfahrung der Teilnehmer/innen stetig verbessert werden kann (Martin 2017).

Auch untersucht werden muss der Einfluss der neuen Art der Interaktion, der durch VR entsteht (Anstadt et al. 2011; Damianakis et al. 2008). So kann z. B. betrachtet werden, wie sich VR-Angebote auf traditionelle Gruppenprozesse im Real Life-Beratungssetting auswirken (Damianakis et al. 2008)

Grundsätzlich scheint insbesondere im Kontext von digitalen Anwendungen wie VR die Wirksamkeit im Mittelpunkt zu stehen. Diese gilt es weiter zu evaluieren (Thompson-Lake et al. 2015; Smith et al. 2017; Shah et al. 2015; Freedman et al. 2015; Parker-Oliver/Demiris 2006). Hierzu zählt ebenfalls, dass es wiederum geeignete Forschungsmethoden benötigt, um die Wirksamkeit von digitalen VR-Interventionen zu untersuchen (Parker-Oliver/Demiris 2006).

2.7.7 Zusammenfassung und Fazit

Der vorliegende Buchbeitrag versucht, die aktuelle Forschung zum Thema VR und Soziale Arbeit aufzuzeigen anhand einer systematischen Literaturanalyse. Dabei zeigt sich, dass es international schon zahlreiche Veröffentlichungen gibt, die über die letzten Jahre auch zugenommen haben. Ebenfalls wird deutlich, dass es keine rein theoretische, wissenschaftliche Diskussion mehr ist, sondern bereits ihren Niederschlag in zahlreichen sozialpädagogischen Anwendungsfeldern vom Nikotin-Suchtberatung bis hin zu posttraumatischen Belastungsstörungen findet. Dafür gibt es nicht nur erste Indizien, sondern auch zahlreiche Studien und Anwendungsbereiche, welche die Wirksamkeit aufzeigen. Die Diskussion findet aber überwiegend in der englischsprachigen Literatur statt. Für die praktische Anwendung kann dieser Beitrag ebenfalls zahlreiche Impulse, von der Schulung der Mitarbeiter/innen, Ressourcenbereitstellung bis zur Entwicklung, Testung und Implementierung von VR in der sozialpädagogischen Praxis, geben. Dieser Beitrag möchte Mut machen, die internationale Literatur zu erkennen und Impulse für die praktische Anwendung aufzuzeigen.

2.7.8 Literatur-/Quellenverzeichnis

Alfert, N. (2015): Facebook in der Sozialen Arbeit. Aktuelle Herausforderungen und Unterstützungsbedarfe für eine professionelle Nutzung. Zugl.: Münster, Univ., Diss.. Wiesbaden: Springer VS, Wiesbaden.

Anstadt, S. P./Bruster, B./Girimurugan, S. B. (2016): Using virtual world simulators (Second Life) in social work course assignments. In: IJLT 11 (1), S. 66.

Anstadt, S./Burnette, A./Bradley, S. (2011): Towards a Research Agenda for Social Work Practice in Virtual Worlds. In: ASW 12 (2), S. 289–300.

Blackmann, T./van Schaick, P./Martyr, A. (2007): Outdoor environments for people with dementia: an exploratory study using virtual reality. In: Ageing and Society 27 (6), S. 811–825.

Bordnick, P. S./Graap, K. M./Copp, H. L./Brooks, J./Ferrer, M. (2005): Virtual reality cue reactivity assessment in cigarette smokers. In: Cyberpsychology & behavior: the impact of the Internet, multimedia and virtual reality on behavior and society 8 (5), S. 487–492.

Bordnick, P. S./Traylor, A. C./Carter, B. L./Graap, K. M. (2012): A Feasibility Study of Virtual Reality-Based Coping Skills Training for Nicotine Dependence. In: Research on Social Work Practice 22 (3), S. 293–300.

Bordnick, P. S./Yoon, J. H./Kaganoff, E./Carter, B. (2013): Virtual Reality Cue Reactivity Assessment. In: Research on Social Work Practice 23 (4), S. 419–425.

Brandl, P./Ehrenmüller, I. (2019): pQMS extended: Neues Qualitätsmanagementsystem für die Langzeitpflege. Prozessbasiert – erweiterbar – effizienzsteigernd. Walhalla Fachverlag, Regensburg.

Burke, S. L./Bresnahan, T./Li, T./Epnere, K./Rizzo, A./Partin, M. et al. (2018): Using Virtual Interactive Training Agents (ViTA) with Adults with Autism and Other Developmental Disabilities. In: Journal of autism and developmental disorders 48 (3), S. 905–912.

Chan, C. C./Tsui, M./Chan, M. Y. C./Hong, J. H. (2008): A Virtual Learning Environment for Part-Time MASW Students: An Evaluation of the WebCT. In: Journal of Teaching in Social Work 28 (1–2), S. 87–100.

Chan, C./Holosko, M. J. (2016): A Review of Information and Communication Technology Enhanced Social Work Interventions. In: Research on Social Work Practice 26 (1), S. 88–100.

Cipresso, P./Serino, S./Riva, G. (2016): Psychometric assessment and behavioral experiments using a free virtual reality platform and computational science. In: BMC Med Inform Decis Mak 16 (1), S. 1–11.

Daly, E./Ballantyne, N. (2009): Retelling the Past Using New Technologies: A Case Study into the Digitization of Social Work Heritage Material and the Creation of a Virtual Exhibition. In: Journal of Technology in Human Services 27 (1), S. 44–56.

Damianakis, T./Climans, R./Marziali, E. (2008): Social Workers' Experiences of Virtual Psychotherapeutic Caregivers Groups for Alzheimer's, Parkinson's, Stroke, Frontotemporal Dementia, and Traumatic Brain Injury. In: Social Work with Groups 31 (2), S. 99–116.

Davis, C./Goodman, H. (2014): Virtual Communities of Practice in Social Group Work Education. In: Social Work with Groups 37 (1), S. 85–95.

Franklin, L./ Swan, S. A. (2015): Psychodynamic Treatment of Excessive Virtual Reality Environment Use. In: Clinical Case Studies 14 (6), S. 482–493.

Fraser, M. W./Lombardi, B. M./Wu, S./de Saxe Zerden, L./Richman, E. L./Fraher, E. P. (2018): Integrated Primary Care and Social Work: A Systematic Review. In: Journal of the Society for Social Work and Research 9 (2), S. 175–215.

Freedman, S. A./Dayan, E./Kimelman, Y. B./Weissman, H./Eitan, R. (2015): Early intervention for preventing posttraumatic stress disorder: an Internet-based virtual reality treatment. In: European journal of psychotraumatology 6, S. 25608.

Garkisch, M. (2017): Digitalisierung Soziale Arbeit: Ein Publikationsüberblick mit gestalterischen Impulsen. In: BdW 164 (5), S. 177–180.

Garkisch, M./Heidingsfelder, J./Beckmann, M. (2017): Third Sector Organizations and Migration: A Systematic Literature Review on the Contribution of Third Sector Organizations in View of Flight, Migration and Refugee Crises. In: VOLUNTAS: International Journal of Voluntary and Nonprofit Organizations 28 (5), S. 1839–1880.

Garrett, P. M. (2005): Social work's 'electronic turn': notes on the deployment of information and communication technologies in social work with children and families. In: Critical Social Policy 25 (4), S. 529–553.

Gläser, J./Laudel, G. (2010): Experteninterviews und qualitative Inhaltsanalyse als Instrumente rekonstruierender Untersuchungen. Springer VS, Wiesbaden.

Haaken, J./Stadick, M. (2016): Behind the curtain: Fetishism and the production of virtual reality treatment for PTSD. In: Psychoanal Cult Soc 21 (4), S. 368–385.

Kaganoff, E./Bordnick, P. S./Carter, B. L. (2012): Feasibility of Using Virtual Reality to Assess Nicotine Cue Reactivity During Treatment. In: Research on Social Work Practice 22 (2), S. 159–165.

Knowles, L. M./Stelzer, E.-M./Jovel, K. S./O'Connor, M.-F. (2017): A pilot study of virtual support for grief: Feasibility, acceptability, and preliminary outcomes. In: Computers in Human Behavior 73, S. 650–658.

Kreidenweis, H. (2018a): Digitaler Wandel in der Sozialwirtschaft. Grundlagen – Strategien – Praxis. 1st ed. Baden-Baden: Nomos Verlagsgesellschaft.

Kreidenweis, H. (2018b): Fahrplan für den digitalen Wandel. In: Sozialwirtschaft 28 (6), S. 7–9.

Kreuger, L. W. (1997): The End of Social Work. In: Journal of Social Work Education 33 (1), S. 19–27.

Kröhling, A. (2017): Digitalisierung – Technik für eine nachhaltige Gesellschaft? In: Hildebrandt, A./ Landhäußer, W. (Hrsg.): CSR und Digitalisierung. Der digitale Wandel als Chance und Herausforderung für Wirtschaft und Gesellschaft. Springer Gabler, Berlin, Heidelberg (Management-Reihe Corporate Social Responsibility), S. 23–49. – https://doi.org/10.1007/978-3-662-53202-7_2

Lewis, L. A./Koston, Z./Quartley, M./Adsit, J. (2010): Virtual Communities of Practice: Bridging Research and Practice Using Web 2.0. In: Journal of Educational Technology Systems 39 (2), S. 155–161. DOI: 10.2190/ET.39.2.e.

Maidment, J. (2005): Teaching Social Work Online: Dilemmas and Debates. In: Social Work Education 24 (2), S. 185–195.

Martin, J. (2017): Virtual Worlds and Social Work Education. In: Australian Social Work 70 (2), S. 197–208.

Mayring, P. (2015): Qualitative Inhaltsanalyse. Grundlagen und Techniken. Beltz, Weinheim.

MPFS (2018): JIM-Studie 2018. Stuttgart.

Muñoz-Cristóbal, J. A./Rodríguez-Triana, M. J./Gallego-Lema, V./Arribas-Cubero, H. F./Asensio-Pérez, J. I./Martínez-Monés, A. (2018): Monitoring for Awareness and Reflection in Ubiquitous Learning Environments. In: International Journal of Human–Computer Interaction 34 (2), S. 146–165.

Parker-Oliver, D./Demiris, G. (2006): Social Work Informatics: A New Specialty. In: Social Work 51 (2), S. 127–134.

Pickering, C. E. Z./Ridenour, K./Salaysay, Z./Reyes-Gastelum, D./Pierce, S. J. (2018): EATI Island – A virtual-reality-based elder abuse and neglect educational intervention. In: Gerontology & geriatrics education 39 (4), S. 445–463.

Quinney, A./Hutchings, M./Scammell, J. (2008): Student and Staff Experiences of Using a Virtual Community, Wessex Bay, to Support Interprofessional Learning: Messages for Collaborative Practice. In: Social Work Education 27 (6), S. 658–664.

Reinsmith-Jones, K./Kibbe, S./Crayton, T./Campbell, E. (2015): Use of Second Life in Social Work Education: Virtual World Experiences and Their Effect on Students. In: Journal of Social Work Education 51 (1), S. 90–108.

Riva, G. (2005): Virtual reality in psychotherapy: review. In: Cyberpsychology & behavior: the impact of the Internet, multimedia and virtual reality on behavior and society 8 (3), 220-30; discussion 231-40.

Schultheis, M./Rizzo, A. (2001): The Application of Virtual Reality Technology in Rehabilitation. In: Rehabilitation Psychology 46 (3).

Shah, L. B. I./Torres, S./Kannusamy, P./Chng, C. M. L./He, H.-G./Klainin-Yobas, P. (2015): Efficacy of the virtual reality-based stress management program on stress-related variables in people with mood disorders: the feasibility study. In: Archives of psychiatric nursing 29 (1), S. 6–13.

Smith, M. J./Smith, J. D./Fleming, M. F./Jordan, N./Brown, C. H./Humm, L. et al. (2017): Mechanism of Action for Obtaining Job Offers With Virtual Reality Job Interview Training. In: Psychiatric services (Washington, D.C.) 68 (7), S. 747–750.

Smokowski, P. R./Hartung, K. (2003): Computer Simulation and Virtual Reality: Enhancing the Practice of School Social Work. In: Journal of Technology in Human Services 21 (1–2), S. 5–30.

Steuer, J. (1992): Defining Virtual Reality: Dimensions Determining Telepresence. In: Journal of Communication 42 (4), S. 73–93.

Thompson-Lake, D. G. Y./Cooper, K. N./Mahoney, J. J./Bordnick, P. S./Salas, R./Kosten, T. R. et al. (2015): Withdrawal Symptoms and Nicotine Dependence Severity Predict Virtual Reality Craving in Cigarette-Deprived Smokers. In: Nicotine & tobacco research: official journal of the Society for Research on Nicotine and Tobacco 17 (7), S. 796–802.

Trahan, M. H./Smith, K. S./Talbot, T. B. (2019a): Past, Present, and Future: Editorial on Virtual Reality Applications to Human Services. In: Journal of Technology in Human Services 37 (1), S. 1–12.

Trahan, M. H./Smith, K. S./Traylor, A. C./Washburn, M./Moore, N./Mancillas, A. (2019b): Three-dimensional virtual reality: Applications to the 12 grand challenges of social work. In: Journal of Technology in Human Services 9 (3), S. 1–19.

Trahan, M. H./Smith, K. S./Benton, A. D. (2017): A new era of ethics: The use of virtual reality interventions in social work ethics. In: The International Journal of Continuing Social Work Education 20 (2).

Tranfield, D./Denyer, D./Smart, P. (2003): Towards a Methodology for Developing Evidence-Informed Management Knowledge by Means of Systematic Review. In: Br J Management 14 (3), S. 207–222.

Vernon, R./Lewis, L./Lynch, D. (2009): Virtual Worlds and Social Work Education: Potentials for „Second Life". In: ASW 10 (2), S. 176–192.

Waldman, J./Rafferty, J. (2006): Evidence from Virtual Social Work Practice. In: Journal of Evidence-Based Social Work 3 (3-4), S. 127–148.

Washburn, M./Bordnick, P./Rizzo, A. (2016): A pilot feasibility study of virtual patient simulation to enhance social work students' brief mental health assessment skills. In: Social work in health care 55 (9), S. 675–693.

West, J. (2008): Authentic Voices: Utilising Audio and Video within an Online Virtual Community. In: Social Work Education 27 (6), S. 665–670.

Wilson, A. B./Brown, S./Wood, Z. B./Farkas, K. J. (2013): Teaching Direct Practice Skills Using Web-Based Simulations: Home Visiting in the Virtual World. In: Journal of Teaching in Social Work 33 (4-5), S. 421–437.

Dr. Michael Garkisch, M.A., Dipl.-Soz.-Päd. (FH), ist nach zahlreichen beruflichen Stationen im Bereich Bildung, Nonprofit und Forschung aktuell Manager für Innovation und Kollaboration beim Cluster Mechatronik und Automation gGmbH. Er promovierte am Lehrstuhl für Nachhaltigkeitsmanagement der FAU Erlangen-Nürnberg zum Thema „Handlungsmuster von Manager*innen in Zeiten gesellschaftlicher Herausforderungen". Vorher schloss er den Master-Studiengang Innovationsmanagement an der FHWS Würzburg und das Studium der Sozialen Arbeit an der Evangelischen Hochschule Nürnberg mit dem Diplom ab. Michael Garkisch engagiert sich darüber hinaus ehrenamtlich als Rettungssanitäter beim Bayerischen Roten Kreuz.

3. Projekte und Beispiele im Zuge der Steuerungsprozesse

3.1 Fusionen von sozialen Organisationen: Herausforderungen, Strategien und Handlungsmöglichkeiten
Daniel Iseli

Fusionen sind in der föderalistischen und kleinteiligen Schweiz mit ihren zahlreichen kleinen Organisationen im Sozial- und Gesundheitswesen erforderlich und demnach nicht selten. Mit Zusammenschlüssen können Mindestgrößen erreicht werden, welche die Voraussetzungen schaffen, um neuen Anforderungen, Rahmenbedingungen und Ansprüchen gewachsen zu sein. Soziale Organisationen mit einer gewissen Betriebsgröße haben eher die Ressourcen und das Potenzial, innovative Lösungen für aktuelle und zukünftige Probleme zu entwickeln. Sie können Angebote ermöglichen, die eine Gemeinde oder eine Organisation für sich allein nicht realisieren könnte. Eine Fusion zu planen und zu gestalten ist jedoch eine der größten Herausforderungen im Changemanagement. In diesem Beitrag wird versucht, diese besonderen Anforderungen aus theoretischer, empirischer und handlungsorientierter Sicht zu beleuchten. Das „Berner Praxismodell", das hier vorgestellt wird, gibt methodische Hinweise zur Gestaltung von Fusionsprozessen.

3.1.1 Ausgangslage

Fusionen – oder allgemeiner ausgedrückt organisationale Zusammenschlüsse – sind in der Schweiz ziemlich häufig; sie sind eine Folge des föderalen, kleinteiligen politischen Systems (vgl. dazu Beitrag 2.2). Die Gemeinwesenlandschaft in der Schweiz ist sehr heterogen und vielfältig, so gibt es beachtliche Differenzen in der Größe, in der finanziellen Kraft und in der strukturellen Ausgestaltung. Im Jahr 2018 verteilten sich auf 26 Kantone insgesamt 2.222 Gemeinden mit durchschnittlich 1.200 Einwohner/innen und durchschnittlich 2,4 Vollzeitstellen in der allgemeinen Verwaltung. Trotz geringer Größe verfügen die Gemeinden über einen hohen Grad an Autonomie. Sie bestimmen gemeinsam mit der übergeordneten staatlichen Ebene der Kantone die Rahmenbedingungen des Sozial- und Gesundheitsbereichs, durch Gesetzgebung, Finanzierungsregelungen, Leistungsverträge und Qualitätsvorgaben. Sie können Leistungen selbst erbringen (als Gemeinde, regionaler Verbund von Gemeinden oder als Kanton) oder können privatrechtlich organisierte

Trägerschaften damit beauftragen. Es gibt ca. 1.400 Nonprofit-Organisationen mit durchschnittlich 17 Vollzeitstellen; 60 % davon hatten im Jahr 2010 nur bis vier Mitarbeitende (BFS 2013). Wie die Gemeinden haben sie also häufig eine geringe Größe.

Die Gemeinden wie die Nonprofit-Organisationen haben auch in der Organisationsgestaltung große Spielräume. Dies betrifft z. B. die Strukturen und die Prozesse, die Leistungsangebote, teilweise auch die Personal- und Lohnpolitik. Die Gemeinden stoßen in vielen Bereichen jedoch an Leistungsgrenzen, wie dies Ladner (2005) besonders für die Bereiche Sozialhilfe, Fürsorge sowie Kindesschutz dokumentiert hat. Reformen werden gesucht in Form von Gemeindefusionen oder in interkommunaler Zusammenarbeit, im Sozial- und Gesundheitsbereich wie auch im Bildungsbereich durch verschiedene regionale Organisationsformen wie z. B. regionale Soziale Dienste, Gesundheitsdienste und Schulverbände. Damit wird versucht, die Leistungsprobleme zu überwinden, das Leistungs- und das Qualitätsniveau zu erhalten oder zu steigern sowie die Handlungsfähigkeit zu sichern. Mit organisationalen Zusammenschlüssen erreichen Institutionen eine Mindestgröße, die häufig eine Voraussetzung für Innovation und Weiterentwicklung darstellt. Entsprechende Handlungsansätze sind Reorganisationen in Form von Kooperationen oder Fusionen. Bei Fusionen von öffentlichen Leistungen geht es nach Huber et al. um Verbesserungen in der Effizienz (Einsparungen) oder in der Qualität (Angebotsdifferenzierung, technologische Entwicklungen). Außerdem geht es um die Steigerung von Einfluss und Marktpräsenz (Konkurrenzabbau) sowie darum, günstigere Entwicklungsperspektiven für die Zukunft zu gewinnen (Huber/Jansen/Plamper 2004).

Bei Organisationszusammenschlüssen muss unterschieden werden zwischen eigentlichen Zusammenschlüssen von Organisationen, von Teilen einer Organisation (z. B. von Abteilungen) sowie von kleineren Einheiten (z. B. Arbeitsteams). Dieser Beitrag befasst sich mit Fusionen im eigentlichen und engeren Sinne: Zwei oder mehrere rechtlich und wirtschaftlich unabhängige Organisationen vereinigen sich zu einer dauerhaften Einheit. In der Wirtschaft hat sich dafür der Fachbegriff „Mergers & Akquisition" eingebürgert. „Merger" bedeutet Integration durch Zusammenführung und „Akquisition" Übernahme der einen Organisation durch die andere (vgl. dazu Kägi 2012). An Wirtschaftsuniversitäten wird seit Jahren zu verschiedenen Aspekten von Fusionen intensiv geforscht und publiziert, hervorgehoben sei hier Müller-Stevens von der Hochschule St. Gallen. Diese Forschung bezieht sich jedoch ausschließlich auf die Privatwirtschaft. Zu Gemeindefusionen gibt es ebenfalls eine Forschungstradition an der Universität Bern (Ladner/Steiner). In diesem Kontext ist auch die oben bereits erwähnte Pionierpublikation von Huber, Jansen und Plamper zu erwähnen (Huber/Jansen/Plamper 2004). Hingegen gibt es kaum spezifische Forschung und Publikationen zu Fusionen im Nonprofit- bzw. im Sozialbereich. Kägi hat 2012 in seiner Dissertation erstmals Zusammenschlüsse im Nonprofit-Bereich in der Schweiz empirisch untersucht.

3.1.2 Formen und Phasen von Fusionen

Formen von Fusionen

Folgende Formen von Fusionen können grundsätzlich unterschieden werden (Kägi 2012, S. 19):

- Das **Holding-Modell**: Die Zusammenfassung zweier oder mehrerer selbstständiger Organisationen unter einem Dach, ohne oder mit nur begrenzter Integration. Allenfalls werden in einzelnen Bereichen Synergien gesucht. Dieses Modell wird gewählt, wenn die Organisationen sehr unterschiedlich sind.

- Die **Übernahme (Absorptionsfusion)**: Die übertragende Organisation wird von einer bereits bestehenden Organisation übernommen. Es entsteht kein neuer Rechtsträger. Diese Form ist häufig, wenn sich kleinere Organisationen an größere und nicht selten auch weiterentwickelte (z. B. im Sinne von Angebotsentwicklung) anschließen.

- **Neue Organisation aus der Integration gleicher Partner (Kombinationsfusion)**: Sozusagen „das Beste" aus zwei Organisationen wird zusammengeführt in einer neuen und integrierten Organisation. Die Organisation erhält einen neuen Namen, alle beteiligten Vorläufer-Organisationen werden aufgelöst und die Aktiven und Passiven auf die neue Organisation übertragen. Spätestens hier handelt es sich um einen grundlegenden Transformationsprozess, eine Erneuerung oder Entwicklung, einen Organisationswandel zweiter Ordnung (vgl. dazu Glasl et al. 2014, Rüegg-Stürm 2003) – im Gegensatz zu einer bloßen Anpassung oder Optimierung.

Grossmann und weitere Organisationsentwickler (Grossmann/Lobnig/Scala 2007, S. 231 ff.) unterscheiden drei idealtypische Fusionsmodelle:

- Das **Markt-Modell**: Die Eigentümer entscheiden nach der Marktlogik.

- Das **Hierarchie-Modell**: Die übergeordneten Träger/Finanzierer entscheiden in einer Hierarchielogik; unselbstständige Organisationen werden zusammengelegt, was Dreieckskonstellationen (übergeordnete Instanz und mehrere beteiligte Organisationen) und widersprüchliche Steuerungslogiken ergibt.

- Das **Kooperationsmodell**: Betroffene Organisationen handeln autonom in einer Verhandlungslogik.

Im schweizerischen Sozialbereich lassen sich verschiedene Ausprägungen und Zwischenstufen dieser Fusionsformen erkennen. Oft kommt es zu Übernahmen (Absorption), aber auch neue, integrierte Organisationen (Kombination) entstehen. Bezogen auf die Modelle von Grossmann ergeben sich in der Regel Fusionen nach dem Hierarchie- oder dem Kooperationsmodell, nicht selten jedoch auch Mischformen davon.

Phasen von Fusionen

In der wissenschaftlichen Diskussion wird nach Phasen im Ablauf von Fusionen differenziert. So beschreibt Jansen (2004) folgende idealtypischen Phasen von Merger & Akquisition und bezieht sich damit begrifflich auf die Modelle in der Privatwirtschaft:

- **Pre-Merger (strategische Analyse- und Konzeptionsphase)**: Organisationsanalyse, Wettbewerbs-, Umfeldanalyse, Analyse von Motiven und Zielsetzungen

- **Merger (Verhandlungs- und Vertragsphase)**: politischer Vorentscheid, Verhandlungen, Kaufpreisfindung, Finanzierung, Vertrag, wettbewerbliche Prüfung

- **Post-Merger (Vernetzungsphase)**: Post-Merger-Planung, Vernetzung organisatorisch, strategisch, administrativ, operativ, kulturell, extern, Erfolgskontrolle/Post-Merger-Audit

Grossmann hat diese Phasen auf den öffentlichen Bereich übertragen und beschreibt sie folgendermaßen (Grossmann et al. 2007, S. 234):

- **Pre-Merger**: In dieser Phase stellt sich die Fragen nach dem Nutzen und den Vor- und Nachteilen einer Fusion. Thematisch geht es um die Anbahnung der Fusion und die Entscheidung. Politikmanagement ist die Hauptaktivität in dieser Phase.

- **Merger**: Hier stellt sich die Hauptfrage: Wo will die Organisation hin und wie will sie dies erreichen? Es geht um strategische Planung und Durchführung, die Hauptaktivität ist das Fusionsmanagement.

- **Post-Merger**: Die Hauptfrage lautet hier: Wie wurde die Fusion aufgenommen und verinnerlicht? Die wesentlichen Themen sind die Verankerung der Fusion und die Nachbetreuung. Integrationsmanagement ist die wesentliche Tätigkeit in dieser Phase.

In seinem Modell ordnet er den Phasen auch typische Aufgaben zu, wie z. B. die Durchführung von Machbarkeitsstudien in Pre-Merger, die Organisations- und Personalentwicklung in Merger sowie den Kulturwandel in Post-Merger.

3.1.3 Die Gestaltung von Fusionen nach der „Berner Praxis"

Das Departement Soziale Arbeit der Berner Fachhochschule hat in den letzten 25 Jahren im Rahmen seines Forschungs- und Entwicklungsauftrags zahlreiche Fusionen im Sozial-, Gesundheits- und Bildungswesen in verschiedensten Phasen begleitet. Es geht dabei ausschließlich um öffentliche Organisationen wie Soziale Dienste von Gemeinden oder um Nonprofit-Organisationen. Dabei handelt es sich stets um Einrichtungen mit öffentlichem Auftrag und mit privatrechtlicher Trägerschaft (z. B. Verein zur Erbringung von ambulanten Gesundheits-Dienstleistungen, in der Schweiz spitalexterne Dienstleistungen – SPITEX genannt – oder Schulen im sonderpädagogischen Bereich mit privater Trägerschaft).

In der Begleitung und Evaluation dieser Projekte zeigen sich die besonderen Herausforderungen bzw. die Unterschiede zu den Fusionen in der Privatwirtschaft. So weist Huber (2004) darauf hin, dass der Unterschied in der vorvertraglichen Phase bis zur Entscheidung zur Fusion beträchtlich ist. Vergleichbar seien jedoch dann die Herausforderungen im Projektmanagement und in der Integration nach der erfolgten Fusion. Tatsächlich spielen die Kantone und die Gemeinden mit ihren Rahmenbedingungen und den Struktur- und Leistungsherausforderungen eine besondere Rolle. So entstehen meist Vieleckverhältnisse mit mehreren beteiligten Gemeinden und

Organisationen, aber auch der jeweilige Kanton als Mitfinanzierer spielt mit. Das Zusammenspiel ist komplex, es gibt unterschiedliche Taktgeber und viel Unberechenbarkeit. Wichtige Anspruchsgruppen wie zuweisende und abnehmende Partnerorganisationen, Berufsgruppen und Kooperationspartner, aber auch Kund/innen, Klient/innen sowie Angehörige können sich jederzeit einschalten. Der Prozess kann auch von Diskussionen in den Medien und der Öffentlichkeit begleitet werden. Die ganze Vorphase (Pre-Merger) kann unter Umständen sehr lange dauern.

Vor dem Hintergrund dieser besonderen Herausforderungen und der erwähnten Projekterfahrungen, wurde das Phasenmodell für den öffentlichen und den NPO-Bereich laufend weiterentwickelt und ausdifferenziert. Unterschieden werden folgende Phasen im Fusionsprozess nach der „Berner Praxis":

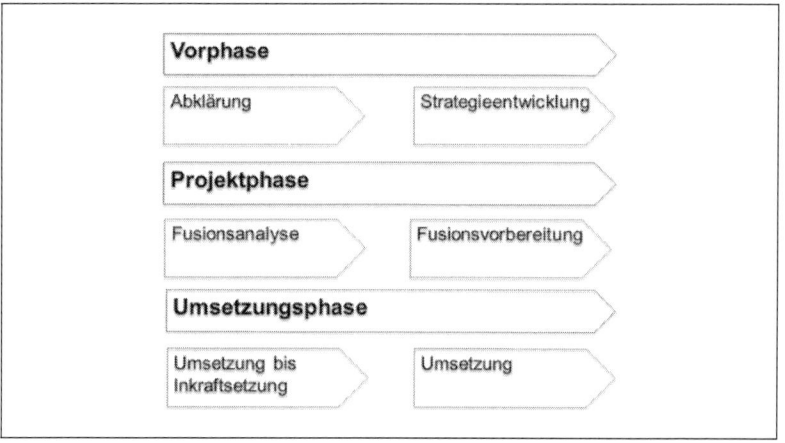

Abbildung 24: Fusionsphasen nach der „Berner Praxis" (eigene Darstellung)

Die nachfolgende Beschreibung der Phasen ist idealtypisch und bezieht sich auf die komplexeste Fusionsform: Eine Kombinationsfusion von gleichberechtigten Partnerorganisationen mit gleicher Rechtsform. Andere Konstellationen, z. B. Absorptionsfusionen, oder andere Rechtsformen mit klareren Fusionsregelungen, wie sie z. B. für Stiftungen bestehen, können einen maßgeblichen Einfluss auf die Prozessgestaltung, die Abfolge und die Ausgestaltung einzelner Phasen haben. Wesentliche Merkmale und Kriterien gelten jedoch auch in solchen Konstellationen.

Die Vorphase

In der Vorphase wird eine umfassende externe und interne Analyse vorgenommen, die sich an einer klassischen strategischen Analyse orientiert (vgl. dazu z. B. Lombriser/Abplanalp 2018). Eine umfassende Umfeldanalyse muss vorgenommen werden, dazu gehören wichtige Anspruchsgruppen wie z. B. Kund/innen und Konkurrenz. Mögliche Entwicklungen der gesetzlichen und finanziellen Rahmenbedingungen sollen erfasst und der aktuelle Stand der fachlich-wissenschaftlichen Diskussion berücksichtigt werden. Die eigene Organisation gilt es einer kritischen Stärken-Schwächen-Analyse zu unterziehen. Mögliche Fusionspartner werden einem ersten Benchmark „aus der Ferne" unterzogen und es gilt Überlegungen zu Einzugsgebiet, Zugänglichkeit und weiteren Versorgungsaspekten anzustellen. Nach dieser Analyse sind erste strategische Entscheide zu fällen: Mit welcher Organisation werden Kontakte hergestellt und Sondierungsgespräche geführt? Die anschließenden Kontaktnahmen geschehen meist zuerst informell, später dann formeller. Ziel dieser Phase ist es, einen Vorvertrag, eine Absichtserklärung („letter of intent") abzuschließen, wo die Grobziele einer möglichen Fusion, das Vorgehen und die rechtlichen Möglichkeiten definiert werden. Die wichtigsten Akteure in dieser Phase sind die jeweiligen politisch-strategischen Organe (z. B. Vorstände, Stiftungsräte) und die Geschäftsleitungen. Vorstellungen über die zukünftige Projektorganisation, die zu Beteiligenden und zum Zeitplan sind zu entwickeln. Der Beizug externer Prozessbegleitung muss diskutiert, bei Bedarf definiert und gesucht werden. Auch erste Überlegungen zum Kommunikationskonzept sind anzustellen.

In dieser Vorphase gibt es folgende kritischen Punkte zu beachten: Die Hintergründe, die Motivation und die Anlässe für die Fusion sind sorgfältig auszuleuchten und zu diskutieren. Eine wichtige Bedingung ist eine möglichst große Offenheit der Beteiligten. Vorgefasste Lösungsvorstellungen oder im Voraus formulierte einschränkende Bedingungen müssen kritisch diskutiert und allenfalls zurückgewiesen werden. Die Frage der externen Begleitung ist sorgfältig zu klären, deren Professionalität und Neutralität können entscheidende Faktoren sein im Fusionsprozess. Von Anfang an empfiehlt sich, ebenfalls die Auftrag- und Finanzgeber zu informieren oder zu begrüßen.

3.1.3.2 Die Projektphase

In der Projektphase werden folgende Ziele verfolgt: Die beteiligten Organisationen werden einer sorgfältigen Detailanalyse unterzogen. In der Betriebswirtschaft wird diese oft als „Due-Diligence-Prüfung" bezeichnet. Anschließend müssen die Entscheidungs- und Fusionsgrundlagen erarbeitet werden und in einem umfassenden Fusionsbericht vorliegen. Die Fusion wird in möglichst vielen Aspekten optimal vorbereitet, damit günstige Voraussetzungen für die Umsetzung und die Integration vorhanden sind.

Im ersten Teil dieser Phase gilt es, die beteiligten Organisationen umfassend zu durchleuchten. Dazu gehören verschiedenste Aspekte, wie die rechtlichen und vertraglichen Grundlagen und Dokumente, die bisherigen Strategien, Ziele und Dienstleistungen, die strategischen und operativen Führungsmodelle und die gelebte Führung, das Personal (quantitative und qualitative Faktoren), die Lohnpolitik, nicht zuletzt die Kosten und die Finanzierung, die Qualitätssicherung, aber auch Aspekte wie die Verankerung in Politik und Einzugsgebiet, die Reputation, die Betriebskultur und das Arbeitsklima. Parallel dazu wird ein Fusionsvertrag ausgearbeitet, gemäß schweizerischem Recht muss ein solcher abgeschlossen werden. Ebenfalls im ersten Teil der Projektphase ist ein Informations- und Kommunikationskonzept für alle Anspruchsgruppen zu entwickeln.

Im zweiten Teil der Projektphase wird die zukünftige Strategie mindestens in den Grundlinien definiert und ein detailliertes Konzept der zukünftigen Organisation ausgearbeitet. Im Laufe dieser Arbeiten wird meistens die Frage der zukünftigen Bezeichnung der Organisation aktuell. Das Suchen und Finden eines neuen Namens, hinter dem die Verantwortlichen stehen können, hat eine entscheidende Wirkung auf die weitere Arbeit: Der sog. „Point of no Return" ist damit erreicht, eine Rückkehr zum Anfang ist kaum mehr möglich. Im bereits angesprochenen Organisationskonzept müssen zahlreiche Fragen geklärt werden, wie Ziele und Dienstleistungskatalog, die zukünftige Struktur und Organisation, das Organigramm und die räumliche Gliederung, das Versorgungsmodell, die rechtlichen Organisationsgrundlagen (Statut, Leistungsverträge), die finanziellen Grundlagen (Rechnung, Budget), die Führungsinstrumente wie die Aufgaben- und Kompetenzaufteilung strategisch und operativ (in Formen wie Geschäftsreglement, Funktionendiagramm, Regelung Finanzkompetenzen usw.). Meistens müssen auch Konzepte für die Infrastruktur und die Informatik erarbeitet werden. Damit die Fusion möglichst vorausblickend vorbereitet ist, werden auch Anforderungsprofile und Pflichtenhefte für das zukünftige politisch-strategische Organ, für die Geschäftsleitung und weitere Leitungs- und wichtige Stabsfunktionen ausgearbeitet. Die Übertragung bzw. Ausarbeitung von Personalreglement, von neuen Arbeitsverträgen, Regelungen zur Altersvorsorge sind in die Wege zu leiten. Schließlich sind die Entscheidungs- und Umsetzungsprozesse differenziert zu planen.

Eine gelingende Projektphase setzt eine geeignete Projektorganisation voraus: Das zentrale Steuerungs- und Projektorgan sollte sich vorteilhafterweise paritätisch aus den Präsidien der politisch-strategischen Organe und den Geschäftsleitenden zusammensetzen. Dort werden die Weichen gestellt. Eine neutrale und akzeptierte Projektleitung muss in dieser Phase gewährleistet sein und ein professionelles Sekretariat muss die nötige Unterstützungsarbeit leisten können. Für einzelne Themenbereiche werden Teilprojekt- oder Arbeitsgruppen eingesetzt. Um spezifische Fragen zu klären, wird bei Bedarf rechtliche, versicherungsrechtliche oder betriebswirtschaftliche Expertise beigezogen. Es muss entschieden werden, ob und in welcher Form eine Begleitgruppe eingesetzt wird, wo Vertretungen aus wichtigen Anspruchsgruppen konsultiert werden können. Neben der Information der Mitarbeitenden ist auch diejenige der Kundengruppen und der Medien unumgänglich. Dies setzt das bereits erwähnte professionelle Kommunikationskonzept voraus. Bei Veranstaltungen ist es erforderlich, dass das Topmanagement „auf die Bühne muss" (vgl. dazu auch Berner 2015, S. 281).

Für die Projektphase empfiehlt sich, einen überschaubaren Zeitraum vorzusehen: So lange wie nötig und so kurz wie möglich, jedoch keinesfalls länger als ein Jahr. In dieser Phase ist die Verunsicherung bei den Mitarbeitenden und bei weiteren Anspruchsgruppen am größten. Mögliche Konfliktpunkte tauchen spätestens jetzt auf, sodass ein gutes Konfliktmanagement gefordert sein kann. Bei den operativen Führungsverantwortlichen kann es bereits zu ersten Abgängen kommen. Kader- wie andere Mitarbeitende stellen sich im Prozessverlauf die Fragen, ob sie weiterhin dabeibleiben wollen und welche Funktion sie in der neuen Organisation übernehmen könnten oder auch wollen. In einer größeren Organisation können die Aufgaben für Kadermitarbeitende vielschichtiger oder spezialisierter werden, manchmal sind zusätzliche Kompetenzen erforderlich. In der Projektphase zeigt sich häufig, wer informelle und formelle

Führungsrollen strategisch und operativ in Anspruch nimmt oder besetzt. Entscheidungsrelevant kann die Rolle der Politik oder diejenige von Gewerkschaften und Verbänden werden, darum ist es wichtig, diese proaktiv einzubeziehen. Ein professionelles Projektmanagement und eine belastbare Projektorganisation erweisen sich als zentrale Voraussetzungen für eine erfolgreiche Fusion. Auch die Schnittstellen zwischen Projektorganisation und den entscheidungsberechtigten Linienfunktionen der beteiligten Institutionen verlangen von den Beteiligten große Kooperationsbereitschaft und Transparenz. Anstehende wichtige Entscheidungen der einzelnen Organisation (z. B. die Wahl von Kaderpersonal, die Beschaffung von Informatikmitteln) müssen bereits in dieser Phase miteinander abgestimmt werden.

3.1.3.3 Die Umsetzungsphase

In dieser Phase werden zu Beginn die Entscheidungen zur Fusion getroffen und die Implementierung sowie die Integration beginnen. Die Entscheidungen zu Auflösung und Liquidation der bisherigen Organisationen werden zeitlich aufeinander abgestimmt und vollzogen. Anschließend kann die neue Organisation gegründet werden. Bei der Gründung wird das neue politisch-strategische Organ gewählt und eingesetzt, welches die bisherige Projektorganisation ablöst. Die neue Führung muss sich sehr rasch konstituieren und entscheidungsfähig werden. Optimalerweise werden alle Kaderstellen kaskadenartig öffentlich ausgeschrieben und in einem ausgangsoffenen Verfahren neu besetzt, zuerst die Geschäftsleitung und anschließend die weiteren Leitungsstellen. Damit kann gewährleistet werden, dass das politisch-strategische Organ zusammen mit motivierten und geeigneten Führungskräften die herausfordernde Implementierung angehen kann. Weitere anspruchsvolle Arbeiten müssen in dieser Übergangsphase fristgerecht vollzogen werden, wie die Kündigung der bisherigen Arbeitsverhältnisse (sog. Änderungskündigungen) und der Abschluss von neuen Arbeitsverträgen. Dies ist eine Gelegenheit, mit allen Mitarbeitenden Einzelgespräche zu führen, Kontakte zu knüpfen und individuelle Entwicklungsperspektiven zu besprechen. Zwischen der Entscheidung und der rechtlichen Inkraftsetzung kann eine tote Phase mit zwei bzw. drei oder mehreren „Herrschaften" entstehen: Die alten Organisationsregelungen sind noch eine Zeit lang in Kraft, die neuen noch nicht, weil sie erst auf Beginn des neuen Geschäftsjahres wirksam werden. Diese Phase sollte möglichst kurzgehalten werden, die Arbeitsfähigkeit und die Dienstleistungsqualität dürfen in dieser Periode nicht leiden.

Nach dieser Zwischenphase, die nicht bei allen Fusionsformen gleich ausfällt, können die ausgearbeiteten Konzepte weiter umgesetzt werden, die Integration muss vorangetrieben werden. Viel Umsetzungsarbeit wartet auf die neuen Verantwortlichen, Fehler müssen rasch korrigiert und Konflikte bearbeitet werden. Dies bietet den Führungskräften jedoch auch die Chance, von Anfang an eine neue (Führungs-)Kultur vorzuleben und zu etablieren.

3.1.4 Erfolgsfaktoren und Fazit

Fusionsprojekte werden von der BFH regelmäßig evaluiert. Aus diesen Nachbefragungen haben sich folgende Faktoren als erfolgsentscheidend erwiesen: Eine Gleichbehandlung der Partner (z. B. durch Parität in der Projektorganisation und Begegnung auf Augenhöhe im Prozess) ist eine gute Voraussetzung für eine Fusion, auch bei offensichtlich ungleichen Partnern. In den zentralen Themen sind Verhandlungslösungen und Konsens anzustreben. Fusionen sollen sich in einem für die Beteiligten überblickbaren und klar definierten Zeitrahmen abspielen, denn die Mitarbeitenden sorgen sich um ihre Zukunft, ihre Loyalität ist gefährdet. Bewährt hat sich eine offene und transparente Informationspolitik, mögliche Schwierigkeiten und Konflikte sind von den Leitungsverantwortlichen anzusprechen. Bei jeder Fusion gibt es zudem Phasen von Unsicherheiten, es gibt Fragen, die nicht oder noch nicht beantwortet werden können, aber auch eigentliche „Rüttelstrecken". Diese sollten möglichst kurzgehalten, manchmal müssen sie auch ausgehalten werden. Die zentralen Kaderstellen werden mit Vorteil öffentlich ausgeschrieben und neu besetzt. Falsche Kompromisse auch in Personalfragen lohnen sich auf Dauer nicht, sie können sich später rächen. Die Vitalfunktionen der Organisationen (der Kernprozess, die Dienstleistungserbringung) dürfen während dem ganzen Fusionsprozess nicht gefährdet werden, deren Qualität darf nicht beeinträchtigt werden.

Kägi hat die sozialen Faktoren von erfolgreichen Organisationszusammenschlüssen im NPO-Bereich empirisch untersucht (Kägi 2012). Er beschreibt, dass die Konzentration auf soziale Aspekte ein zentraler Erfolgsfaktor ist. Der Erfolg sei hier „noch weniger an ökonomischen Faktoren festzumachen" (Kägi 2012, S. 233 ff.). Der Erfolg könne eher „an der Verbesserung der Angebote gemessen werden, was meist in engem Zusammenhang mit den Kompetenzen der Mitarbeitenden steht". Nach Kägi sind die Nachvollziehbarkeit von Anlass und Ursachen der Fusion eine wichtige Voraussetzung für die Akzeptanz durch die Betroffenen. „Je grösser die Einsicht, dass ein Zusammenschluss unvermeidbar ist, desto geringer der Widerstand" (ebd., S. 234). Er weist darauf hin, dass wirtschaftliche Gründe eher akzeptiert werden als solche der Opportunität und dass „offensichtlich konstruierte Erklärungen zu Misstrauen führen bei den Mitarbeitenden". Er beschreibt weiter drei Erfolgsdimensionen von organisationalen Zusammenschlüssen (S. 238):

- Die soziale Erfolgsdimension: Wissenstransfer und Kompetenzerweiterung, Verbesserung der Angebotsqualität

- Die ökonomische Erfolgsdimension: geringerer finanzieller Aufwand bei zumindest gleichbleibender Qualität

- Die zeitliche Erfolgsdimension: Dauer des Zusammenschlussprozesses

„Gelingt es, diese drei Dimensionen über einen längeren Zeitraum zu erreichen, so kann von einem erfolgreichen organisationalen Zusammenschluss gesprochen werden", fasst er zusammen. In der weiteren Diskussion weist er darauf hin, dass idealerweise eine gemeinsame Leitkultur zu entwickeln sei, welche die unterschiedlichen Ausrichtungen integrieren könne. Er misst der Formalstruktur der Organisation eine zentrale Bedeutung zu für die Entwicklung der neuen Kultur, dagegen bezweifelt er in diesem Kontext die Wirksamkeit beteiligungsorientierter Leitbildarbeit. Hier trifft er sich mit dem Unternehmensberater Winfried Berner, der sein Wissen aus der Begleitung von Fusionen aus der Privatwirtschaft in einer Fallstudie publiziert hat (Berner 2015, S. 249 ff.):

Eine Fusion stelle immer eine Bedrohung für die Mitarbeitenden dar. Die Eigendynamik der Systeme erzeuge von allein zwei oder mehrere Lager, das sei normal und subjektiv auch vernünftig. Er beschreibt ebenfalls die Reaktionsphasen der Mitarbeitenden in solchen Prozessen: Von Aufregung (Hoffnung, Widerstand) über Verdrängung und Verwirrung (Angst, Auseinandersetzung) bis zu Entscheidung („bleiben oder gehen") und neuer Normalität (kulturelle Differenzen bleiben) und zu Nachbeben (Korrekturen, Strukturveränderungen, faule Kompromisse rächen sich). Auch er plädiert dafür, möglichst rasch eine funktionsfähige neue Führungsmannschaft einzusetzen, zusammengesetzt aus Leistungsträger/innen, Talenten und mit gezielten Verstärkungen. Die neuen Verhältnisse gelte es möglichst rasch zu klären und herzustellen, auch bei Personalabbau oder -wechsel. Interessanterweise sieht er bei der als stärker eingeschätzten Organisation die größeren Fusionsrisiken: Sowohl die mittleren Kader wie die Mitarbeitenden möchten den Besitzstand wahren und sind weniger zu Veränderungen bereit. Hingegen sind bei der schwächeren Organisation alle Mitarbeitenden inklusive Geschäftsleitung gezwungen, die neuen Spielregeln zu akzeptieren und höhere Risiken einzugehen. Diese könne allerdings zu Rückzug und Enklavenbildung und damit möglicherweise zum Eingehen eines kalten Konflikts oder gar eines Stellungskriegs tendieren. Die Integration von Teams und Organisationen wachse nicht über „Events und Workshops, sondern über gemeinsame Herausforderungen". Als Integrationsförderer bezeichnet er das Erleben gemeinsamer Not, einen gemeinsamen Feind, gemeinsame Vorteile und gemeinsame Freude. Bilanzierend stellt er fest: Synergien und Potenziale von Fusionen kämen häufig erst mittel- und längerfristig zum Tragen, und damit auch die Möglichkeit zu innovativen Entwicklungen.

Abschließend kann festgehalten werden, dass sich Kooperationen und Zusammenschlüsse von Organisationen im Sozialbereich vermehrt aufdrängen in einem Umfeld, das geprägt ist von Ressourcenknappheit und zunehmenden Anforderungen hinsichtlich Qualität sowie der Notwendigkeit zu Veränderung und Innovation. Dies gilt besonders in föderalen, kleinteiligen Strukturen wie der Schweiz. Eine Fusion zu planen und umzusetzen erfordert von Führungsverantwortlichen und Mitarbeitenden viel. Sie gehört zu den schwierigsten Aufgaben im Changemanagement. Hohe Komplexität, Zeitdruck und starke Emotionen treffen aufeinander. Die Eigendynamik des Prozesses unterstützt nicht die Integration, sondern die Zentrifugalkräfte (Berner 2015). Deshalb müssen Fusionsprozesse sorgfältig geplant, organisiert und abgestimmt werden. Die dargestellten Erkenntnisse aus der Berner Praxis können zusammen mit Wissen aus Theorie, Empirie und Praxis für den öffentlichen und für den NPO-Bereich genutzt werden, auch wenn sie aus verschiedenen Bereichen der Volkswirtschaft stammen.

3.1.5 Literatur-/Quellenverzeichnis

Berner, W. (2015): Change! 20 Fallstudien zu Sanierung, Turnaround, Prozessoptimierung, Reorganisation und Kulturveränderung. Schäffer-Poeschel, Stuttgart.

Bundesamt für Statistik (Hrsg.) (2013): Nicht gewinnorientierte Organisationen im Bereich der sozialen Sicherheit. Bundesamt für Statistik, Neuchâtel.

Glasl, F./Kalcher, T./Hannes, P. (Hrsg.) (2014): Professionelle Prozessberatung. Das Trigon-Modell der sieben Basisprozesse. Haupt, Bern.

Grau, R./Iseli, D. (2012): Fusionsprozesse: Hintergründe, Vorgehen und Erfolgsfaktoren. In: impuls September 2012, Berner Fachhochschule, S. 18–19.

Grossmann, R./Lobnig, H./Scala, K. (2007): Kooperationen im Public Management. Theorie und Praxis erfolgreicher Organisationsentwicklung in Leistungsverbünden, Netzwerken und Fusionen. Juventa, Weinheim.

Huber, A./Jansen, S./Plamper, H. (Hrsg.) (2004): Public Merger. Strategien für Fusionen im öffentlichen Sektor. Gabler, Wiesbaden.

Jansen, S. A. (2004): Public Merger Management. In: Huber, A./Jansen, S./Plamper, H. (Hrsg.) (2004): Public Merger. Strategien für Fusionen im öffentlichen Sektor. Gabler, Wiesbaden, S. 3–37.

Kägi, U. (2012): Organisationale Zusammenschlüsse im Nonprofit-Bereich. Springer VS, Wiesbaden.

Ladner, A. (2005): NPM und die Gemeinden. In: Lienhard, A./Ritz, A./Steiner, R./ Ladner, A. (2005): 10 Jahre New Public Management in der Schweiz – Bilanz, Irrtümer und Erfolgsfaktoren. Haupt, Bern/Stuttgart/Wien.

Lombriser, R./Abplanalp, P. A. (2018): Strategisches Management. Visionen entwickeln, Erfolgspotenziale aufbauen, Strategien umsetzen. Versus, Zürich.

Rüegg-Stürm, J. (2003): Das neue St. Galler Management-Modell: Grundkategorien einer integrierten Managementlehre: der HSG-Ansatz. Haupt, Bern.

Daniel Iseli, Dipl. Sozialarbeiter und Supervisor, Schweiz. Nachdiplom Unternehmensentwicklung; mehrjährige Praxis in Sozialarbeit und Führung; Professor an der Berner Fachhochschule, Soziale Arbeit von 1992 bis 2019. Seine Themenschwerpunkte sind Management und Organisationsentwicklung; Soziale Dienste, Sozialhilfe und Schulsozialarbeit.

3.2 Ein Zukunftsbild neu denken, zusammentragen und visuell greifbar machen: Das Sozialkaufhaus
Julia Kitzberger

3.2.1 Die Ausgangslage des Unternehmens und der Projektarbeit

Der soziale Dienstleister Verein für Förderung von Arbeit und Beschäftigung – kurz FAB – organisiert eine große Zahl von Beschäftigungsprojekten für Arbeitslose, Behinderte und Umzuschulende mit den Zielen der Beschäftigung und Qualifizierung vorwiegend in Oberösterreich. Er produziert mit diesen verschiedenen Zielgruppen eine Vielzahl von Produkten und Dienstleistungen, die zum Zeitpunkt der Erhebung unverbunden nebeneinander erbracht wurden. Anlässlich des bevorstehenden Festakts zum 25-jährigen Bestehen des Unternehmens wurde von der Unternehmensleitung nicht nur eine Präsentation zur Rückschau auf die letzten 25 Jahre gewünscht, sondern es sollte auch eine Vorausschau in zunächst noch nicht definierter Form erfolgen. Ideen dazu sollten gesammelt werden. Diesbezüglich war etwa ein Jahr Zeit. Im Rahmen eines Berufspraktikums im Bachelor-Studiengang „Sozialmanagement" an der FH Oberösterreich sollte nach Lösungen gesucht werden.

Im Zuge der Recherche nach Best-Practice-Beispielen im DACH-Bereich fand ein Besuch in einem Sozialkaufhaus in Rostock statt. Dort werden gebrauchte Waren von Bürgern der Umgebung gespendet, gesammelt, restauriert und für Personen angeboten, welche mit wenig Geld auskommen müssen. Ein Sozialkaufhaus in dieser Form gibt es in Österreich nicht, ähnliche Angebote sind in der Landeshauptstadt Linz weit verstreut. Parallel dazu wurden unternehmensinterne Informationen aus den zahlreichen Unternehmensteilen des BBRZ-Konzerns[49] zusammengetragen, die Angebote insbesondere für Mitarbeiter/innen auf dem zweiten und dritten Arbeitsmarkt sowie der Qualifizierung von Arbeitslosen betreffen. Aus der Kombination der Ergebnisse der gesammelten internen Daten und der Best-Practice-Analyse externer Quellen entstand die Idee der Entwicklung eines Zukunftsbilds in Anlehnung an den Basisprozess „Zukunftsgestaltung" von Glasl (2014) oder in Anlehnung an dialogbild.de (vgl. Dialogbild GmbH 2019): der Arbeits-

---

[49] BBRZ-Konzern = Berufliches Bildungs- und Rehabilitationszentrum

titel „SOZIALquelle[50]". Dahinter steht die Idee, die unterschiedlichen Produkte und Dienstleistungen für Personen mit niedrigem Einkommen an einem Ort zusammenzufassen – eine Bündelung der Produkte und Dienstleistungen. Es war auch angedacht, fehlende Produkte und Dienstleistungen von anderen sozialen Dienstleistern zu beziehen bzw. auch im Bedarfsfall weitere Produkte und Dienstleistungen über Beschäftigungsprojekte herstellen zu lassen. Ein modulartiger Aufbau sollte ein regional passendes Angebot für die größeren Städte im Bundesland ermöglichen, ggf. in Kooperation mit regionalen Produzenten und Dienstleistern. Mit diesen noch sehr vagen Ideen sollte es möglich werden, im Zuge von Beschäftigungsprojekten ein Mehr an sozialem Mehrwert zu generieren.

3.2.2 Der soziale Dienstleister

Der gesamte Verein zur Förderung von Arbeit und Beschäftigung steht für soziale Verantwortung, das heißt, man nimmt sich jener Menschen an, die von gesellschaftlicher Ausgrenzung bedroht sind und bietet diesen Hilfe und Unterstützung (vgl. Verein zur Förderung von Arbeit und Beschäftigung 2018a). Arbeitssuchende Personen werden vom gemeinnützigen Verein mittels Beratung, Betreuung, Qualifizierung und Beschäftigung mit dem Ziel einer erfolgreichen und dauerhaften beruflichen Integration begleitet bzw. unterstützt. Der FAB hat sich auf dem Gebiet der Arbeitsmarktintegration von Menschen mit sozialen oder körperlichen Beeinträchtigungen spezialisiert und agiert diesbezüglich in ganz Österreich. Dabei sollen sozial benachteiligte Personen die Chance erhalten, wieder umfassend am gesellschaftlichen Leben teilnehmen zu können. Das Dienstleistungsprogramm des gemeinnützigen Vereines leistet einen bedeutenden Beitrag zur Chancengleichheit und die daraus angebotenen Leistungen tragen wiederum zu einer erfolgreichen und sozialen Arbeitsmarktpolitik bei (vgl. Verein zur Förderung von Arbeit und Beschäftigung 2018c).

Die vom Verein zur Förderung von Arbeit und Beschäftigung angebotenen Leistungen lassen sich in drei Teilbereiche untergliedern (vgl. Verein zur Förderung von Arbeit und Beschäftigung 2018b):

---

[50] SOZIALquelle deshalb, weil sich Teile der Organisation in ehemaligen Räumlichkeiten der Quelle Österreich AG in Linz befanden. Die „Quelle" war ein Kaufhaus im Hafenbereich von Linz, verbunden mit dem heute noch bekannten Versandhandel.

- Angebote für arbeitssuchende Menschen
- Angebote für Menschen mit Beeinträchtigungen
- Produkte[51] und Dienstleistungen[52]

Bei der Leistungserbringung in den drei Angebotsbereichen wird auf die unterschiedlichen Bedürfnisse eingegangen bzw. die vorhandenen Ressourcen der jeweiligen Zielgruppen werden berücksichtigt und demgemäß adäquate Dienstleistungen entwickelt.

3.2.3 Das Zielbild des Projekts

Die Idee – einer etwas anderen arbeitsmarktpolitischen Maßnahme – stammt größtenteils aus dem Sozialkaufhaus Rostock, welches Studierende des Masterlehrgangs „Gesundheits-, Sozial- und Public Management" der FH Oberösterreich im Rahmen der Lehrveranstaltung „International Best-Practice" besichtigten. Die Autorin hat im Zuge der Exkursion die Idee entwickelt, das dort besichtigte Sozialkaufhaus als Grundgedanke/-modell heranzuziehen und mit den Möglichkeiten des sozialen Dienstleisters FAB zu füllen. Ziel der Bachelorarbeit war es, anlässlich des 25 Jahre Jubiläums ein Zukunftsbild für diesen sozialen Dienstleister zu entwickeln. Gegenwärtig arbeitet jede Organisationseinheit innerhalb dieses gemeinnützigen Vereines weitgehend eigenständig und getrennt für die jeweiligen Klient/innen. Durch die Bündelung der zahlreich vorhandenen Möglichkeiten bzw. Arbeitsfelder würde eine neue Dachmarke SOZIALquelle entstehen, wodurch die Leistungen effizienter und effektiver gebündelt werden könnten. Es gilt, die Möglichkeiten des Dienstleisters auf das Zukunftsbild der SOZIALquelle zu übertragen. Eine Finanzierung des Innovationsprojekts und damit auch eine Realisierung des Zukunftsbilds könnte durch Mittel des Europäischen Sozialfonds ESF erfolgen, da mit dem Sozialkaufhaus weitere Arbeitsplätze für benachteiligte Arbeitnehmer/innen geschaffen werden können.

---

[51] Lohnfertigung, Metall/Holz/Textil/Kunststoff-Bearbeitung, Assembling, Verpackung, Sortierarbeiten, Qualitätskontrolle.

[52] Recycling (Altstoffsammelzentrum, Recyclinghof, Sperrmüll und Altstoff); Dienstleistungen wie z. B. allgemeine Bürodienstleistungen, Callcenter, Zählerablesungen; Gastronomie (Cafeteria, Kantine, Restaurant, Mensa, Catering, Jausen-Service, Automatenbewirtschaftung); Gebäude (Räumung/Entrümpelung, Sanierung/Umbau/Abbruch, Malerei, Reinigung); Grünanlagen-Pflege; Personalbereich; FAB-Shops (Sammelsurium, ReVital-Shops, Techno-Shop, Gebrauchtwaren-Shops, Talon Geschenke-Shop).

Der Grundgedanke des Zukunftsbilds war es, ein visionäres, aber durchaus realisierbares Bild für die nächsten ca. sieben Jahre zu erstellen, welches derzeitige Angebote innerhalb des FAB bündelt und alle nebeneinander existierenden Dienstleistungen unter einer Dachmarke vereint. Zum besseren Verständnis kann die Ist-Situation mit einem bunten Blumenfeld verglichen werden. Dabei stellen die einzelnen Pflanzen die mannigfaltigen Produkte und Dienstleistungen des Vereines zur Förderung von Arbeit und Beschäftigung dar. Hingegen wird die Zukunft als Blumenstrauß gesehen, wo die Angebotsvielfalt (nach Bedarf und Möglichkeiten) zusammengefasst dargestellt wird. Dabei symbolisieren die vielen Blüten des Blumenstraußes das Zielbild der Dachmarke SOZIALquelle in der Abschlusspräsentation.

Ziel der SOZIALquelle als arbeitsmarktpolitische Maßnahme ist eine langfristige Arbeitsaufnahme der Arbeitnehmer/innen am ersten Arbeitsmarkt und eine bessere Qualifizierung der vormals arbeitslosen Menschen. Zu den Kund/innen und Abnehmern der Waren und Dienstleistungen des sozialökonomischen Betriebs zählen neben Unternehmen, Kooperationspartnern und Behörden „sozial schwächere bis gut situierte Personen", die Mittelschicht, Studierende, Pensionisten und Onlinekäufer. Der sog. Kundennutzen im Sozialkaufhaus sind der soziale Aspekt und ebenso das gute Gefühl nach einer Spende oder durch den Kauf der Waren: „Habe durch meine Spende etwas Gutes getan, jemandem geholfen und eine gute Sache unterstützt! Durch meinen Einkauf habe ich zum Erhalt eines geschützten Arbeitsplatzes beigetragen!" Hinzu kommt, dass Ressourcen geschont werden, aufgrund des Recyclingprozesses im internen Bereich, als auch durch externe Partner, welche nicht nur als Zulieferer, sondern gleichzeitig auch als Abnehmer fungieren können. Zunächst soll das Angebot an einem Ort, idealerweise der „Quelle", zentralisiert angeboten werden. Zu einem späteren Zeitpunkt kann das Kaufhaus um eine Online-Plattform erweitert werden, welche das Einkaufen rund um die Uhr und ortsunabhängig ermöglicht. Der Fokus des Kaufhauses kann damit erweitert werden: analog und digital.

Im Gegensatz zu den bereits vorhandenen Mitbewerbern wird im Sozialkaufhaus das „One-Stop-Shop"-Prinzip verfolgt, das heißt potenzielle Kund/innen erhalten in einem Gebäude sämtliche „notwendigen" Dienstleistungen bzw. Produkte (und müssen nicht in der Stadt herumfahren, um Artikel zu erstehen). Hinzu kommt, dass mit der SOZIALquelle eine analoge und digitale Plattform geschaffen wird, welche das Ziel der Kooperation sozialer Dienstleister verfolgt und mit der Möglichkeit des „Networkings" einen größeren sozialen Mehrwert zu generieren vermag.

3.2.4 Entwicklungsprozess: Von der Ideengenerierung zum fertigen Zielbild

Die nachstehende Grafik zeigt, wie nach der Ideenentwicklung ein Pilotmodell konzipiert und mittels eines Pilotprojekts in der Praxis umgesetzt, nach einiger Zeit evaluiert und adaptiert wird. Das Zukunftsbild der SOZIALquelle sollte als Modell zunächst zukunftsträchtige Wege bzw. Möglichkeiten aufzeigen. Dieses Bild kann in der Folge – wahrscheinlich stückweise – in einen Businessplan überführt und als Pilotprojekt zur Umsetzung gebracht werden. Stück für Stück ist eine Realisierung in allen Produktbereichen und Regionen anzustreben.

Im Sinne der Explorationsphase wurden in dieser Arbeit Ideen und Bausteine aus den internen und externen Recherchen puzzleartig zusammengetragen, welche in Summe das Zukunftsbild SOZIALquelle ergeben haben. Wir befinden uns daher am Ende der ersten Phase des dreiteiligen Innovationstrichters:

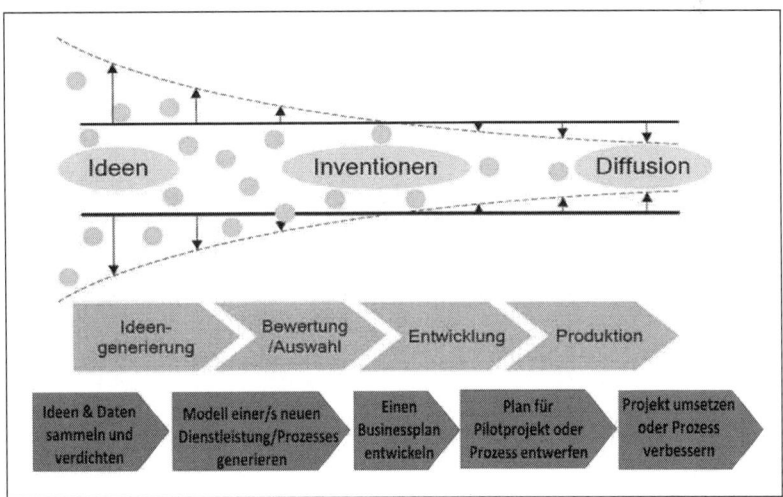

Abbildung 25: Innovationstrichter – Phasen des Innovationsmanagement (Brandl/Ehrenmüller 2019, S. 188)

Am Ende dieser ersten Projektphase stand das bewertete und für die Weiterarbeit aufbereitete Zielbild. Es ist dann Aufgabe der Führungskräfte, über die Weiterarbeit zu befinden. Die Überlegung war, dass Bilder leichter verständlich sind als nur ein schriftlicher Bericht. So entstand das nachfolgende Bild des Sozialkaufhauses als arbeitsmarktpolitische Maßnahme mit sozialem Mehrwert:

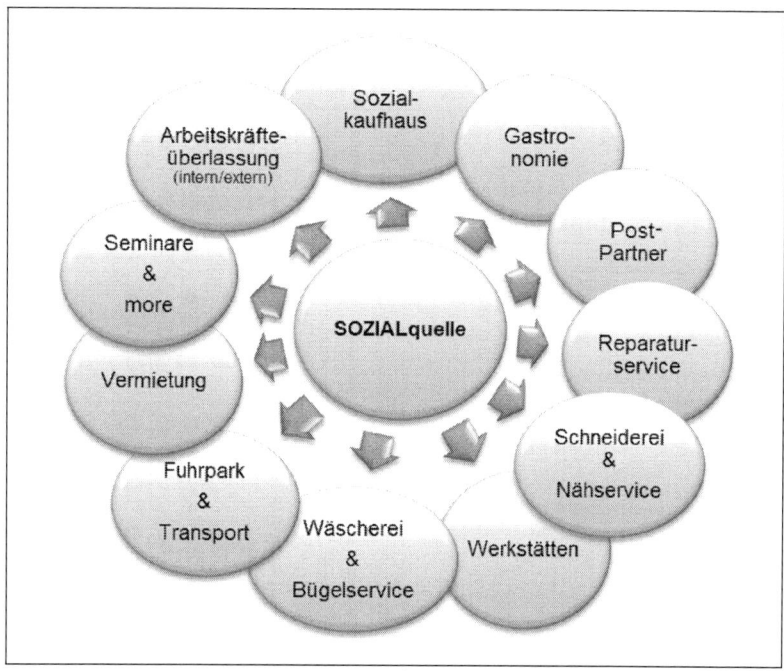

Abbildung 26: SOZIALquelle – Sozialkaufhaus als Zielbild (eigene Darstellung)

Der gesamte Prozess bis zum Fertigstellen des Zukunftsbilds beinhaltete viele interne und externe Recherchen, wobei die Suche nach innovativen Modellen und Lösungskonzepten aus anderen wirtschaftlichen und sozialen Bereichen einem „Rosinenpicken" gleichkam. Insgesamt war es ein langer, lehrreicher Lernprozess und das Ergebnis in Form des Zielbilds kann sich durchaus sehen lassen.

Neben Methoden des Design Thinking[53] wie der Erstellung von Personas[54] kamen auch das Business Model Canvas[55] und Visioning[56] als Methoden für das Erstellen des Zielbilds SOZIALquelle zur Anwendung. Innerhalb der Geschäftsmodellinnovation bildete das Business Model Canvas ein hervorragendes Grundgerüst für den im weiteren Verlauf zu präzisierenden Businessplan des Zukunftsbilds für die SOZIALquelle. Ein weiteres Anschlussprojekt wäre das Erstellen eines Projektplans für die Entscheidung über die Realisierung eines Prototyps. Die Geschäftsführung wurde am Schluss des Projekts über die Ergebnisse sowie die weitere Vorgangsweise informiert. Das Ergebnis wurde wohlwollend aufgenommen.

[53] Design Thinking war ursprünglich eher für den industriellen Sektor konzipiert und kam dort vor allem in der Produktentwicklung zur Anwendung. Dieser Ansatz stellt zu jeder Zeit den Kunden in den Mittelpunkt des Innovationsprozesses und ist in weiterer Folge auf die Steigerung des Kundennutzens ausgerichtet (vgl. Schulz/Weckmann 2017, S. 79).

[54] Personas sind sog. Nutzermodelle oder Nutzerprofile, die Personen einer bestimmten Zielgruppe mit Merkmalen charakterisieren. Anhand dieser Zielgruppenbeschreibung wird im Designprozess ein typischer Nutzer als „reale Person" mit Namen, Gesicht, Funktion, Erlebnissen, Lebenslauf, Vorlieben, privaten und beruflichen Interessen dargestellt. Das primäre Ziel ist dabei, herauszufinden (mittels Interviews und Befragungen potenzieller Nutzer), worin die wahren Bedürfnisse und Erwartungen der jeweiligen Zielgruppen liegen (vgl. Lewrick/Link/Leifer 2017, S. 18).

[55] Das Business Model Canvas ist ein Analysetool für die Entwicklung von Geschäftsideen und ermöglicht das Beschreiben, Analysieren und Entwerfen von Geschäftsmodellen. Dieses Tool beschreibt Geschäftsmodelle anhand von neun grundlegenden Bausteinen, welche die vier wichtigsten Bereiche wie Kunden, Angebot, Infrastruktur und finanzielle Überlebensfähigkeit eines jeden Unternehmens abdeckt. Prinzipiell kann das Canvas Modell jederzeit als das „Grundgerüst" für die Entwicklung eines Businessplans herangezogen werden und fördert neue Denkweisen (vgl. Osterwalder/Pigneur 2011, S. 12 ff.).

[56] Visioning ist eine Methode, um eine gewünschte Zukunft zu identifizieren. Dieses Führungsinstrument wird in Unternehmen bei Veränderungsprozessen herangezogen, um Aufbruchsstimmung zu vermitteln und Widerstände seitens der Mitarbeiter in Unterstützung umzuwandeln, z. B. Unternehmensvisionen mittels Zukunftsbilder darzustellen (vgl. Venter/Friedrich 2018, S. 61 f.).

3.2.5 SOZIALquelle: Ressourcen bündeln und mit anderen sozialen Dienstleistern kooperieren

Das Motto für ein Sozialkaufhaus: „erste WAHL aus zweiter HAND"

Die SOZIALquelle wird als sozialökonomischer Betrieb geführt, der Arbeitslosen (Menschen mit physischen und psychischen Beeinträchtigungen, Jugendliche, Wiedereinsteiger, REHA-Geld-Bezieher, Langzeitarbeitslose, Sozialhilfeempfänger/innen, Migrant/innen, Mindestpensionsbezieher/innen, Studierenden, „working poor" etc.) eine vorübergehende Beschäftigung bietet. Darüber hinaus werden die arbeitssuchenden Personen auf den Arbeitsantritt am ersten Arbeitsmarkt vorbereitet, unterstützt und begleitet. Neben dem Erwerb von Praxiserfahrung können zusätzliche Weiterbildungen, Umschulungen und sonstige Ausbildungen in Kooperation mit unterschiedlichen Systempartnern (z. B. WIFI[57], BFI[58], VHS[59], FAB Organos, diverse Akademien) absolviert werden. Die Teilnehmer/innen werden anhand von personenzentrierten Maßnahmen bei der Arbeitssuche unterstützt. Außerdem werden Praktika und Schnuppertage mit ausgewählten Unternehmen und Betrieben sowohl aus der Privatwirtschaft als auch der Sozialwirtschaft angeboten.

Zusätzliche Aufträge, die mit dem Kaufhaus in Verbindung stehen, können aufgrund der angegliederten Werkstätten wie Tischlerei, Schlosserei, Kleintransporte etc. angenommen und als Service angeboten werden. Da die Auslastung bei den einzelnen Teilbetrieben nicht vorausgesagt werden kann bzw. entsprechend der Auftragslage schwanken wird, erscheint es sinnvoll, eine interne und externe Arbeitskräfteüberlassung anzugliedern. Damit können Schwankungen im Bereich der Auslastung zumindest teilweise ausgeglichen werden. Im Sozialkaufhaus kann – wie in jedem Kaufhaus – ein Café angegliedert sein. Eine Erweiterung um eine Snackbar und ggf. auch Catering ist denkbar und auch abhängig vom Standort. Zusätzlich kann an das Café ein kleiner Bauernhofladen mit regionalen Produkten aus der Umgebung angeschlossen werden. An den wöchentlichen Markttagen können als Frequenzbringer Präsentationen und Verkostungen der unterschiedlichen Produkte durch die

---

[57] WIFI = Wirtschaftsförderungsinstitut
[58] BFI = Berufsförderungsinstitut
[59] VHS = Volkshochschule

Erzeuger selbst angeboten werden – eine Möglichkeit zur Absatzsteigerung durch die Direktvermarktung der regionalen Anbieter.

Im Zuge der Qualifizierung und Integration der Transitmitarbeiter[60] werden personenzentrierte Ansätze angewendet, nach individuellen Lösungen gesucht und dementsprechend im Coaching auch umgesetzt. Arbeitslosigkeit kann jede/n treffen, aufgrund dessen soll durch die SOZIALquelle soziale Ausgrenzung vermieden und der Inklusionsgedanke in unserer Gesellschaft gefördert werden. Zusätzlich wird sehr viel Wert auf Recycling und Wiederverwertung von Rohstoffen gelegt, um nachhaltig unsere Umwelt zu schützen. Mit der SOZIALquelle und den unterschiedlichen Warengruppen aus zweiter Hand soll der Lebenszyklus der jeweiligen Produkte verlängert bzw. etwa anhand von Upcycling aufgewertet werden. Darüber hinaus wird die Herkunft der für die Geschäftsidee verwendeten Produkte, Waren etc. im Wiederverwendungsprozess berücksichtigt und demgemäß entstammen allesamt aus Spenden, Entrümpelungen und Betriebsauflösungen. Es wird sehr großer Wert auf Chancengleichheit, den Gender Aspekt und die Inklusion gelegt. Im Zuge der Dachmarke sollen Synergien zu derzeitigen Anbietern noch besser ausgebaut und der Arbeitsmarkt auf für die Zukunft relevante Angebote durchforstet werden. Das Sozialkaufhaus hat nicht zum Ziel, dass bestehende Angebote wegfallen, sondern bündelt das gesamte Portfolio an Dienstleistungen und Produkten der BBRZ-Gruppe unter einer Dachmarke und an einem Ort. Dabei wird fachübergreifend agiert und die potenziellen Arbeitnehmer/innen werden nicht nur geschult (BFI), sondern auch erneut befähigt (BBRZ REHA GmbH) und schlussendlich wieder in den Arbeitsmarkt integriert (FAB). Die SOZIALquelle als Dachmarke sollte als Einkaufsnetzwerk gesehen werden und als Kooperation sozialer Dienstleister agieren.

Teilbereiche der SOZIALquelle:

- Bereich Sozialkaufhaus und Post-Partner (Sozial-Kaufhaus mit Post-Partnerschaft)

- Bereich Gastronomie (Großküche, Café, Catering, Bewirtung bei bestimmten Seminarpaketen, Snackbar, Automatenbewirtschaftung)

---

[60] FAB bietet im Bereich der geförderten Beschäftigung arbeitsmarktfremden Menschen einen befristeten Arbeitsplatz als Transitmitarbeiter in unterschiedlichen Arbeitsfeldern an. Zweck und Auftrag dieser Maßnahme ist eine nachhaltige Integration in den ersten Arbeitsmarkt (vgl. FAB – Verein zur Förderung von Arbeit und Beschäftigung 2018).

- Bereich Werkstatt – „Herrichten statt Vernichten!" (Metall/Holz, Lohnfertigung, Auftragsarbeiten von Privatpersonen, Lehrwerkstätte/Ausbildungsstätte, Reparaturservice)
- Bereich (Änderungs-) Schneiderei und Nähservice (Nähen, Ändern, Säumen, Kürzen etc.)
- Bereich Wäscherei und Bügelservice (Waschen, Trocknen, Mangeln, Legen, Reinigung und Pflege von Berufs- oder Arbeitskleidung, Wäschepflege in Kooperation mit mobilen Diensten)
- Bereich Fuhrpark und Transport – „fahrSOZIAL" (Warenabholung und -zustellung, Hol- und Bringdienst, Umzug/Übersiedelung/Entrümpelung, Mannschaftswagen, Lieferservice von Einkaufs- und Wäschezustellung/Essensauslieferung intern oder extern/Post-Partner, Shuttle-Service als Ergänzung zum öffentlichen Linienverkehr, Sonderfahrten – „Miet-Fahr-Börse", Botendienste, Tagesausfahrten/-ausflüge, Krankentransporte)
- Bereich Vermietung und Verpachtung (Anhänger- und Transporterverleih, Geräte- und Maschinenverleih, Vermietung und Verpachtung von Lagerräumlichkeiten)
- Bereich Seminare and more (zugänglich für internes Personal/ Externe/Privatpersonen, Co-working Spaces oder Gemeinschaftsbüros, bei externer Benutzung der Seminarräumlichkeiten können unterschiedliche Pakete zugekauft werden)
- Bereich Arbeitskräfteüberlassung (Gemeinnützige Personalüberlassung und Personalqualifizierung, Symbiose aus Arbeitstätigkeiten und lebenslangem Lernen, Beschäftigungs- oder/und Qualifizierungsmaßnahmen, Zusammenarbeit mit Systempartnern aus Bildung, Training und Arbeit)
- Zusätzliches Angebot für Nicht-Transitmitarbeiter – „Zuverdienstprojekt" für Frauen oder/und Jungpensionisten (auch unter den Begrifflichkeiten Silver Ager/Best Ager bekannt)
- Betriebskindergarten (mit offener Ganztagesbetreuung)

Mittels der bereits anfänglich dargestellten Grafik des Sozialkaufhauses (siehe dazu Abbildung 26), soll nochmals auf die vorangegangene Zielbildbeschreibung inklusive der einzelnen Teilbereiche der SOZIALquelle hingewiesen werden.

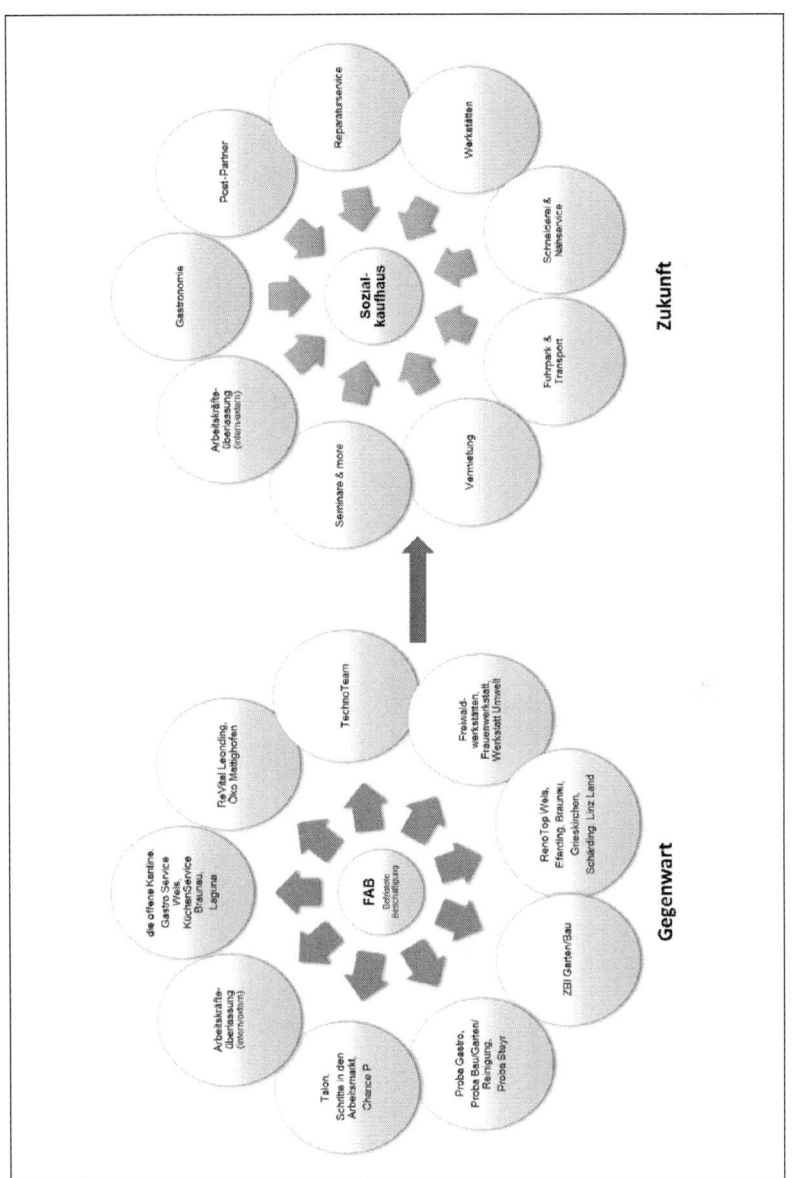

Abbildung 27: Gegenwärtige Denkweisen zukunftsfähig gestalten
(eigene Darstellung)

Die linke Abbildung stellt die Vielzahl an Angeboten im gegenwärtigen Verein zur Förderung von Arbeit und Beschäftigung dar, welche nebeneinander existieren und wo ein jeder FAB Sozialbetrieb selbstständig wirtschaftet. Im rechten Bild wird der Weg in die Zukunft symbolisiert, in der die aktuellen Angebote in den einzelnen Teilbereichen des FAB oder anderer ähnlicher sozialer Dienstleister in der SOZIALquelle gebündelt werden und durch Vernetzung und Kooperationen miteinander agieren bzw. nach außen hin auftreten können. Wie bereits mehrfach erwähnt, steht die Kooperation sozialer Dienstleister im Vordergrund und kann zusätzlich bedient werden.

Wie aus der obigen, rechten Abbildung (siehe dazu auch Abbildung 27) ersichtlich wird, kann das Sozialkaufhaus unterschiedliche Aufgabenfelder bedienen. Die einzelnen Teilbereiche entstanden aus der Recherchearbeit zu den aktuellen Angeboten an Dienstleistungen und Produkten des FAB und weiterführend durch die Best-Practice-Analyse. In erster Linie werden neue Arbeitsplätze für arbeitslose Personen oder andere Menschen aus der erweiterten Zielgruppe geschaffen, mit dem Ziel der Integration der jeweiligen Person am Ersten Arbeitsmarkt. Weitere wesentliche Erfolgsfaktoren sind das soziale Ansehen und die Teilhabe in der Gesellschaft bzw. das Arbeitgeberimage des Sozialkaufhauses und die Spendenfreudigkeit der Bevölkerung. Langfristig gesehen sollen unterschiedliche, bereits bestehende Angebote des FAB gebündelt und weitere Zweigstellen in den Bezirksstädten innerhalb Oberösterreichs errichtet werden. Digitalisierung, Wandel des Arbeitsmarkts, Globalisierung, Substituierbarkeit der Erwerbsarbeit, Fachkräftemangel und Mangelberufe etc. sind die weiteren zu integrierenden Herausforderungen.

Grundsätzlich soll es Menschen mit geringem Einkommen möglich sein, Waren im Sozialkaufhaus zu erwerben wie jede/r andere auch. Für diese Personengruppe wird ein Rabattsystem eingeführt, damit die Preise ihrer Einkommenslage angepasst werden können und jene die Chance haben, als gleichberechtigte Kund/innen zu agieren. Außerdem soll die Möglichkeit bestehen, bei den rabattierten Preisen im Café, wieder soziale Kontakte knüpfen zu können. Diesen Leuten ist es oftmals nicht möglich, ein Café zu besuchen, da sie sich dort die Preise aufgrund der niedrigen Einkommenslage nicht leisten können (eine soziale Ausgrenzung führt in den meisten Fällen zur Isolation der betroffenen Personen).

Organisationsstruktur

Nachfolgendes Organigramm bildet die einzelnen Organisationsstrukturen und Aufgabenbereiche innerhalb der SOZIALquelle ab:

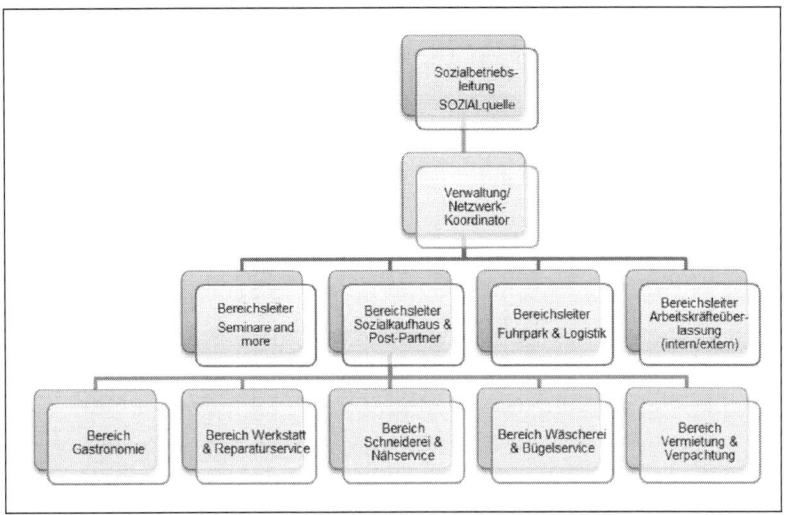

Abbildung 28: Organigramm der SOZIALquelle (eigene Darstellung)

In der mittleren Managementebene des Sozialkaufhauses agieren neben der Verwaltung und einem Netzwerk-Koordinator auch die jeweiligen Bereichsleiter der unterschiedlichen Tätigkeitsfelder miteinander. Kollegiale Führung und eine innovationsfähige Unternehmenskultur sollen seitens der Sozialbetriebsleitung kommuniziert bzw. vorgelebt werden. Zu den hier nicht dargestellten Bereichen, welche von der FAB Zentrale in Linz serviciert werden, zählen unter anderem Personalmanagement, Finanzwirtschaft/Controlling, Facility Management, Informationstechnologien und Unternehmenskommunikation.

Weiterführend ist denkbar, unterschiedliche Organisationseinheiten bzw. Teilbereiche des Sozialkaufhauses in den jeweiligen Regionen in Oberösterreich bedarfsorientiert anzubieten und so regional abgestimmte Zweigniederlassungen zu implementieren.

Finanzierungsstruktur/-quellen

Zur Deckung des Finanzbedarfs werden unterschiedliche Finanzierungsquellen herangezogen. Angestrebt wird ein vielfältiger Finanzierungsmix aus unterschiedlichen Töpfen aufgrund der differenzierten Zielgruppen der potenziellen Transitmitarbeiter/innen. Daraus lassen sich folgende Finanzierungsquellen ableiten:

- Förderungen/Subventionen seitens des Landes/Bundes
- Geldflüsse aus dem Chancengleichheitsgesetz und Sozialhilfegesetz
- Sponsoring
- Ämter und Behörden (z. B. Arbeitsmarktservice, Sozialministerium)
- Mittel aus dem Europäischen Sozialfonds ESF
- Regionale Fördergelder der Europäischen Union
- Regionale Fonds (Land oder EU)
- Entgelt von Endkund/innen (Warenverkauf, Lohnfertigung, Auftragsarbeiten, Seminar-/Schulungsteilnahme, Vermietung und Verpachtung etc.)
- Innerbetriebliche Leistungsverrechnung

Im Fall der SOZIALquelle wird bewusst auf eine breite Streuung der Finanziers Wert gelegt, damit dementsprechend eigenständiger und flexibler bei Entscheidungsprozessen verfahren werden kann. Dabei soll die Rolle des Bittstellers in den Hintergrund rücken und ein neues, innovatives und selbstbestimmtes Image aufgebaut werden.

Das Zielbild kann nicht nur innerhalb des FAB mit Dienstleistungen bzw. Produkten erstellt werden, sondern auch als ein Zusammenschluss unterschiedlicher sozialer Träger gedacht werden – nach dem Motto „Regional Sozial" als Antwort auf regionale Problemstellungen.

Sozialkaufhaus – „Regional Sozial" als Antwort auf regionale Problemstellungen

Durch das Verständnis als „Module" kann die Idee der SOZIALquelle auch als regionale „Sozialkaufhaus-Variante im Baukasten-System" weitergesponnen werden. Nachfolgend wird die Idee des „Regional Sozial" als fiktives Szenario in der Region Rohrbach skizziert:

Auch hier hat sich innerhalb der unterschiedlichen Anbieter sozialer Dienste über die Jahre die Einstellung verfestigt: „Jeder kocht sein eigenes Süppchen." Eigenprodukte werden ausschließlich in den vereinsinternen Geschäftslokalen vertrieben. Ab und an finden auch Märkte und Veranstaltungen in diesen Räumlichkeiten statt, aber wiederum nur als Zurschaustellung eigener Erzeugnisse und Instrument der Öffentlichkeitsarbeit. Zeitressourcen für die Kund/innen werden immer knapper, der Zeitdruck steigt stetig an, alles muss schneller und zügiger vonstattengehen und zusätzlich wird ein optimaler Ressourceneinsatz gefordert. Daraus folgt in der Überlegung, dass Privatkunden lieber bei einem Anbieter bzw. an einem Ort einkaufen, welcher eine vielfältige Produktpalette aufweist. Weiterführend sind auch zu wenig Ressourcen vorhanden, um die organisationspezifischen und vor allem dezentralen Shops in der Region zu bedienen. Endkunden haben nicht die Möglichkeit, überall hinzukommen und in jeder sozialen Einrichtung einen sozialen Mehrwert zu schaffen. Der sog. „One-Stop-Shop" wäre in diesem Fall auch hier eine Lösungsmöglichkeit.

Neben der Problematik der dezentralen Standorte in der ländlichen Region des Bezirks Rohrbach herrscht oft noch viel Unwissenheit hinsichtlich Angebot und Inanspruchnahme sozialer Dienstleistungen. Dies lässt sich auf mangelnde Informationsflüsse oder fehlende Beratungs- und Vermittlungsangebote und ein zu wenig ausgebautes Netzwerk an sozialen Dienstleistern zurückführen. Um dem entgegenzuwirken, könnte ein Fokus auf „Networking" innerhalb des Sozialbereichs im Bezirk Rohrbach gelegt werden. Dafür müsste eine zentrale Ansprechstelle mit wirksamen Außenauftritt geschaffen werden, welche als Anlaufstelle für Interessenten, Kooperationspartner, Hilfesuchende etc. hinsichtlich der Angebotsvielfalt in der Region tätig wird.

Die Bezirksstadt Rohrbach als zentraler Angelpunkt wäre eine gute Standortwahl für das Sozialkaufhaus als Vermittler zwischen regionalen und sozialen Dienstleistern. Ein ähnliches Sozialkaufhaus, welches Waren und Dienstleistungen von unterschiedlichen Trägern, Vereinen usw. des Sozialbereichs in der Region Rohrbach vermarktet, könnte deren Produkte auf Kommission verkaufen. Man könnte auch über Shop-in-Shop-Lösungen nachdenken. Ein weiteres wichtiges Ziel neben der Vernetzung ist die Rolle als zusätzliches Helferportal, welches als analoge und digitale Plattform zum Austausch zwischen Hilfesuchenden und Anbietern sozialer Dienstleistungen anregen und agieren soll.

3.2.6 Zusammenfassung

Am Ende stand ein Zukunftsbild mit modularen Dienstleistungen, das es gleich einem Puzzle ermöglicht – entsprechend dem regionalen Bedarf –, eine regionale SOZIALquelle zu generieren und ggf.

mit weiteren, in der Region ansässigen Dienstleistern zu kombinieren. Es kann für ältere, langgediente Führungskräfte schwierig sein, vom bisher unsystematischen Nebeneinander („jeder für sich") zu einem gemeinsamen Blumenstrauß als Metapher umzuschwenken. Die Umsetzung ist aus Sicht der Autorin auf mehrere Jahre anzulegen. In den nächsten Jahren steht eine größere Pensionierungswelle bei den „alten" Führungskräften an. Damit wäre die Chance gegeben, dass mehr neue Ideen Einzug halten.

3.2.7 Literatur-/Quellenverzeichnis

Brandl, P./Ehrenmüller, I. (2019): pQMS extended. Neues Qualitätsmanagementsystem für die Langzeitpflege. prozessbasiert – erweiterbar – effizienzsteigernd. Walhalla Fachverlag, Regensburg.

Dialogbild GmbH (2019): Zeigen Sie, was Sie sagen wollen. Visualisierung von Prozessen, Veränderungen und Visionen. – www.dialogbild.de (letzter Zugriff: 04.03.2018)

FAB – Verein zur Förderung von Arbeit und Beschäftigung (2018): Geförderte Beschäftigung. – www.fab.at/de/unsere-angebote/angebote-fuer-arbeitsuchende-menschen/projects/show/gefoerderte-beschaeftigung.html (letzter Zugriff: 22.01.2018)

Glasl, F./Kalcher, T./Piber, H. (2014): Professionelle Prozessberatung: Das Trigon-Modell der sieben OE-Basisprozesse. Haupt, Bern.

Gouthier, M. (Hrsg.) (2017): Service Design. Innovative Services und exzellente Kundenerlebnisse gestalten. Nomos Verlagsgesellschaft, Baden-Baden.

Kitzberger, J. (2018): SOZIALquelle: Eine Kooperation sozialer Dienstleister. Ein Zielbild für den Verein zur Förderung von Arbeit und Beschäftigung mit sozialem Mehrwert. Linz.

Lewrick, M./Link, P./Leifer, L. (Hrsg.) (2017): Das Design Thinking Playbook. Mit traditionellen, aktuellen und zukünftigen Erfolgsfaktoren. Franz Vahlen, München.

Osterwalder, A./Pigneur, Y. (2011): Business Model Generation. Ein Handbuch für Visionäre, Spielveränderer und Herausforderer. Campus Verlag, Frankfurt/Main.

Schulz, C./Weckmann, A. (2017): Out of the box and into reality – Die Potentiale innovativer Methoden richtig verstehen, kombinieren und in echten Kundennutzen umsetzen – wie aus „Design Thinking" „Design Doing" wird. In: Gouthier, M. (Hrsg.): Service Design. Innovative Services und exzellente Kundenerlebnisse gestalten. Nomos Verlagsgesellschaft, Baden-Baden, S. 79–96.

Venter, K./Friedrich, K. (2018): Spinnovation. Intelligent spezialisieren. Kraftvoll innovieren. Alleinstellung neu entwickeln. Franz Vahlen, München.

Verein zur Förderung von Arbeit und Beschäftigung (2018a): Organisation. – www.fab.at/de/ueber-uns/organisation.html (letzter Zugriff: 22.01.2018)

Verein zur Förderung von Arbeit und Beschäftigung (2018b): Unsere Angebote. – www.fab.at/de/unsere-angebote.html (letzter Zugriff: 22.01.2018)

Verein zur Förderung von Arbeit und Beschäftigung (2018c): Was wir tun. – www. fab.at/de/ueber-uns/was-wir-tun.html (letzter Zugriff: 22.01.2018)

Julia Kitzberger, B.A. ist in der Sozialwirtschaft tätig und studiert derzeit im Masterstudiengang „Gesundheits-, Sozial- und Public Management" berufsbegleitend an der FH Oberösterreich – Fakultät für Medizintechnik und Angewandte Sozialwissenschaften am Campus in Linz. Im Zuge der Bachelorarbeit entwickelte sie ein zukunftsfähiges Zielbild für den Verein zur Förderung von Arbeit und Beschäftigung FAB im Bereich arbeitsmarktpolitischer Maßnahmen. Ihre besondere Leidenschaft gilt der Forschung und ebenfalls der Entwicklung innovativer Ansätze im Sozialbereich, wobei sie ihr Wissen erweitern bzw. neue Methoden und Modelle erlernen kann.

3.3 Hausnotruf ade?! Hybride Dienstleistungsmodelle für das Leben im Alter daheim
Michael Vilain und Matthias Heuberger

Im Rahmen des durch das Bundesministerium für Bildung und Forschung (BMBF) geförderten Forschungs- und Entwicklungsprojekts ENGESTINALA[61] wurden gemeinsam mit zwei großen deutschen Wohlfahrtsverbänden hybride Wertschöpfungsketten für den Einsatz einer tablet-basierten Hausnotruf- und Kommunikationstechnologie entwickelt und in Teilen umgesetzt. Dabei erfolgt die Vermarktung basierend auf der Einbeziehung von Ambient-Assisted-Living (AAL)-Technologien in mehrdimensionalen, sich stetig wandelnden, lokalen Netzwerken und erfordert von den Verbänden ein umfassendes Netzwerkmanagement, die Entwicklung nachfrageorientierter Dienstleistungen sowie die Anpassung interner Arbeitsabläufe. Damit – so eine These dieses Beitrags – rücken rein technische Eigenschaften als Erfolgsfaktor in den Hintergrund, während Geschäftsmodellierungen als strategischer Rahmen sowie organisatorische und soziale Kompetenzen für die Umsetzung, insbesondere in der Prozess- und Netzwerkgestaltung, wichtiger werden. Der Beitrag beschreibt die Besonderheiten hybrider Geschäftsmodelle im Sozialwesen und zeigt am Beispiel eines konkreten Projekts die damit verbundenen Herausforderungen.

---

[61] Das Akronym ENGESTINALA steht für „Entwicklung hybrider Geschäftsmodelle zur Stärkung innovativer ambienter Lebensstrukturen im Alter" (BMBF-*FKZ: 03FH008SX3*). Vorliegender Beitrag basiert in Teilen auf dem internen Abschlussbericht des Projekts sowie den im Rahmen des AAL Forum 2015 sowie des AAL Kongress 2016 verfassten Beiträgen (siehe Vilain et al. 2015 und Vilain et al. 2016).

3.3.1 Demografischer und technologischer Wandel trifft Sozialwesen

Bekanntermaßen ist in den nächsten Jahren ein stetiger Anstieg des Bevölkerungsanteils älterer Menschen zu erwarten (Statistisches Bundesamt 2019). Dabei ist auch von einem absoluten Anstieg der Hilfs- und Pflegebedürftigkeit auszugehen (Beske 2016). Aktuell leben in Deutschland etwa 3,41 Mio. pflegebedürftigen Menschen im Sinne des SGB XI. Der überwiegende Teil davon, nämlich 76 %, lebt nach wie vor im eigenen Zuhause und nur 24 % werden vollstationär in Pflegeheimen versorgt (Statistisches Bundesamt 2018). Darüber hinaus zeigen frühere Untersuchungen eine große Anzahl an Menschen, die einen regelmäßigen, vorrangig hauswirtschaftlichen Hilfebedarf haben, der nicht durch Leistungen des SGB XI abgedeckt wird (Schneekloth/Wahl 2005).[62]

Die Auswirkungen des demografischen Wandels in Verbindung mit dem Wunsch nach einem Leben im eigenen Heim rückt die Problematik der sozialen Isolation und Versorgung älterer Menschen verstärkt in den Vordergrund. Vor diesem Hintergrund erstaunt es nicht, dass Dienstleistungswirtschaft und Industrie die alternde Gesellschaft auf ihrer Suche nach Wachstumspotenzialen längst als Markt entdeckt haben, sodass in den letzten zehn Jahren eine Fülle von technischen Produkten und damit verknüpften Dienstleistungen auch den Endkunden erreicht haben. Unterstützt wurde dies durch eine staatliche Förderpolitik, die durch das Leitbild eines von technologischer Erneuerung befeuerten Wachstums geprägt war und ist. Mit Blick auf das Sozial- und Gesundheitswesen entstand so eine eigene „Szene", die sich um den Begriff des Ambient-Assisted-Living (AAL) gruppiert hat. Ziel war es vor allem, ältere Menschen bei einer aktiven und selbstständigen Lebensführung zu unterstützen, den möglichst langen Verbleib im eigenen Heim zu gewährleisten und so die volkswirtschaftlich teure Heimunterbringung hinauszuzögern, um das Sozialversicherungssystem zu entlasten (Berndt et al. Wichert 2009). Allein die unzähligen Sensoren und intelligenten Alltagshelfer (z. B. die Assistenz-Wand LISA, die intelligente blutzuckermessende Toilette) sind kaum in die Heime der Menschen vor-

---

[62] So zeigte eine Untersuchung von Schneekloth/Wahl, dass 2005 bereits über 1,3 Mio. Menschen einen täglichen und mehr als 1 Mio. Menschen einen wöchentlichen Hilfebedarf haben, der nicht durch professionelle Dienste abgedeckt wird (Schneekloth/Wahl 2005, S. 62). Diese Zahlen dürften sich mittlerweile deutlich erhöht haben.

gedrungen und so stehen Fördersummen in Milliardenhöhe lediglich bescheidenen Markterfolgen gegenüber.[63] Aus der Analyse zahlreicher Technologieprojekte und den Erfahrungen aus eigener Projekttätigkeit lässt sich dies auf eine ganze Reihe von Faktoren sowohl in der Vermarktung als auch in der eigentlichen Anwendung der Technologien zurückführen (vgl. dazu auch Fraunhofer 2009 sowie zu den Gründen des Scheiterns von innovativen AAL-Projekten Horneber/Pensky/Macco 2011). Hierzu gehören unter anderem:

- mangelndes Wissen der Nutzer und Dienstleister über die technischen Angebote
- geringe Nutzerakzeptanz und Zahlungsbereitschaft für AAL
- zu hohe Kosten für Endnutzer
- Probleme bei der Nutzung technischer Lösungen in komplexen Umgebungen (z. B. Sensorik)
- fehlendes technisches Know-how bei Anwendern und Handwerkern
- Angst vor Stigmatisierung durch Nutzung der vielfach auf den Ausgleich von Defiziten ausgelegten Technik („Großer-Tasten-Effekt")
- Angst vor Überwachung

Schwerer noch wogen und wiegen Annahmen über die Marktstruktur. Insbesondere die Erwartungen von Technologieentwicklern und -anbietern, ältere Menschen als Endkunden würden AAL-Systeme direkt nachfragen, erwies sich als Irrtum. Demnach sind es nicht die Senioren selbst oder deren Angehörige, die ein Produkt für den persönlichen Bedarf nachfragen, sondern Dienstleister mit der Möglichkeit, altersgerechte Assistenzsysteme in ihr bestehendes Angebotsspektrum zu integrieren. Da die Entwicklung der technischen Systeme weitgehend ohne Beteiligung der Wohlfahrtspflege erfolgte und diese über lange Zeit – wenn überhaupt – nur zu Testzwecken eingebunden wurden, zeigten sich schon bald weitere schwerwiegende Hemmnisse:

- Mangelnde Einbindung der technologischen Komponenten in Angebotsstrukturen des Gesundheits- und Sozialwesens und die
- mangelnde Anpassung der Produkte an die Struktur- und Prozesserfordernisse bisheriger Dienstleister in der Wohlfahrt.

---

[63] An den Befunden von Hilbert et al. 2008 hat sich bis heute nicht viel geändert.

Die Adressierung der Mehrzahl dieser Problemfelder erfolgt üblicherweise im Rahmen eines Geschäftsmodells. Zusammenfassend bedeutet dies, dass das zentrale Markthemmnis dieser Technologien in unzureichenden Geschäftsmodellen liegt (vgl. dazu explizit Berndt et al. 2009, S. 3 und Fachinger et al. 2012). Dies gilt für das Sozialwesen in besonderer Weise. Die Einführung einer neuen Technologie ist dabei in dem durch relativ starre staatliche Vergütungssysteme geprägten Sozialwesen eben kein linearer Prozess, bei dem die Aufnahme im Markt über Erfolg oder Misserfolg entscheidet. Vielmehr gelangen technologische Neuerungen ohne entsprechende Refinanzierung hier gar nicht erst in den Markt. Die Einführung einer neuen Schlüsseltechnologie geht letztlich nahezu immer mit einem veränderten oder neuen (sozialpolitischen) Geschäftsmodell einher. Dabei bieten Wohlfahrtsverbände und Hilfsorganisationen eine Reihe von Vorzügen an. Sie sind nicht nur Gatekeeper im technologiebasierten Sozial- und Gesundheitsmarkt, sondern genießen auch ein hohes Kundenvertrauen und verfügen über ein zusätzliches, breit gefächertes Dienstleistungsportfolio, welches die Anschlussfähigkeit bestehender AAL-Produkte erlaubt und diese mit einem zusätzlichen Mehrwert für den Endkunden versehen kann. Einige Wohlfahrtsverbände verfügen zudem über jahrzehntelange Erfahrung bei der erfolgreichen Umsetzung von technologiebasierten Dienstleistungen im Bereich des Hausnotrufs.[64] Hier anzusetzen schien aus verschiedenen Gründen günstig:

1. Der Geschäftsbereich Hausnotruf kann als technikaffin bezeichnet werden, das heißt die Mitarbeitenden sind an den Umgang mit Technik gewöhnt und überdurchschnittlich technikorientiert.

2. Der Hausnotruf ist bereits ein hybrides Angebot in seiner einfachsten Form, das Technik und soziale Dienstleistung mit einem klar definierten Nutzenversprechen verbindet.

3. Es wird eine (Notruf-)Zentrale vorgehalten, die als Nukleus für die Anbindung weiterer Dienstleistungen fungieren kann.

4. Die Technologie selbst lässt sich bereits heute über jedes mobile Endgerät mit eingebauter Notruffunktion simulieren. Das Feld ist anfällig für disruptive Entwicklungen, sodass ein gewisser Handlungsdruck besteht.

---

[64] Andererseits fehlen ihnen zumeist die notwendigen Ressourcen und das Know-how zur Entwicklung oder Umsetzung technologiebasierter Arbeitsbereiche. Darüber hinaus gibt es nicht selten deutliche Abwehrbewegungen bei den Leitungskräften und Mitarbeitenden, sich überhaupt mit diesem Thema auseinanderzusetzen.

5. Die Dienstleistungen werden teilweise staatlich refinanziert, teilweise durch Benutzerentgelte, und die Anbieter sind somit an eine Mischkalkulation gewöhnt.

3.3.2 Die Zukunft des Hausnotrufs gestalten – das Projekt ENGESTINALA

Vor diesem Hintergrund war es Ziel des vom BMBF geförderten Projekt ENGESTINALA, ausgehend vom klassischen Hausnotruf, in den beiden Modellregionen Offenbach (Stadt) sowie Wiesbaden (Stadt) inklusive dem Rhein-Main-Taunus-Kreis, hybride und an den regionalen strukturellen Bedingungen angepasste Geschäftsmodelle für den Einsatz neuer Hausnotruf- und Kommunikationstechnologien in fünf Schritten zu entwickeln. Das Projekt wurde im transdisziplinär arbeitenden Konsortium, bestehend aus dem Institut für Zukunftsfragen der Gesundheits- und Sozialwirtschaft der EHD (IZGS), dem Arbeiter-Samariter Bund e. V. (ASB) und dem Deutschen Roten Kreuz (DRK) e. V. in Hessen, zweier mittelständischer Technologieanbieter sowie dem Fraunhofer IAO durchgeführt. Im Kern ging es darum, die mittlerweile mehrere Jahrzehnte alte Hausnotruftechnologie, die aus einem mobilen Sender (z. B. Notrufknopf als Uhr oder Anhänger) und einem über die Telefonleitung mit der Notrufzentrale verbundenen Empfänger (Hausnotrufbox) durch modernere, multifunktionale Geräte zu ersetzen.

Auslöser dafür war die Erkenntnis, dass Hausnotrufgeräte von den betroffenen Senioren oftmals gar nicht oder missbräuchlich genutzt werden. So ließ sich bereits in den Anfängen des Hausnotrufs beobachten, dass auf 15 medizinische Notfälle 200 Sozialrufe kamen, bei denen Nutzer/innen den Notruf vermeintlich versehentlich oder gar bewusst auslösen, nur um dann Kontakt zu einem Menschen zu haben oder ganz anders geartete Probleme zu thematisieren (Marx 2006). Hier liegt ein erhebliches Potenzial zur Verbesserung der Lebenslage älterer Menschen, das in den auf Schnelligkeit ausgelegten Notrufzentralen so nicht bearbeitet werden kann.

3.3.2.1 Idee und Ansatz

Ziel war es, die Hausnotruffunktion nicht nur technisch zu erneuern, sondern die Potenziale neuartiger Technologien für ein verbreitertes Angebot zu nutzen. Die unterschiedlichen Funktionen, die ein Anruf/Notruf haben kann, sollten über eine neue Kommunikationstechnologie erfolgen sowie in einer aus den Notrufzentralen zu entwickelnden Dienstleistungszentrale gebündelt werden und unterschiedliche Dienste integrieren (vgl. Abbildung 29).

Art des Kontakts	Handlung	Akteure	Finanzierung
Notfall	Alarmierung Rettungsdienst	Rettungsdienst der Organisation oder der Kommune	staatlich
Gesprächsbedarf	Vermittlung an Gesprächsdienst	Ehrenamtliche Zentrale ggf. Besuchsdienst	solidarisch
Hilfebedarf	Vermittlung Sozialer Dienst	Sozialarbeiter/ innen zur zentralen Beratung	abhängig vom Hilfebedarf
Suche nach Rat	Einbindung von Nachbarn/ Angehörigen	Dritte	keine
...	...	...	...

Abbildung 29: Funktionen einer Kontaktaufnahme und mögliche Hilfestellungen (eigene Darstellung)

Dabei sollten die Eigenarten der einzusetzenden Technik unterstützende Funktionen anbieten, die eine schnelle Klärung der Situation (z. B. durch Kamera oder Vitalwertmessung) ermöglichen kann und selbst weitere Angebote zur autonomen Nutzung (z. B. Bestellservice bei Apotheken, Terminvereinbarung bei Ärzten) vorhält. Gerade im Fall zusätzlicher Hilfebedarfe sollte eine Integration weiterer eigener oder fremder Angebote möglich gemacht und stufenweise in den Service eingebaut werden.

Rasch wurde deutlich, dass im Gegensatz zu dem in der Industrie gebräuchlichen Hybriditätsbegriff, der vor allem die Integration von Dienstleistungen und Industrieprodukten fokussiert (z. B. Vertrieb von Druckern und deren Wartung als Service), anknüpfend an die Besonderheiten des Sozialmarkts und die Komplexität des geplanten Dienstleistungsmodells ein hybrides Geschäftsmodell im Sozialwesen die Arbeit in nichtlinearen Wertschöpfungsstrukturen abbilden musste. Dabei geht es gerade im Fall von Dienstleistungs-Technik-Konstellationen um die Integration von nachhaltigen Leistungs-, Ertrags-, Wachstums- und Kommunikationskonzeptionen durch Konfiguration von Kompetenzen in mehrdimensionalen Netzwerkstrukturen. Der Erfolg in solchen Strukturen hängt vor allem von der Einordnungs- und Koordinationskompetenz der heterogenen Akteure mit ihren unterschiedlichen Zielsetzungen, Kompetenzen und Organisationsformen ab.

Ausgangspunkt müssen dabei die Bedürfnisse der Nutzer/innen sein (Abbildung 30). Ein Geschäftsmodell muss dabei die auf die Bedürfnisse gerichteten Akteure und Technologien unter den Nebenbedingungen sozialen Handelns (Aktivierung, Partizipation, Selbstbestimmung, Einbeziehung des Sozialraums etc.) integrieren und strukturell, prozessoral, kommunikativ und finanziell gestalten.

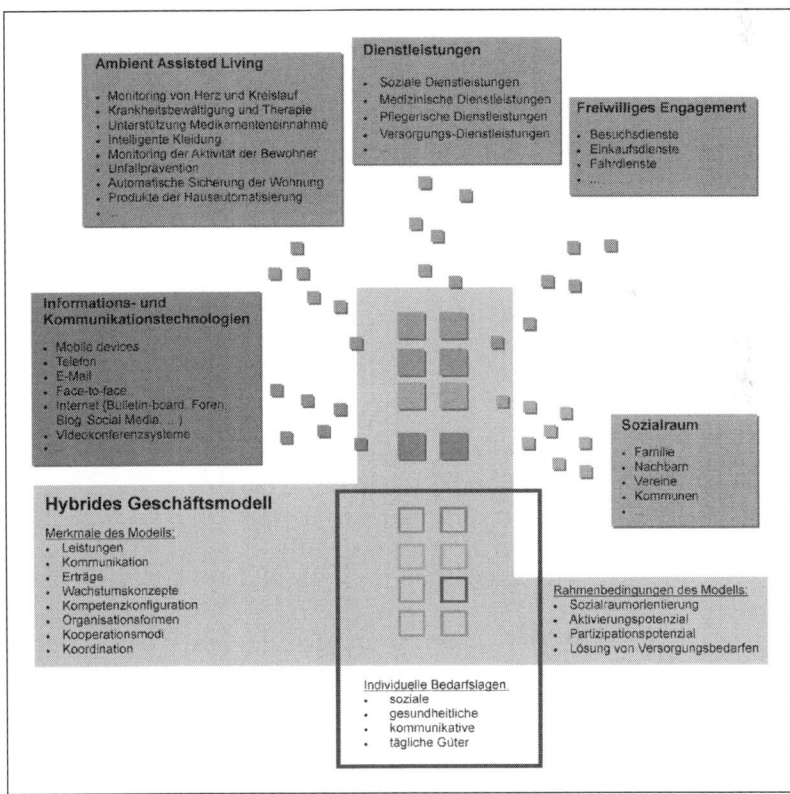

Abbildung 30: Konzept eines mehrdimensionalen hybriden Geschäftsmodells (eigene Darstellung)

Sowohl das DRK als auch der ASB unterhalten in der Region eine Notrufzentrale und sind etablierte Spieler in diesem Feld. Allerdings unterscheiden sich die Strukturen als auch die Sozialräume beider Verbände deutlich, sodass die Durchführung in zwei Modellstandorten auch Rückschlüsse auf die Erfolgsfaktoren eines solchen Vorhabens geben sollten.

Die Konkretisierung dieses abstrakten Modells wurde an beiden Modellstandorten getrennt durchgeführt, wobei zentrale Entwicklungen in den gemeinsamen Konsortialtreffen immer wieder rückgekoppelt wurden. Einbezogen waren neben der wissenschaftlichen Unterstützung durch das IZGS und das Fraunhofer IAO unterschiedliche Technologieanbieter, verschiedene Vertreter der beteiligten Verbände sowie die Nutzer/innen selbst. Im Rahmen eines durch Design Thinking inspirierten, jedoch an die konkreten Erfordernisse vor Ort adaptierten Vorgehens haben diese erheblich bei der Gestaltung des Projekts, vor allem am Modellstandort Offenbach mitgewirkt.

3.3.2.2 Ablauf des Projekts

Zur Zielerreichung wurde in einem ersten Schritt eine ausführliche Literatur- und Marktanalyse zu AAL-Technologien, anschlussfähigen Dienstleistungen, Anbieter- und Nutzerstruktur von altersgerechten Assistenzsystemen sowie bisherigen hybriden Geschäftsmodellen durchgeführt.

Der zweite Schritt stellte eine Analyse der beiden beteiligten Projektpartner und ihrer Standorte dar. Diese umfasste zum einen Daten zur potenziellen Zielgruppe der jungen Alten, Alten und hochalten Menschen, ihrer demografischen Entwicklung, der Struktur des Gemeinwesens, den vorhandenen und potenziellen Dienstleistungsangeboten sowie der derzeitigen Struktur des Hausnotrufangebots in den Modellregionen. Auf der Grundlage der Ergebnisse erfolgte eine Konkretisierung der Dienstleistungsentwicklung, welche die Spezifika der Modellregionen bezüglich Branche, Mitbewerber, potenzieller Kooperationspartner und Kund/innen berücksichtigte. In dieser Phase der Konzeption wurden die Rollen und Tätigkeiten der Partner in der Wertschöpfungskette in den Fokus genommen. Die gesamten Erkenntnisse dieser Phase wurden zu einem ersten verbandsspezifischen Aufgaben- und Geschäftsplan verdichtet.

Im dritten Schritt wurden geeignete Kommunikationstechnologien erprobt und vor dem Hintergrund ihres Umsetzungspotenzials in den teilnehmenden Verbänden bewertet. Hierbei spielten einerseits der zusätzlich zu erwartende Kundennutzen, die Bedienbarkeit und Akzeptanz sowie andererseits die Integrierbarkeit der Technologien in die Ablauforganisation der Wohlfahrtsverbände eine zentrale Rolle. Die von Experten der Verbände getesteten und bewerteten Technologien wurden in mehreren Anpassungsschleifen mit den Anbietern an die individuellen Anforderungen von ASB und DRK angepasst und – wo dies nicht möglich war – selektiert. Schon hier stellte sich heraus, dass viele der angebotenen Lösungen entweder den Bedürfnissen der Nutzer, der Anbieter oder beider nicht gerecht werden konnten. Dabei zeigte sich, dass je spezifischer der angegebene Nutzen und je aufwendiger die Implementierung der Technik war, desto geringer wurde der Nutzen erlebt, sodass sich beide Standorte letztlich für den Einsatz einer modifizierten Tabletlösung entschieden.

In der anschließenden vierten Phase wurden im Rahmen einer Praxiserprobung insgesamt 90 Nutzer/innen mit den tablet-basierten Kommunikations- und Hausnotrufsystemen – die mit einer eigens hierzu entwickelten Software bespielt worden waren – ausgestattet sowie in Handhabung und Nutzung geschult. Die Techniker der beteiligten Verbände fungierten aufgrund des erworbenen detaillierten Wissens über die Technologie als Multiplikatoren bei der Schulung der Nutzer/innen. Die Evaluierung der Testphase ergab wichtige Hinweise für die Konzeption der notwendigen Dienstleistungsmodelle (vgl. Abschnitt 3.3.3 und Vilain et al. 2015).

Abschließend wurden die hybriden Geschäftsmodelle – soweit als möglich – in mehreren gemeinsamen Workshops mit Blick auf die verbandsspezifischen Rahmenbedingungen und Erfordernisse verfeinert und detailliert beschrieben. In diesem Kontext wurden auch Aspekte der Übertragbarkeit und Skalierung herausgearbeitet.

Abbildung 31 zeigt schematisch das im Konsortium gemeinsam entwickelte Dienstleistungsverständnis, welches Ausgangspunkt für die regionale Umsetzung war. Ausgehend von den Bedarfen der Kundenseite (z. B. Notruf, Gesprächswunsch, Einkaufshilfe, Mahlzeit, Kleintierversorgung bei Krankheit), mussten die organisationsspezifischen Voraussetzungen für die Entwicklung und Umsetzung neuer Dienstleistungsmodelle sowie das dafür notwendige Verbundnetzwerk entwickelt werden. Im Mittelpunkt steht eine

moderne Dienstleistungszentrale, die mittels technischer Möglichkeiten eine schnelle und einfache Erfassung und Vermittlung der
Wünsche in das Verbundnetzwerk ermöglicht. Ein Verbundpartner-
netzwerk sowie ein interdisziplinärer Think-Tank begleiten die Verbesserung und Entwicklung des Systems.

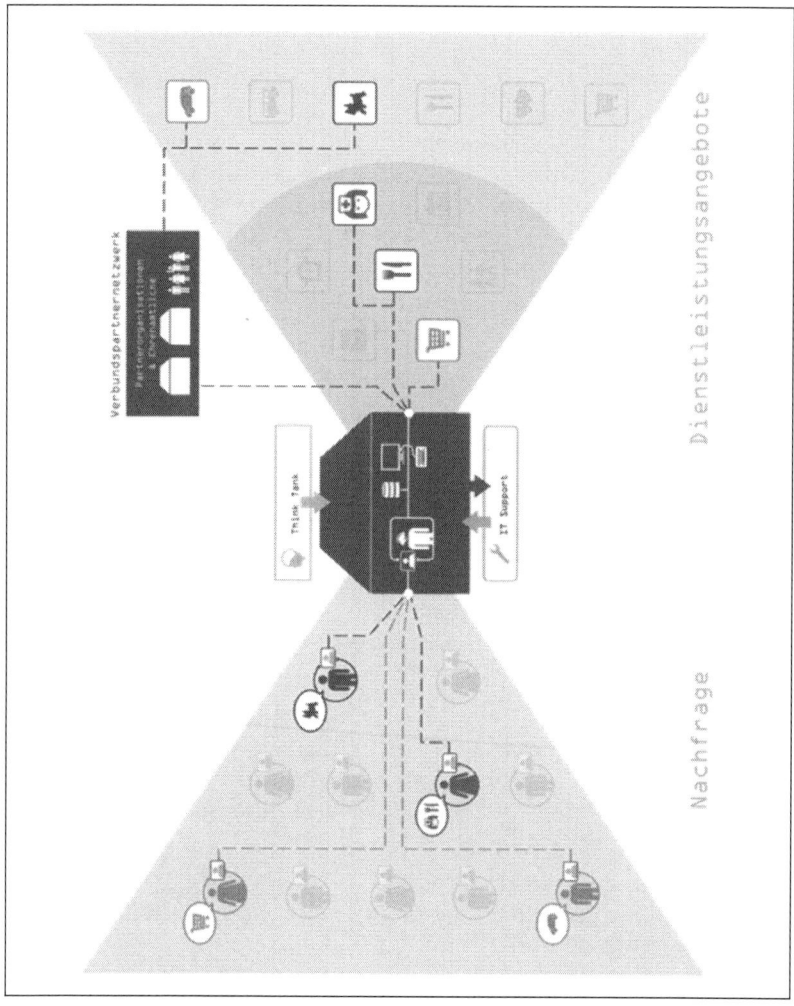

*Abbildung 31: Elemente eines technologieunterstützten Dienstleistungs-
modells (eigene Darstellung)*

Es versteht sich von selbst, dass mit dieser Vorgehensweise erhebliche Probleme verbunden waren, die zwar überwiegend, aber nicht vollumfänglich gelöst werden konnten. Nachfolgend soll auf einige in diesem Zusammenhang aufgetretene Herausforderungen eingegangen werden.

3.3.3 Herausforderungen hybrider Dienstleistungsmodellierung

Mit dem Wechsel des klassischen Hausnotrufsystems in ein tablet-basiertes Kommunikationssystem verlässt man den Bereich einer einfachen Wertschöpfungslogik. Überwiegend lineare Beziehungen, bei der der Kundennutzen primär Sicherheit (für die Nutzer/innen und insbesondere deren Angehörige) und die Finanzierungslogik[65] übersichtlich ist, die Technologieanbieter als Zulieferer und nicht als Partner fungieren und die verbandsinternen Prozesse standardisiert ablaufen, werden durch komplexere Strukturen ersetzt. Es handelt sich dabei um ein komplexes Konstrukt mit diversen Nutzenversprechen, unterschiedlichen Akteuren, einem heterogenen Finanzierungs-Mix und individuellen Beratungsprozessen. Stellvertretend sollen hier vier Problemkreise beim Übergang in eine hybride Angebotsstruktur aufgegriffen werden:

1. Daten- und Technikmanagement

Zur Integration der neuen Technologie in das Daten- und Technikmanagement mussten die Partner zunächst ein Mindestmaß an technischem Verständnis, Know-how und Bereitschaft der Auseinandersetzung einbringen. Dies wurde in beiden Verbänden durch eine enge Angliederung an die bestehenden Hausnotrufzentralen und die IT-Abteilungen gewährleistet. Bestehende technische Herausforderungen wurden, wenn nicht selbstständig, in Kooperation mit den Technikanbietern gelöst. Insgesamt ergab sich aufgrund erheblicher Vorkenntnisse nur ein übersichtlicher Schulungs- und Entwicklungsbedarf für das technische Personal in den beteiligten Organisationen. Anders als vermutet, erwies sich die Adaption neuer Technikkomponenten dabei als gut lösbare Herausforderung

---

[65] In Höhe von derzeit 23 Euro kann der Hausnotruf im Bedarfsfall durch die Pflegeversicherungen finanziert werden, in allen anderen Fällen zahlen die Nutzer/innen bzw. vielfach deren Angehörige selbst.

in der Realisierung. Schwieriger gestaltete sich dabei schon die durch die Implementierung erforderliche Reorganisation von Prozessen. Dies umfasst sowohl die Gestaltung der technischen Schnittstellen und die Verarbeitungsprozesse eingehender Daten als auch den technischen Support der Hausnotruf- und Kommunikationstechnologie. Diese wurden insbesondere in den Hausnotrufzentralen kritisch gesehen und konnten an beiden Standorten nur in Teilen realisiert werden.

2. Ausrichtung am Kunden/an der Kundin

Während beim klassischen Hausnotruf der Nutzen des/der Kunden/in eindeutig definiert ist und die Prozesse der Anbieter weitgehend standardisiert sind, sollte hier eine dialogartige Kommunikation mit den Nutzer/innen entwickelt werden. Neben dem klassischen Notruf sollte auch der soziale Notruf berücksichtigt werden. Dieser erfordert die Einordnung der Kommunikation und das Ergreifen entsprechender Maßnahmen, wie in Abbildung 29 dargestellt (z. B. Anruf Nachbar, Weiterleitung an ehrenamtliche Kommunikationshotline oder den allgemeinen sozialen Dienst). Dabei erfolgt eine Ausrichtung weg von den Erfordernissen der Organisation hin zu den Bedürfnissen der Nutzer/innen, welche in beiden Modellregionen zu erheblichen Herausforderungen führte: Die strukturierte Einbindung von Nutzer/innen in die Dienstleistungs- oder Organisationsentwicklung war bisher nicht üblich und es fehlte an Erfahrung bezüglich möglicher Kooperationsformen, sodass diese erst im Zuge der Einbeziehung der Nutzer/innen im Laufe des Projekts erprobt wurden. Die erforderliche Reorganisation der bestehenden Notruf- zu generalistischen front-end Kommunikationszentralen, wurde als risikobehaftet wahrgenommen, dies umso mehr, als Refinanzierung aus verschiedenen „Töpfen" erfolgen sollte. Abgesehen von den organisatorischen Aufgaben erwies sich die Idee der Ausrichtung am Kunden/an der Kundin als größte Herausforderung. Unmerklich schlichen sich in nahezu jede Debatte die ökonomischen, fachlichen, juristischen und organisatorische Anforderungen des Verbands ein. Dabei zeigte sich schnell, dass das Festhalten am Bekannten, insbesondere in einem Modellstandort Sicherheit versprach. Deutlich wurde auch, dass die Handlungslogik stark strukturorientiert war. Entscheidend sind dabei vor allem die Zuständigkeit, Entscheidungsbefugnis und -beteiligung sowie die Verantwortungsverteilung. Diese in Einklang mit einer fach- und abteilungsüber-greifenden Prozessgestaltung zu bringen, bei der die Grenzen nicht nur innerhalb, sondern auch zur Außenwelt aufgeweicht werden, erwies sich als nicht trivial.

3. Rollengestaltung in polymorphen Netzwerken

Die effektive Umsetzung des Modells erforderte die Bildung unter-schiedlicher Netzwerktypen. Diese lassen sich nicht mit lehrbuchar-tigen Managementkonzepten steuern, sondern bedürfen einer ver-änderten Leitungskonzeption. Die aus heterogenen Akteuren und Organisationen bestehenden Netzwerke zeichnen sich durch unter-schiedliche Ziele, Arbeitsweisen und Organisationskulturen aus und erfordern eine umfassende Koordination, die diesen Spezifika Rech-nung trägt. Diese ist die Grundlage für eine effiziente und ziel-gerichtete Kooperation der unterschiedlichen Akteure (Mühlbacher et al. 2003). Komplexe und modular aufgebaute Leistungsangebote im Gesundheits- und Sozialbereich sind immer in besonderer Weise Vertrauensgüter. Für die Orchestratoren/Anbieter ist es in diesem Zusammenhang zentral, geeignete und verlässliche Partner zu fin-den sowie passende Arbeitsformen zu etablieren (Becker et al. 2007). Die unterschiedlichen Netzwerktypen im Rahmen des Pro-jekts lassen sich anhand ihrer Funktion und Zielsetzung in Technolo-gie-, Dienstleistungs- und Nutzernetzwerk differenzieren.

Das Technologienetzwerk bestand in ENGESTINALA aus professio-nellen Technikanbietern und hatte das Ziel, die Funktionsfähigkeit der Technologie entsprechend der gemeinsam entwickelten Anfor-derungen und Spezifikationen zu gewährleisten. Handlungsleitend für die Technologienetzwerke war meist die technische Machbar-keit, verbunden mit einer mehr oder weniger realistischen Vision zum Nutzen für mögliche Anwender. Innerhalb der Zusammenar-beit sind gerade mittelständische Unternehmen vielfach weniger an einer gemeinsamen Entwicklung als vielmehr an der Realisierung schneller Absatzpotenziale bestehender Produkte interessiert und sehen die Sozialverbände eher als Kund/innen denn als gleichbe-rechtigte Partner. In der Zusammenarbeit war das Verhältnis durch eine gewisse „Kurzatmigkeit" geprägt. Weniger Verständnis bestand insbesondere für die vergleichsweise langen Entscheidungsvorläufe sowie die organisatorischen, sozialen und ethischen Implikationen der Technikanwendung. Waren die „Übersetzungsprobleme" gelöst, konnten andererseits schnelle Anpassungen und Problemlösungen miteinander erreicht werden.

Das Dienstleisternetzwerk sollte den zentralen sozialen und gesundheitlichen Nutzen für die Kund/innen produzieren. Es wurde unterteilt in verbandsexterne Dienstleistungen (z. B. Hausmeisterservice, Apotheken), verbandsinterne Dienste (z. B. Abteilung Senioren, Menüservice) und ehrenamtliche Angebote (z. B. Einkaufsdienste, Kulturpatenschaften). Die angebotenen entgeltlichen Dienstleistungen waren wichtiger Bestandteil der Re-Finanzierung des neuen Angebots und mussten im Sinne einer Multi-Level-Finanzierungsstrategie im Netzwerk konzipiert werden (Vilain 2015; Pelzer/ Burgard 2014). Die Zusammenarbeit im Dienstleisternetzwerk gestaltete sich ganz überwiegend herausfordernd. Immer wieder kamen Fragen in Bezug auf die Kontrolle des Netzwerkes, der Schaffung und Bewahrung von Standards sowie der Haftung für die Nichterfüllung der Zusagen von Netzwerkpartnern auf. So überlegte ein Verband in Anlehnung an die Praxis in der Automobilindustrie, die Einführung eines eigenen Qualitätssiegels für kooperierende Dienstleister, um entsprechende Standards aufrechterhalten zu können. Es zeigte sich dabei, dass das Ertragen unsicherer Zustände (Ambiguitätstoleranz) und die Schaffung von Vertrauen oder wenigsten stabiler rechtlicher Strukturen zu den großen Herausforderungen in der Administration von Dienstleisternetzwerken zählen.

Aus der starken Beteiligung der Nutzer im Projekt ergab sich ein zunächst unbeabsichtigter Effekt, der jedoch später einen erheblichen Nutzen generieren sollte und zum Gegenstand eines Folgeprojekts wurde. Über die Interaktion der Nutzer bildete sich ein Nutzernetzwerk im Sinne einer Sharing Community. Selbst gesetztes und dann durch das Projekt unterstütztes Ziel dieses Netzwerks war die Einbindung möglichst vieler Personen in eine (neu geschaffene) soziale Gruppe. Die Verwendung der für die Zielgruppe neuen Technologien führten hierbei zu verschiedensten Kommunikationsanlässen (Kreß 2016). Dabei entstanden additive, niedrigschwellige Hilfesysteme, die den professionellen und zu zahlenden Angeboten vor- und nebengelagert waren (z. B. Zuspruch, Hilfe bei der Bewältigung der Technik, punktuelle Unterstützung im Haushalt, gemeinsamer Einkauf, gemeinsamer Besuch von Veranstaltungen). Dieses Netzwerk war geprägt von einer Kommunikation auf Augenhöhe. Angebote (z. B. Philosophieclub, Theatergruppe) entstanden teilweise unabhängig von den Projektpartnern, wurden aber mehrheitlich später eingebunden. Die entstehenden Beziehungen zum Verband sind tendenziell flüchtiger und durch Reziprozität der Teilnehmenden geprägt. Die Vielzahl möglicher schwer oder gar nicht steuerbarer Kommunikationskanäle, bei denen schon sehr bald auf alle bekannten Social Media- und Messengerdienste zurückgegriffen wurde, führten nicht nur zu mehr Transparenz, sondern auch zu Informationsasymmetrien und Kommunikationsproblemen, die immer wieder zu lösen waren.

Die Integration dieser unterschiedlichen Netzwerklogiken im Rahmen eines einheitlichen Modells blieb bis zum Projektende herausfordernd und konnte letztlich nie ganz gelöst werden. Dennoch konnten eine Vielzahl interessanter Beobachtungen gewonnen werden:

Modellstandort Wiesbaden: Den entstehenden Netzwerken wurde mit einer angebots- bzw. dienstleistungsorientierten Denkhaltung und Arbeitsweise begegnet. Die Mitarbeiter stammten überwiegend aus dem engeren Bereich des Hausnotrufs oder Rettungsdienstes. Handlungsleitend waren vielfach der Wunsch nach Kontrolle und Absicherung des Geschehens. Fragen rund um den Datenschutz und die Funktionsfähigkeit der Technik standen über weite Strecken im Mittelpunkt. Die beginnenden Netzwerke konnten sich hier nicht recht entfalten. Ideen wurden durch die Mitarbeiter/innen umgesetzt und in Angebote des Verbands überführt, die in sehr unterschiedlicher Weise angenommen wurden. Kennzeichnend für die Arbeit waren eher „klassische" Managementvorstellungen (einseitige Kommunikation, unter organisatorischen Vorstellungen planhafte Umsetzung neuer Ideen).

Modellstandort Offenbach: Nach einer Phase stärkerer Technikorientierung wurde das Projektteam durch Sozialarbeiterinnen ergänzt, die Erfahrungen in der Sozialraum- und Seniorenarbeit hatten. Das Konzept von Netzwerken wurde hier intuitiv aufgenommen. Im Rahmen eines Versuchs-Irrtums-Prozesses wurde die richtige Mischung aus Steuerung – meist durch kurze Impulse – und Zulassung der durch Netzwerkpartner zu gestaltenden Freiräume erprobt. Die meisten Angebote stammten aus dem sich entfaltenden und wachsenden Nutzernetzwerk. Sie wurden – wo erforderlich – durch den Verband unterstützt. Die Umsetzung wurde von einem iterativen Denken begleitet, das die Erprobung über die Kontrolle stellte und Unsicherheitszonen zuließ.

Es zeigte sich sehr deutlich, dass der Begriff des Managements oder der Steuerung im Hinblick auf die Aufgaben in Netzwerken problematisch ist, weshalb im weiteren Verlauf des Projekts nur noch von Orchestrierung gesprochen wurde. Das damit einhergehende Bild eines Netzwerkgestalters ohne Durchgriffsrechte in heterarchischen Strukturen mit lateralen Führungsanteilen ist noch nicht zu Ende entwickelt. Es zeigt aber, dass Ambiguitätstoleranz, Betonung von Gleichheit und die Steuerung mittels kommunikativer und organisatorischer Impulse bedeutender sind als in der bisherigen organisationalen Praxis.

4. Personal und Ehrenamt

Die neuen Anforderungen an die Funktion des Netzwerkmanagements sowie die Erweiterung des Dienstleistungsspektrums machten eine Qualifizierung des eingesetzten Personals auf unterschiedlichen Ebenen notwendig (Schiersmann/Thiel 2014). Dies betraf sowohl hauptamtliches als auch ehrenamtliches Personal. Angesichts von heterogenen Zielen und Handlungslogiken der beteiligten Akteure, erwies es sich auch als erforderlich, die Sensibilität für die Ziele der Netzwerkpartner – die Bedürfnisse der Anderen – zu stärken (Liebig 2011). Daneben sollten fachliche und soziale Kompetenzen erweitert werden. So sollten die in den Servicezentralen tätigen Mitarbeiter/innen einerseits ein grundlegendes Verständnis für die Funktionsweise der Technologie mitbringen und andererseits zwischenmenschliche Kompetenzen, z. B. in Gesprächsführung, besitzen.

Auch hier zeigten sich eine Reihe von Schwierigkeiten, die nicht untypisch für Veränderungsprozesse sind. Diese betrafen weniger die allgemeine Bereitschaft dazuzulernen, die in beiden Modellregionen als hoch eingestuft werden kann. Es ergaben sich vielmehr Inkompatibilitäten zwischen den Arbeitsweisen verschiedener Disziplinen (Leitungskräfte, Techniker, Vertrieb, Pflegekräfte und Sozialarbeiter/innen) sowie zwischen Haupt- und Ehrenamt. Bei Letzteren spielten weniger die vielfach in der Literatur benannten Probleme eine Rolle als vielmehr die Modi der Arbeit (z. B. Uhrzeiten, intuitive Vorgehensweisen, nicht Einbindung in Organisationshierarchien). Generell zeigten sich in bestehenden Strukturen größere Veränderungswiderstände, sodass die Realisierung des Projekts nach einiger Zeit stärker in parallelen neuen Strukturen etabliert wurde, deren

Schnittstellen zum bestehenden System klein gehalten wurden. Auf diese Weise konnten letztlich unter Umgehung von Anpassungswiderständen erhebliche Fortschritte gemacht werden – allerdings anders als ursprünglich geplant nicht als Neuorganisation des Hausnotrufs.

3.3.4 Ergebnisse und Folgen

Trotz gleicher Zielsetzungen und Technologien kam es aufgrund der verschiedenartigen Ausgangssituationen in der Umsetzungsphase zu unterschiedlichen Vorgehensweisen in den Modellregionen. Eine Integration der neu geschaffenen Angebote und Strukturen in die Hausnotrufzentralen und somit die Schaffung eines neuen Systems konnte aufgrund der oben dargestellten Herausforderungen an keinem Standort erreicht werden. Insofern heißt es nicht Abschied von der jahrzehntealten Konzeption des Hausnotrufs zu nehmen. Doch die Projektreise glich Kolumbus' Entdeckung Amerikas auf der Suche nach einem Seeweg nach Indien. Neuartige Strukturen konnten geschaffen werden, die der Idee des Projekts, hybride Angebotsformen zu entwickeln, durchaus in besonderer Weise entsprachen.

Während der **Standort Wiesbaden** lange Zeit im Stil einer „klassische Angebotsorientierung" durch Hauptamtliche konzipierte Beteiligungsangebote, unter anderem über eine digitale Plattform entwickelte, konnte das Projekt durch die Einbindung einer ehrenamtlich tätigen Seniorin (gelernte Erzieherin) erheblich Fahrt aufnehmen. Im Zuge des Nachfolgeprojekts wurden so Dienstleistungsanbieter und Nutzer vernetzt, allerdings ohne Einbindung der Hausnotrufzentrale. Die entstandenen Netzwerke sind dabei eher lose mit dem Verband verkoppelt, werden aber als eigenes Leistungsfeld des Verbands aufgenommen und weitergeführt.

Der **Standort Offenbach** fokussierte schon bald vor allem die Funktion des sozialen Notrufs sowie des Hilfebedarfs und entwickelte ein eng an den Verband gebundenes und wachsendes Netzwerk, das sich dialogisch mit den Bedürfnissen der Senioren auseinandersetzte und die Wünsche einerseits in den Verband trägt und andersherum die Angebote des Verbandes in die Netzwerke trägt. Auch hier sind ehrenamtliche Senior/innen wichtige Teile des Netzwerks. Das Modell „Community Organizer" wird bewusst in unterschiedlichen Anteilen durch den Verband und weitere Geldgeber kleinteilig finanziert und ist ein eigener Leistungsbereich mit zugeordneten Mitarbeiter/innen geworden. Die technischen Anteile spielen hier nach wie vor eine erhebliche Rolle für die Kommunikation und Interaktion. Mit der Anbindung an eine räumlich definierte Einrichtung in der analogen Welt ist so eine Art soziales Hilfe- und Notrufsystem entstanden, das zu einem späteren Zeitpunkt immer noch mit dem Hausnotrufsystem verbunden werden könnte.

Als wichtige Einflussfaktoren auf die Konzeption der Dienstleistungsmodelle wurden von den Partnern vor allem soziodemografische und infrastrukturelle Bedingungen in den Modellregionen, die Eigenarten der Zielgruppe und die jeweiligen Organisationskulturen und -logiken sowie die fachliche Einordnung des Projekts in den Wohlfahrtsverbänden identifiziert.

Grundsätzlich ließ sich feststellen, dass die Bereitschaft, sich auf neue Bedingungen einzulassen und innovative Lösungen zu schaffen – entgegen vielfacher Unkenrufe – zumindest in den beteiligten Verbänden auf personeller Ebene durchaus ausgeprägt war.

Bei der personellen Zusammensetzung erwies sich die richtige Auswahl des Personals als ein entscheidender Faktor. Während in der frühen Phase die Lösung technischer Herausforderungen eine größere Rolle spielte, wurden mit zunehmendem Verlauf soziale Aspekte bedeutsamer. Dabei kam es insbesondere darauf an, Personen, unabhängig davon, ob haupt- oder ehrenamtliche, einzubinden, die ein Gespür für die Arbeit in und mit Netzwerken hatten. Eine höhere Ambiguitätstoleranz und Methoden der Moderation und Motivation waren ebenfalls von Vorteil.

Besondere Herausforderungen ergaben sich jedoch u. E. als „Kollateralschaden" durch die innovationsfeindliche sozialrechtlich definierte Finanzierungslogik vieler Arbeitsbereiche. Diese begünstigen ein Verhalten, das sich nicht am Klienten/Kunden bzw. an der Klientin/Kundin, noch nicht einmal an eigenen disziplinären Standards orientiert, sondern an rechtlichen Vorgaben. In der Folge kann sich Management dann weg von einer Gestaltungs- hin zu einer reinen Optimierungsperspektive bewegen. Ferner können die bewusste Gestaltung von Prozessen und den erforderlichen Schnittstellen, sowohl zu Technik als auch zum Kunden/zur Kundin, als deutliche Herausforderung gesehen werden. Die Weiterentwicklung bestehender Geschäftsmodelle kann dann erhebliche Widerstände auslösen. Eine mögliche Lösung dafür haben die beteiligten Verbände aufgezeigt, indem neue Strukturen zunächst abseits bisheriger Arbeitsfelder geschaffen und erst zu einem späteren Zeitpunkt wieder stärker integriert werden.

3.3.5 Literatur-/Quellenverzeichnis

Becker, T./ Dammer, I./Howaldt, J./Killich, S./Loose, A. (2007): Netzwerke – praktikabel und zukunftsfähig. In: Becker, T./ Dammer, I./Howaldt, J./Killich, S./Loose, A. (Hrsg.): Netzwerkmanagement. Mit Kooperation zum Unternehmenserfolg. Springer, Berlin/ Heidelberg/New York.

Berndt, E./Wichert, R./Schulze, E./Gothe, H./Meyer, S./Dierks, C. (2009): Schlussbericht. Vorhabensbezeichnung: Marktpotenziale, Entwicklungschancen, Gesellschaftliche, gesundheitliche und ökonomische Effekte der zukünftigen Nutzung von Ambient Assisted Living (AAL)-Technologien. Fraunhofer IGD, Darmstadt.

Beske, F. (2016): Perspektiven des Gesundheitswesens. Geregelte Gesundheitsversorgung im Rahmen der sozialen Marktwirtschaft. Springer, Berlin/Heidelberg.

Fachinger, U./Schöpke, B./Schweigert, H. (2012): Systematischer Überblick über bestehende Geschäftsmodelle im Bereich assistierender Technologien. Discussion Paper 07/2012. Institut für Gerontologie – Ökonomie und Demographischer Wandel. Universität Vechta.

Hilbert, J./Paulus, W./Heinze, R. G. (2008): Der Gesundheitsstandort Haushalt: Mit Telematik in eine neue Zukunft? Institut Arbeit und Technik der Fachhochschule, Gelsenkirchen.

Horneber, M./Pensky, N./Macco, K. (2011): Warum innovative AAL-Projekte häufig scheitern – Innovationsbarrieren erfolgreich überwinden. In: VDE; AAL; BMBF (Hrsg.): Demographischer Wandel – Assistenzsysteme aus der Forschung in den Markt (AAL 2011), Tagungsbeiträge zum 4. Deutscher AAL-Kongress mit Ausstellung, 25./26.01.2011, Berlin.

Kreß, J. (2016): Onlinecommunities für Senioren. Wie virtuelle Netzwerke als Unterstützung im Alltag dienen. Springer Fachmedien, Wiesbaden.

Liebig, R. (2011): Was bleibt für das Ehrenamt? Analysen und Forschungsbefunde zum Wandel der Führungsstrukturen im Sozialbereich. In: Rauschenbach, T./Zimmer, A. (Hrsg.): Bürgerschaftliches Engagement unter Druck? Analysen und Befunde aus den Bereichen Soziales, Kultur und Sport. Verlag Barbara Budrich, Opladen.

Marx, J. (2006): 25 Jahre DRK Hausnotruf. Eine Dokumentation. Deutsches Rotes Kreuz, Generalsekretariat.

Mühlbacher, A./Nübling, M./Niebling, W. (2003): Qualitätsmanagement in Netzwerken der Integrierten Versorgung. Ansätze zur Steuerung durch Selbstbewertung und Patientenbefragung. In: Bundesgesundheitsblatt – Gesundheitsforschung – Gesundheitsschutz, Heft 8.

Pelzer, C./Burgard, N. (2014): Co-Economy: Wertschöpfung im digitalen Zeitalter. Netzwerke und agile Organisationsstrukturen erfolgreich nutzen. Springer Fachmedien, Wiesbaden.

Quilling, E./Nicolini, H./Graf, C./Starke, D. (2013): Praxiswissen Netzwerkarbeit. Gemeinnützige Netzwerke erfolgreich gestalten. Springer Fachmedien, Wiesbaden.

Schiersmann, C./Thiel, H.-U. (2014): Organisationsentwicklung. Prinzipien und Strategien von Veränderungsprozessen. Springer Fachmedien, Wiesbaden.

Schneekloth, U./Wahl, H. W. (2005): Möglichkeiten und Grenzen selbstständiger Lebensführung in Privathaushalten (MuG III) – Repräsentativbefunde und Vertiefungsstudien zu häuslichen Pflegearrangements, Demenz und professionellen Versorgungsangeboten. Integrierter Abschlussbericht. Bundesministerium für Familie, Senioren, Frauen und Jugend, Berlin.

Statistisches Bundesamt (2019): Bevölkerung Deutschland bis 2060. 14. koordinierte Bevölkerungsvorausberechnung. Statistisches Bundesamt, Wiesbaden.

Statistisches Bundesamt (2018): Pflegestatistik. Pflege im Rahmen der Pflegeversicherung. Ländervergleich – Pflegebedürftige. Statistisches Bundesamt, Wiesbaden.

Vilain, M./Heuberger, M./Wegner, S. (2016): Entwicklung hybrider Geschäftsmodelle zur Stärkung innovativer ambienter Lebensstrukturen im Alter – Das Projekt ENGESTINALA. In: VDE (Hrsg.): Zukunft Lebensräume: Gesundheit, Selbstständigkeit und Komfort im demografischen Wandel Konzepte und Technologien für die Wohnungs-, Immobilien-, Gesundheits- und Pflegewirtschaft. VDE Verlag, Berlin.

Vilain, M. (2015): Finanzierung von Nonprofit-Organisationen im Wandel. In: Zimmer, A./Hallmann, T. (Hrsg.): Nonprofit-Organisationen vor neuen Herausforderungen. Springer VS, Wiesbaden.

Vilain, M./Heuberger, M./Wegner, S. (2015): Hybrid business models for welfare organizations. Combined products and services in multidimensional value added chains. Posterpräsentation im Rahmen des AAL Forum 2015 – Aspirations in Active Ageing. Engaging people, services and technology. 22. –25.09.2015, Gent, Belgien.

Prof. Dr. Michael Vilain ist Vizepräsident für Forschung und Internationales an der Evangelischen Hochschule in Darmstadt und Professor für Allgemeine Betriebswirtschaftslehre. Zudem ist der studierte Betriebswirt und Politikwissenschaftler geschäftsführender Direktor des Instituts für Zukunftsfragen der Gesundheits- und Sozialwirtschaft der EHD sowie wissenschaftliche Leitung in Nonprofit-Management Weiterbildungsstudiengängen der Universitäten Heidelberg und Münster.

Dr. Matthias Heuberger ist wissenschaftlicher Mitarbeiter und stellvertretender geschäftsführender Direktor des Instituts für Zukunftsfragen der Gesundheits- und Sozialwirtschaft der Evangelischen Hochschule in Darmstadt. Der examinierte Krankenpfleger, Diplompflegewirt (FH) und M.Sc. in Public Health, promovierte zwischen 2012 und 2016 am Institut für Medizinische Psychologie der Ludwig-Maximilians-Universität München zum Doktor der Humanbiologie.

3.4 Entwicklung eines Geschäftsmodells für die Tagesbetreuung von Senior/innen
Michaela Kührer

3.4.1 Einleitung

Wie demografische Prognosen bestätigen, steigt der Anteil älterer Menschen in den kommenden Jahren deutlich an (vgl. Eder 2013, S. 14). Die markanten Veränderungen in der Altersstruktur sind mit „erhebliche(n) Anforderungen an die sozialen Sicherungssysteme und die medizinisch-pflegerische Versorgung verbunden" (Ruppe et al. 2015, S. 21). Um trotz dieser Herausforderungen auch zukünftig eine geeignete Pflege und Betreuung für Senior/innen sicherzustellen, ist ein rechtzeitiger, flächendeckender Ausbau von mobilen Diensten und alternativen Betreuungsformen unabdingbar (Famira-Mühlberger et al. 2017, S. 39 f.).

Ein Angebot in diesem Bereich sind teilstationäre Tagesbetreuungseinrichtungen. Trotz wissenschaftlich belegter Wirkungen führen diese Einrichtungen in Österreich bislang eher ein Schattendasein. Die Ursachen reichen dabei von einer generellen Ablehnung einer außerhäuslichen Versorgung durch die Angehörigen oder Pflegebedürftigen selbst, über finanzielle Faktoren bis hin zu strukturellen und organisatorischen Gründen (Büker/Nieggemeier 2014, S. 16). Um das Konzept der teilstationären Betreuung von einem Nischenprodukt zu einem essenziellen Standbein in der Versorgungsstruktur zu wandeln, bedarf es demnach einiger Veränderungen und Anpassungen. Einen ersten Schritt dazu kann die Entwicklung eines neuen Geschäftsmodells für die Tagesbetreuung von Senioren darstellen.

Das Ziel des Beitrags ist die Entwicklung eines Geschäftsmodells für die Tagesbetreuung von Senior/innen. Dem Faktor Wirkungen für die Senior/innen, aber auch für die Angehörigen, Finanziers und weitere Stakeholder, soll dabei eine hohe Priorität eingeräumt werden. Die Basis bildet ein neu entwickeltes und von verschiedenen Ansätzen zu den Themen Geschäftsmodell und Businessplan inspiriertes Vorgehensmodell zur Entwicklung von Geschäftsmodellen für soziale Dienstleistungsorganisationen.

3.4.2 Die Dienstleistung „Tagesbetreuung"

Tagesbetreuung bzw. Tagespflege ist ein teilstationäres Unterstützungsangebot für ältere, pflegebedürftige Personen, die noch im Privathaushalt leben. Je nachdem, ob die Tagesbetreuung in einer eigenständigen Einrichtung oder angeschlossen an ein Alten- und Pflegeheim angeboten wird, kann man zwischen Tageszentren und integrierter Tagesbetreuung unterscheiden (vgl. Amt der Oö. Landesregierung 2015a, S. 15).

Die Tagesgäste leiden zum Großteil an körperlichen und/oder gerontopsychiatrischen Erkrankungen wie Demenz und werden außerhalb der Einrichtung zumeist durch pflegende Angehörige und/oder mobile Dienste betreut (ebd.). Die Tagesbetreuung kann an einem oder mehreren Tagen pro Woche besucht werden und bietet in dieser Zeit eine professionelle Betreuung (ebd.). Das Ziel der Einrichtungen ist die Aufrechterhaltung einer selbstständigen Lebensführung im eigenen Haushalt, die Förderung der Alltagsaktivität, die Entlastung von pflegenden Angehörigen und die Vermeidung bzw. Verzögerung einer vollstationären Betreuung (Büker/ Nieggemeier 2014, S. 8).

Angebote

Neben der Pflege stellten die Einrichtungen soziale Betreuung, Verpflegung, Aktivierungsangebote und Therapieangebote bereit (Amt der Oö. Landesregierung 2015b, S. 28). Die Gestaltung der Betreuungszeiten obliegt den einzelnen Einrichtungen. Diese liegen häufig im Zeitraum zwischen 8:00 Uhr und 16:00 Uhr. Gerade für die Vereinbarkeit von Pflege und Beruf wäre flexiblere Gestaltung der Bring- und Abholzeiten hilfreich. Zusätzlich zur Betreuung an den Wochentagen bieten manche Tageszentren eine Samstagsöffnung an (Büker/Nieggemeier 2014, S. 37).

Ein wichtiger Punkt, der über den Erfolg bzw. nicht Erfolg einer Einrichtung entscheiden kann, ist das Thema Anreise. In vielen Fällen ist das Vorhandensein eines Fahrdienstes, der die Besucher/innen direkt in der Wohnung abholt und bei der Anreise unterstützt, eine Voraussetzung für eine Nutzung. Die Entscheidung, ob der Fahrdienst von der Einrichtung direkt oder durch einen externen Dienstleister übernommen wird, ist individuell zu klären. Zuverlässiges und im Umgang mit Demenz geschultes Personal ist aber in beiden Fällen ein Muss (Büker/Nieggemeier 2014, S. 37).

Neben der Betreuung der Tagesgäste ist die Angehörigenarbeit eine wichtige Aufgabe der Einrichtungen. Ergänzend zum konkreten Informationsaustausch können weitere Unterstützungsmöglichkeiten, wie Informationsabende, Schulungen oder Gesprächsrunden für Angehörige angeboten werden (Büker/Nieggemeier 2014, S. 41).

Zusätzlich zum normalen täglichen Programm bieten die Einrichtungen auch immer wieder besondere Veranstaltungen und Aktivitäten für ihre Besucher/innen an. Bei diesen außerordentlichen Aktivitäten und im alltäglichen Betrieb können Tageszentren von der Mithilfe durch ehrenamtliche Helfer/innen profitieren. So können gerade im Bereich der Beschäftigung Tätigkeiten wie die Übernahme von Vorlesungen oder Singstunden durch ungeschulte Personen erfolgen (Büker/Nieggemeier 2014, S. 106).

Wirkungen der Tagesbetreuung

Internationale Studien befassen sich bereits seit Jahren mit den Wirkungen von Tagesbetreuungseinrichtungen und sehen Effekte auf die Nutzer/innen, deren pflegenden Angehörigen und eine weitere institutionelle Versorgung (Büker/Nieggemeier 2014, S. 21, nach Field et al. 2012, S. 33).

Der positive Effekt von Tagesbetreuungseinrichtungen auf das emotionale Wohlbefinden und die körperliche Leistungsfähigkeit von Tagesgästen wird in verschiedenen Studien bestätigt. Bei Zank und Schake zeigten sich, im Vergleich zur Kontrollgruppe, signifikante Effekte auf die Lebenszufriedenheit und wie die Depressionswerte der Tagesgäste sanken. Zudem gingen Demenzsymptome wie starker Bewegungsdrang oder Weinen leicht zurück. Während sich der körperliche Zustand der Kontrollgruppe über einen längeren Zeitraum betrachtet signifikant verschlechterte, zeigte sich beim körperlichen Gesundheitszustand der Tagesgäste keine Veränderung. Zusammenfassend konnte festgestellt werden, dass die Tagesbetreuung eine positive Wirkung, eine Stabilisierung des Zustands der Tagesgäste und eine Verlangsamung des Abbaus hat (Zank/Schake 2001, S. 121 f.).

Die Ergebnisse von qualitativen Befragungen bei Zank und Schacke zeigen auch belastungsreduzierende Effekte bei den pflegenden Angehörigen. So konnten „Konflikte zwischen beruflichen Notwendigkeiten und Pflegeaufgaben sowie Probleme durch die Unvereinbarkeit familiärer Anforderungen und Pflege" durch den Besuch einer Tagesbetreuungseinrichtung reduziert werden. Mehr Zeit für die Erfüllung eigener Bedürfnisse und die Pflege von sozialen Kontakten, in Verbindung mit der Reduktion von spezifischen Verhaltensdefiziten der Tagesgäste, führten zu einer Entlastung der pflegenden Angehörigen (Zank/Schake 2001, S. 123 ff.).

In Bezug auf die Auswirkungen einer Tagesbetreuung auf den Startzeitpunkt einer institutionellen Versorgung in stationären Pflegeeinrichtungen, bietet die bisherige Datenlage kein einheitliches Bild (Büker/Nieggemeier 2014, S. 25 f. nach Fields et al. 2012). Es zeigte sich aber, dass die Wiedereinweisungsrate nach Krankenhausaufenthalten durch den Besuch von Tagesbetreuungen sinkt (Büker/ Nieggemeier 2014, S. 26).

Zusammenfassend kann festgestellt werden, dass die Nutzung einer Tagesbetreuungseinrichtung in allen drei Bereichen positive Effekte bzw. Wirkungen zeigt und diese Einrichtungen dadurch einen wertvollen Beitrag im Rahmen der Versorgung älterer Menschen leisten können.

Kosten der Tagesbetreuung

Die Betreuungskosten werden pro Tag oder pro Halbtag verrechnet und können je nach Einrichtung variieren (Land Oberösterreich 2017a). Die Höhe des Tagessatzes wird auf unterschiedliche Arten festgelegt. Während einzelne Organisationen einen allgemeinen Satz vorgeben, wird dieser in anderen anhand der Höhe des Pensionseinkommens und der Pflegestufe für jeden Tagesgast individuell berechnet. Die Kosten für die Mahlzeiten sind in den meisten Fällen inkludiert, während der Fahrdienst häufig zusätzlich zu bezahlen ist (ebd). Im Rahmen der Internetrecherche zeigte sich, dass die verschiedenen Arten der Berechnung den Vergleich der Kosten erschweren und die tatsächlich anfallenden Tagessätze nur selten auf der Homepage der Einrichtungen ersichtlich sind. Eine Ausnahme dazu stellt das Tageszentrum der Stadt Laakirchen dar, welches die

Kostensätze für sämtliche Einkommens- und Pflegestufen transparent dargestellt. Um einen ersten Eindruck der Kosten zu vermitteln, sind in der folgenden Tabelle die Tarife 2017 für das Tageszentrum im Seniorenheim der Stadt Laakirchen aufgeschlüsselt (vgl. Seniorenheim der Stadt Laakirchen 2017).

Haushalts-einkommen	Alleinstehend	Ehepaare	ohne PG	PG 1	PG 2	PG 3	PG 4	PG 5	PG 6	PG 7
Bis	815,00	1.222,00	27,30	28,40	33,60	40,00	44,10	49,40	53,50	58,80
Bis	1.100,00	1.530,00	31,50	38,90	43,00	47,30	52,50	57,80	64,00	70,40
Bis	1.450,00	1.830,00	38,90	43,00	48,30	53,50	58,60	65,20	70,40	76,80
bis/ab	1.750,00	2.130,00	48,30	52,50	56,80	63,00	68,30	73,50	79,90	86,00

Abbildung 32: Aufschlüsselung der Betreuungskosten im Tageszentrum Laakirchen

Entsprechend dieser Aufschlüsselung würde der Tagsatz für eine Person mit einem Einkommen von bis 1.100 Euro und Pflegegeldstufe drei 47,30 Euro betragen. Ein regelmäßiger Besuch an fünf Wochentagen würde pro Monat somit über 1.000 Euro kosten und wäre für die Person kaum finanzierbar.

Verbreitung der Tagesbetreuung

Tagesbetreuungen sind in Österreich, ähnlich wie in Deutschland, bislang nicht als flächendeckendes Angebot etabliert. 2015 wurden österreichweit nur 7.426 Personen durch teilstationäre Dienste betreut. Im Vergleich dazu wurden im selben Zeitraum 145.723 Personen durch mobile Dienste und 75.632 Personen in stationären Einrichtungen betreut.

Der Ausbau der teilstationären Versorgung ist jedoch sowohl auf Landes- als auch auf Bundesebene ein Thema (Bundesministerium für Arbeit, Soziales und Konsumentenschutz 2013, S. 54). Veröffentlichungen bestätigen, dass für die kommenden Jahre grundsätzlich ein Ausbau von Tagesbetreuungseinrichtungen geplant wäre. Der Satz „nach Maßgabe der zur Verfügung stehenden finanziellen Mitteln" macht aber deutlich, dass die tatsächliche Umsetzung stark von den vorhandenen Ressourcen im Sozialbereich abhängt.

3.4.3 Vorgehensmodell zur Entwicklung des Geschäftsmodells

Die Entwicklung eines ausgereiften Geschäftsmodells stellt einen ersten, entscheidenden Schritt in der Gründungsplanung dar und kann zugleich die Grundlage für einen ergänzenden Businessplan bilden (Kunze/Offermanns 2016, S. 8).

Um das Vorgehensmodell an die Anforderungen einer sozialen Dienstleistungsorganisation anzupassen, galt es zunächst die Unterschiede zwischen einer Profit- und einer Non-Profit-Organisation herauszuarbeiten. Diese liegen nach Meyer/Ueblhart/Zängl vorwiegend in der Asymmetrie zwischen dem Leistungsnutzer und dem Kostenträger (Meyer/Ueblhart/Zängl 2013, S. 327 f.). Dieses Verhältnis und die unter Umständen unterschiedlichen Sichtweisen der beiden Gruppen sind bei der Entwicklung des Geschäftsmodells zu berücksichtigen.

Im Weitern müssen die unterschiedlichen Unternehmensziele berücksichtigt werden. Während in Profit-Unternehmen der Wert einer Idee vorwiegend in materiellen Werten gemessen wird, stehen in gemeinnützigen Organisationen andere Ziele, wie das Streben nach der Erfüllung ihrer Mission und das Erreichen der darin definierten Wirkungen im Mittelpunkt (Schober/Rauscher 2014, S. 8 ff.).

Wirkungen sind nach Schober und Rauscher

> „jene positiven und/oder negativen Veränderungen, die an Begünstigten bzw. Betroffenen nach erbrachter Aktivität bzw. konsumierter Leistung (z. B. Menschen, Gruppen, Gesellschaft) oder in der Umwelt festzustellen sind" (Schober/Rauscher 2014, S. 9).

Soziale Organisationen zielen darauf ab, mit ihren Leistungen positive Veränderungen, also positive Wirkungen für ihre Kund/innen und andere Anspruchsgruppen zu erzielen (Rauscher/Mildenberger/Krlev 2015, S. 41). Grundlegende Ausführungen zu Wirkungen und Wirkungsmessung finden sich bei Lehner/Kränzl-Nagl/Prinz, im Rahmen des Zweiperspektivenmodells der sozialökonomischen Wirkungsevaluation (Lehner/Kränzl-Nagl/Prinz 2019).

Für die Entwicklung eines Geschäftsmodells für eine Non-Profit-Organisation ist darauf zu achten, dass die Geschäftsidee in ihrer Umsetzung die definierten Wirkungen erreicht und neben der Sichtweise des Leistungsempfängers auch jene des Finanziers Beachtung findet.

Das Vorgehensmodell vereint unterschiedlichen Methoden und Denkansätze zur Entwicklung von Geschäftsmodellen sowie zur Erarbeitung von Businessplänen. Als Grundlage dienten die Business Model Canvas von Osterwalder und Pigneur (2011, S. 48), der Konzept-kreativen Geschäftsmodellansatz von Faltin (2008) und das Discovery Driven Planning (ebd.). Ebenso wurden Ideen des Social Businessplans (Meyer/Uebelhart 2013, S. 257) und das Prinzip der Wirkungskette (Rauscher/Mildenberger/Krlev 2015, S. 41) mit eingebunden.

Die Beantwortung der folgenden sechs, miteinander verknüpften Fragestellungen, soll es dem Gründer ermöglichen, seine ersten Ideen zu einem umfassenden und schlüssigen Geschäftsmodells, in dessen Mittelpunkt die angestrebten Wirkungen stehen, weiterzuentwickeln.

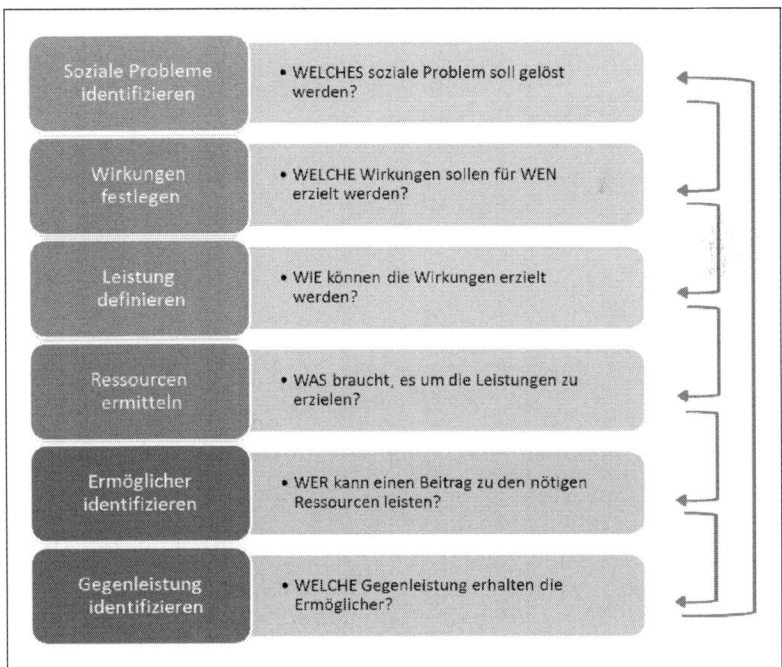

Abbildung 33: Vorgangsmodell zum Geschäftsmodell für soziale Dienstleistungen (eigene Darstellung)

Zu Beginn des Entwicklungsprozesses stellen sich die Fragen: „Welches soziale Problem möchte die Organisation lösen?" und „Welche Wirkungen können durch die Lösung dieses Problems erzielt werden?" Entscheidend ist nicht nur die relevanten Wirkungen für die Kund/innen, sondern auch jene für die Ermöglicher der Leistung aufzuzeigen, um diese im Weiteren als Überzeugungsargument für eine Investition heranzuziehen. Neben dem Festlegen der Wirkungsziele ist an diesem Punkt zudem das Thema der Wirkungsmessung zu berücksichtigen.

Im Folgendem muss die Ausgestaltung der Dienstleistung bzw. des Leistungsangebots, mit dem die zuvor festgelegten Wirkungen erreicht werden können, festgelegt werden. Darauf aufbauend werden die benötigten Ressourcen ermittelt. Diese können personeller, materieller oder immaterieller Natur sein und sowohl direkt von der Organisation als auch von externen Anbietern stammen.

Für die Beschaffung der benötigten Ressourcen braucht es wiederum Ermöglicher. Diese öffentlichen oder privaten Investoren können die Organisation durch materielle und immaterielle Leistungen unterstützen.

Letztlich stellt sich die Frage: „Welche Gegenleistung erhalten die Ermöglicher?" Diese führt wieder zurück zum sozialen Problem. Sind die Ermöglicher ebenso von dem sozialen Problem betroffen, profitieren auch sie von den erzielten Wirkungen der Dienstleistung und der Kreislauf schließt sich.

Im Anschluss an die Erarbeitung des Geschäftsmodells können die Inhalte in einem Social Businessplan festgehalten, detailliert und je nach Adressaten um relevante Informationen erweitert.

Aufbauend auf dem Vorgehensmodell wird in Abschnitt 3.4.5 ein Geschäftsmodell für eine Tagesbetreuungseinrichtung skizziert.

3.4.4 Empirische Untersuchung zur Tagesbetreuung

Für die Entwicklung des Geschäftsmodells für eine Tagesbetreuungseinrichtung wurden – ergänzend zur Analyse der wissenschaftlichen Literatur und der Einbeziehung von themenbezogenen Kontexten teilwissenschaftlicher Quellen – auch praktische Erfahrungen und Eindrücke gesammelt. Dabei wurden im Rahmen explorativer Experteninterviews die Erfahrungen von Experten/innen, die in unterschiedlichen Kontexten mit dem Thema Tagesbetreuung zu tun haben, erhoben. Das Ziel der Erhebung war, ein ganzheitliches Bild zur aktuellen Situation der Tagesbetreuung und zukünftigen Entwicklungen zu erhalten.

Die Ergebnisse zeigen, dass ein großer Anteil der Betreuten an Demenz erkrankt ist. Speziell in diesen Fällen wird die Entscheidung für das Tageszentrum zumeist vonseiten der Angehörigen getroffen. Obwohl die Tagesbetreuung für viele Angehörige einen letzten Ausweg zur Vermeidung einer stationären Unterbringung darstellt, fällt die Entscheidung für das Angebot dennoch immer wieder schwer. Neben einem persönlichen schlechten Gewissen spielt, gerade im ländlichen Raum, das herrschenden Gesellschaftsbild noch eine große Rolle. Zukünftig hoffen die Experten/innen an dieser Stelle auf mehr Selbstverständnis für diese Art der Betreuung. Wie es gesellschaftlich anerkannt ist, Kinder während der Arbeitszeit Fremdbetreuern zu lassen, sollte Gleiches auch für pflegebedürftige Angehörige gelten.

Weitere Aspekte, die die Entscheidung für oder gegen eine Betreuung beeinflussen, sind die Frage nach einem Transportdienst und nach den Kosten. Alle Befragten waren sich einig, dass ein organisierter Transportdienst in den meisten Fällen eine wesentliche Voraussetzung für die Nutzung eines Tageszentrums darstellt. Die Kosten eines regelmäßigen Besuchs stellen für viele Senior/innen eine enorme finanzielle Belastung dar. Dies gilt vor allem für jene, die zusätzlich zur Tagesbetreuung auf weitere Unterstützungsleistungen durch Mobile Dienste usw. angewiesen sind. Manche Tagesgäste würden gerne öfter kommen, können es sich aber schlichtweg nicht leisten. Hier sieht eine Expertin eine große Verantwortung vonseiten der Politik, eine entsprechende finanzielle Unterstützung für die Tagesbetreuung voranzutreiben.

Bei der Einschätzung nach dem zukünftigen Bedarf an Betreuungsplätzen waren sich die Befragten einig, dass dieser ansteigt. Dabei wurde vor allem auf die demografische Entwicklung hingewiesen. Es wurde aber wiederum zu denken gegeben, dass ein entsprechender Ausbau des Angebotes nur mit den entsprechenden finanziellen Mitteln möglich ist. Es gibt bereits viele Ideen für die Tageszentren, bisher scheiterte es aber an der Finanzierung. Ein Beispiel dazu wären Übernachtungsmöglichkeiten für Tagesgäste.

Auch gemeinsame Konzepte für die Betreuung von Senior/innen und Kindern wären nach Meinung der Expert/innen unter bestimmten Voraussetzungen durchaus denkbar und für beide Seiten gewinnbringend. Eine Voraussetzung ist, dass beide Generationen ihre Bedürfnisse ausleben können und ein besonderer Fokus bei der Konzeption einer solchen Einrichtung auf entsprechende Rückzugsmöglichkeiten gelegt wird.

3.4.5 Geschäftsmodell Tagesbetreuung

Auf Basis des entwickelten Vorgehensmodells und der darauf auf-
bauenden wirkungsorientierten Canvas, erfolgte die Erarbeitung
des Geschäftsmodells. Neben den Literaturrecherchen flossen die
Ergebnisse der explorativen Befragung in die Entwicklung der
Dienstleistung mit ein.

WELCHES soziale Problem soll gelöst werden?

Der demografische und gesellschaftliche Wandel hat Auswirkungen
auf die Betreuung und Pflege von Senior/innen und führt zu unterschiedlichen sozialen Problemen.

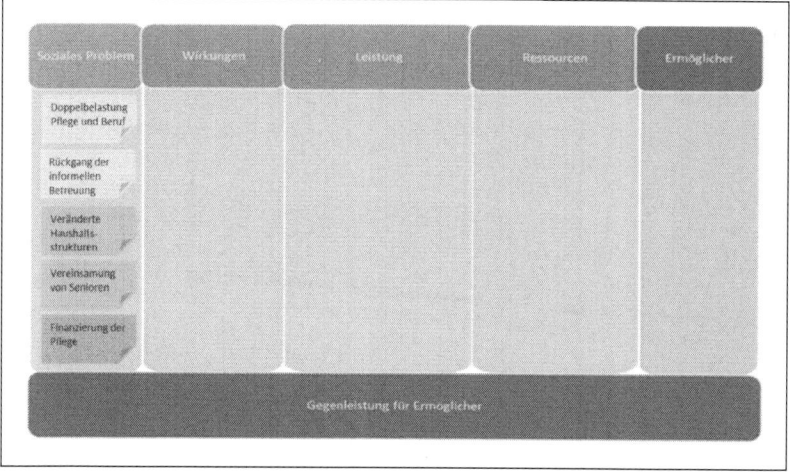

*Abbildung 34: Abbildung des sozialen Problems im wirkungsorientierten
Canva (eigene Darstellung)*

Ein soziales Problem ist der Rückgang der informellen Betreuung
durch eine vermehrte und verlängerte Berufstätigkeit der Betreuungspersonen. Viele Betreuungspersonen sind einer Doppelbelastung
von Pflege und Beruf ausgesetzt. Veränderte Haushaltsstrukturen
führen dazu, dass Senior/innen im Alter häufig alleine wohnen. Mit
zunehmender Immobilität steigt in diesen Fällen die Gefahr von Vereinsamung. Der Staat steht vor der Herausforderung, die Finanzierung der Pflege trotz steigenden Bedarfs sicherzustellen.

Auf den ersten Blick sind vor allem die Senior/innen, die pflegenden Angehörigen und der Staat bzw. die Gesellschaft als Finanziers des Pflegesystems betroffen. Im Rahmen der vollständigen Erarbeitung des Geschäftsmodells wurde aber deutlich, dass auch andere Gruppen von den Auswirkungen der sozialen Probleme betroffen sind. So hat die Doppelbelastung von Betreuungspersonen z. B. ebenso Auswirkungen auf deren Arbeitgeber.

WELCHE Wirkungen sollen für WEN erzielt werden?

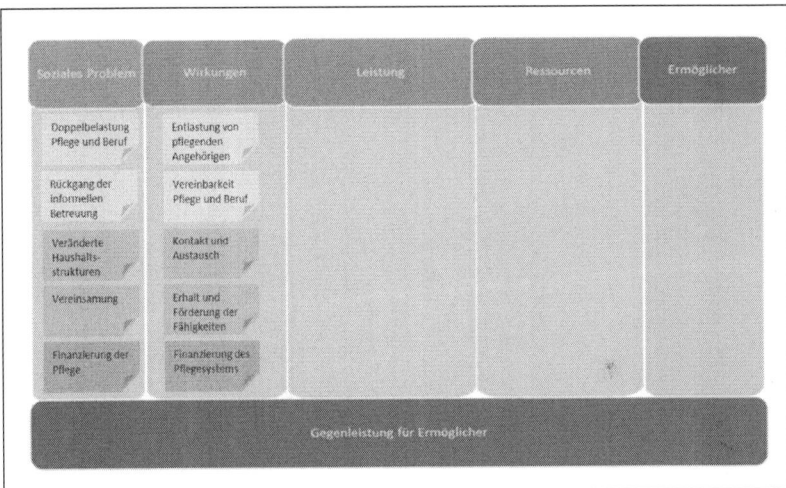

Abbildung 35: Abbildung der Wirkungen im wirkungsorientierten Canva (eigene Darstellung)

Abgeleitet von den sozialen Problemen wurden folgende Wirkungsziele festgelegt:

- Entlastung der Angehörigen und Schaffung von Zeit zur Erfüllung individueller Bedürfnisse

- Verbesserung der Vereinbarkeit von Beruf und Pflege

- Ermöglichung von Kontakt und Austausch mit Personen verschiedener Generationen

- Förderung des gegenseitigen Verständnisses und der Beziehung zwischen den Generationen

- Erhalt und Förderung der körperlichen und geistigen Fähigkeiten, um möglichst lange in den eigenen vier Wänden bleiben zu können
- Erhalt der Finanzierbarkeit des Pflegesystems

Durch die Tagesbetreuungseinrichtung soll eine Entlastung der pflegenden Angehörigen durch die Schaffung von Zeiträumen zur Erfüllung der individuellen Bedürfnisse erreicht werden. Darüber hinaus soll die Vereinbarkeit von Pflege und Beruf verbessert werden. Um der Vereinsamung der Senior/innen entgegenzuwirken, soll ihnen eine Möglichkeit zum Kontakt und Austausch mit Personen verschiedener Generationen geboten werden. Dabei soll zudem eine Verbesserung des gegenseitigen Verständnisses und der Beziehung zwischen den Generationen erreicht werden. Durch den Erhalt und die Förderung der körperlichen und geistigen Fähigkeiten sollen die Senior/innen möglichst lange in den eigenen vier Wänden bleiben zu können.

Neben dem Festlegen der Ziele, die erreicht werden sollen, muss auch geklärt werden, wie das Erreichen dieser im Weiteren gemessen werden kann. Verschiedene Studien belegen die positiven Wirkungen der Tagesbetreuung in verschieden Bereichen.

WIE können DIE Wirkungen erzielt werden?

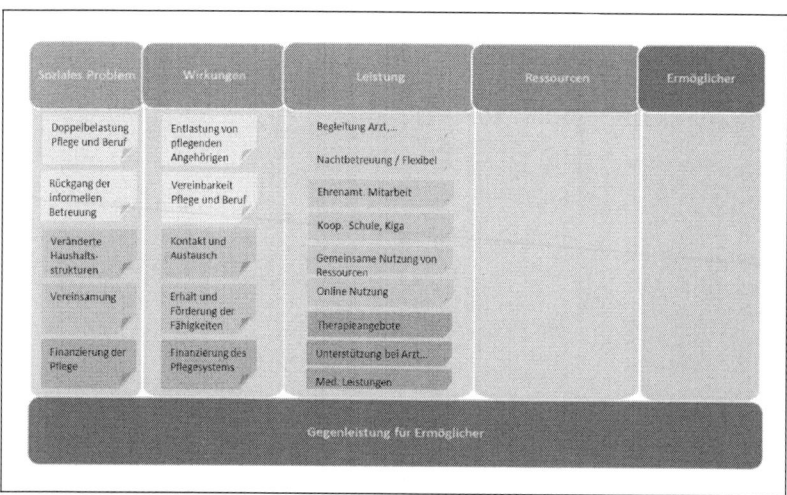

Abbildung 36: Abbildung der Leistungen im wirkungsorientierten Canva (eigene Darstellung)

Zum Erreichen der Wirkungsziele „Entlastung der Angehörigen und Schaffung von Zeit zur Erfüllung individueller Bedürfnisse" sowie zur „Verbesserung der Vereinbarkeit von Beruf und Pflege" können folgende Leistungen beitragen:

Flexible Zeitmodelle – angepasst an berufstätige pflegende Angehörige (Frühdienst, Spätdienst, Nachtdienst, Wochenende)

- Nachtbetreuung zur Entlastung der Angehörigen von Menschen mit demenziellen Erkrankungen
- Übernahme von organisatorischen Aufgaben und Begleitung der Senior/innen zu Terminen (z. B. Optikern, Akustikern, Behörden)
- Angehörigenberatungen zu verschiedenen Themen (z. B. Demenz)

Zum „Erhalt und Förderung der körperlichen und geistigen Fähigkeiten, um möglichst lange in den eigenen vier Wänden bleiben zu können" können folgende Leistungen beitragen:

- Therapieangebote (Gedächtnistraining, Sturzprävention)
- Unterstützung bei der Organisation zusätzlicher, unterstützender Dienstleistungen (z. B. mobile Dienste, Demenzberatung)
- Unterstützung bei Arztbesuchen oder der Nutzung telemedizinscher Angebote
- Erweiterte medizinische Angebote (Blutdruckmessung, Blutzuckermessung, Ausstellung von Rezepten für fortlaufende Medikamente)

Da sich durch einen längeren Verbleib in den eigenen vier Wänden ein stationärer, teurerer Aufenthalt in einer stationären Betreuungseinrichtung hinauszögert, trägt die Erfüllung des oben genannten Wirkungsziels auch zur Erfüllung des Ziels „Erhalt der Finanzierbarkeit des Pflegesystems" bei.

Ähnlich verhält es sich bei den Zielen „Ermöglichung von Kontakt und Austausch mit Personen verschiedener Generationen" und „Förderung des gegenseitigen Verständnisses und der Beziehung zwischen den Generationen". Beide Ziele können durch intergenerative Angebote erreicht werden:

- Kooperationen mit Kindergarten, Schule (Berührungsängste abbauen, Umgang mit Demenz kennenlernen, Verständnis aufbauen usw.)
- Gemeinsame Nutzung der Infrastruktur (z. B. Garten, Kaffeehaus)
- Möglichkeit zur ehrenamtlichen Mitarbeit (Fahrdienst, spazieren gehen, gemeinsam einkaufen gehen, zum Frisör begleiten usw.)

- Nutzung und Teilhabe an verschiedenen Angeboten von zu Hause aus mittels neuer Medien (kostengünstiges Zusatzangebot, auch von bettlägerigen Senioren nutzbar)

WAS braucht es, um die Leistungen zu erzielen?

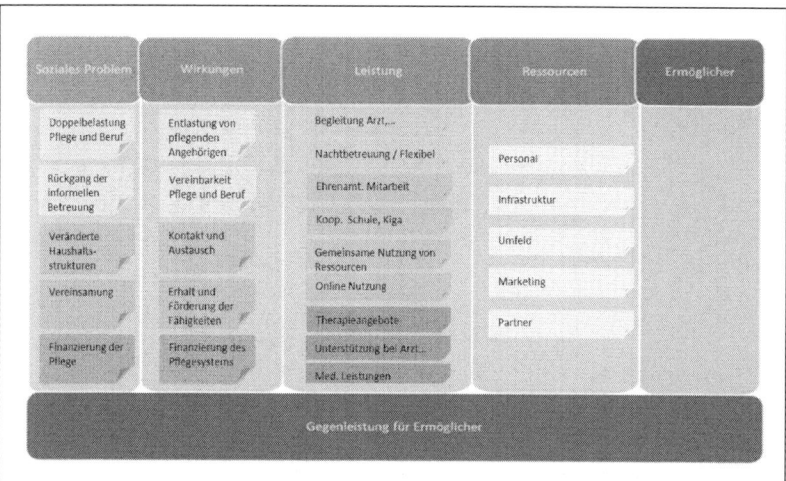

Abbildung 37: Abbildung der Ressourcen im wirkungsorientierten Canva (eigene Darstellung)

Anschließend werden die Ressourcen, die zur Leistungserbringung nötig sind, ermittelt. Folgende Punkte wurden dabei als wesentlich erachtet:

- **Personal**
  Altenfachbetreuer (Betreuung), diplomierte Betreuungskräfte (einfache medizinische Versorgung), Seniorenanimateure (Beschäftigung), Bürokräfte (organisatorische Unterstützung für Angehörige), Zivildiener, Ehrenamtliche/Zeitvorsorgende (Beschäftigung, Fahrdienst)

- **Infrastruktur**
  Räumlichkeiten, Garten, Bus, Übernachtungsmöglichkeit

- **Marketing**

- **Umfeld**
  Gesetzliche Rahmenbedingungen (Förderungen, Arbeitsrecht, Steuerrecht), Konkurrenz, Arbeitsmarktsituation

- **Partner**
  Physiotherapeuten, Ergotherapeuten, Ärzte, Alten- und Pflegeheime

Wie beim Konzept-kreativen Geschäftsmodellansatz „Gründen mit Komponenten" von Faltin, soll in verschiedenen Bereichen auf spezialisierte Dienstleister zurückgegriffen werden (Faltin 2008, S. 70). Hiermit soll einerseits vom Fachwissen und der Erfahrung anderer profitiert werden, zum anderen auch der Anteil an Investitionskosten und Fixkosten gesenkt werden. Beispiele hierfür sind zum einen die Kooperationen mit den zuvor genannten Partnern und die Nutzung bereits bestehender Infrastruktur im Rahmen von weiteren Kooperationen.

WER kann einen Beitrag zu den Ressourcen leisten?

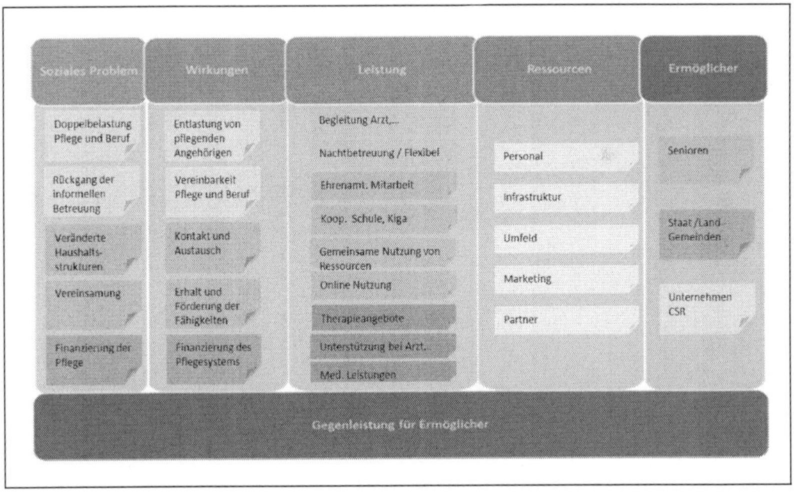

Abbildung 38: Abbildung der Ermöglicher im wirkungsorientierten Canva (eigene Darstellung)

Eine der wesentlichen Fragen ist die nach den Ermöglichern, die die notwendigen Ressourcen zur Leistungserbringung zur Verfügung stellen oder finanzieren können.

- **Senior/innen**
  Kostenbeitrag durch Tagsätze und Nutzungsgebühren für Online-Angebote
- **Staat/Land/Gemeinden**
  Förderungen, Subventionen, Zurverfügungstellung von Infrastruktur

Neben den traditionellen Finanzierungsmöglichkeiten für soziale Dienstleistungen können auch Alternativen genutzt werden. Besonders hervorzuheben ist dabei die Finanzierung durch Unternehmen im Rahmen von Corporate Social Responsibility. Die Gründe dafür werden im nächsten Punkt deutlich.

WELCHE Gegenleistung erhalten die Ermöglicher?

Abschließend werden die Gegenleistungen für die Ermöglicher identifiziert. Da diese keine finanzielle Vergütung für ihr eingesetztes Kapital und ihre Leistungen erhalten, hat die Gegenleistung auf den ersten Blick nur den immateriellen Wert, einen Beitrag zur Lösung des sozialen Problems zu leisten. Auf den zweiten Blick ist jedoch erkennbar, dass für die Ermöglicher ebenso direkte, materielle Vorteile entstehen können.

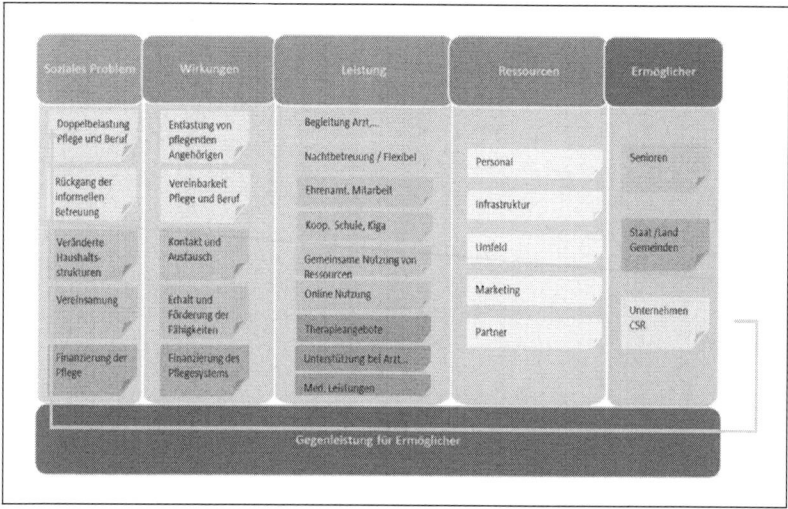

Abbildung 39: Abbildung der Gegenleistung im wirkungsorientierten Canva (eigene Darstellung)

Wie die Darstellung verdeutlicht, kann z. B. ein Unternehmen durch die Förderung einer Tagesbetreuungseinrichtung im Rahmen von Corporate Social Responsibility letztlich direkt profitieren.

Abbildung 40: Gegenleistung für CSR (eigene Darstellung)

Die hohe Relevanz für Unternehmen wird besonders deutlich, wenn man berücksichtigt, dass nach dem neu veröffentlichten Wirtschaftsbarometer der Wirtschaftskammer Österreich (WKÖ) die größte Sorge heimischer Betriebe der Fachkräftemangel ist (Wirtschaftskammer Österreich 2017b).

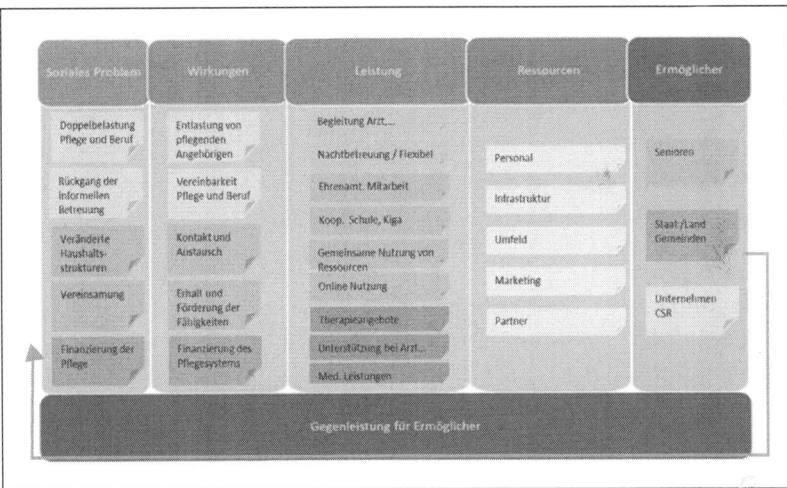

Abbildung 41: Gegenleistung für staatliche Investitionen (eigene Darstellung)

Ähnlich verhält es sich bei Finanzierungen durch staatliche Mittel, wo durch die Investition in den Ausbau der Tagesbetreuungseinrichtungen gleichzeitig mit einem Sinken der Kosten für die stationäre Pflege zu rechnen ist.

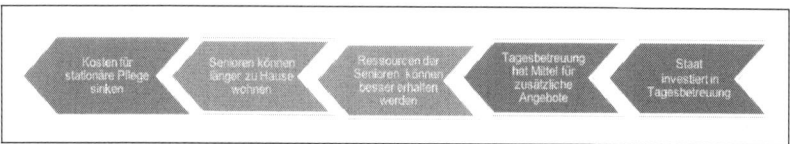

Abbildung 42: Gegenleistung für staatliche Investitionen (eigene Darstellung)

Das Geschäftsmodell und seine Angebote sind darauf ausgerichtet, die Senior/innen und ihre Angehörigen bei der Bewältigung des Alltags zu unterstützen, sie zu aktivieren und zu betreuen. Dabei stehen der Erhalt und die Förderung eines möglichst selbstständigen und selbstbestimmten Lebens in den eigenen vier Wänden im Vordergrund.

Nachdem die Grundlagen des Geschäftsmodells mithilfe der wirkungsorientierten Canvas entwickelt wurden, ist es für den weiteren Gründungsprozess der Tagesbetreuungseinrichtung notwendig, die einzelnen Punkte im Rahmen eines Social Businessplans weiter zu präzisieren und detailliert auszuarbeiten.

3.4.6 Resümee

Die Entwicklung eines Geschäftsmodells stellt den ersten, wesentlichen Schritt bei der Gründung eines Unternehmens dar. Ein schlüssiges Geschäftsmodell ist die Voraussetzung, um den geplanten Wert zu erzielen. Im konkreten Fall der Tagesbetreuungseinrichtung steht kein materieller Wert, sondern die Lösung eines sozialen Problems und das Erzielen von Wirkungen im Fokus.

Diese Zielsetzungen bilden die Basis des im Zuge dieser Arbeit gestalteten Vorgehensmodells zur Geschäftsmodellentwicklung. An erster Stelle stand die Frage nach dem sozialen Problem. Dieser Ansatz entstammt dem Social Businessplan. Im Weiteren flossen in das neue Vorgehensmodell die Idee des „Gründen mit Komponenten" des Konzept-kreativen Geschäftsmodellansatzes und Methoden des Discovery Driven Planning mit ein. Die konkrete Entwicklung des Geschäftsmodells erfolgt schließlich anhand von wirkungsorientierten Canvas, die in Anlehnung an die Business Model Canvas von Osterwalder und Pigneur gestaltet wurden.

Für die inhaltliche Erarbeitung des Geschäftsmodells wurden sowohl Literaturquellen als auch die Ergebnisse der explorativen Experteninterviews berücksichtigt. Dabei zeigte sich, dass die Attraktivität der Einrichtungen durch eine Erweiterung der Betreuungszeiten und speziell durch das Angebot der Nachtbetreuung gesteigert werden könnte. Diese Änderungen sowie zusätzliche Angebote zur Entlastung der Angehörigen tragen dazu bei, die Vereinbarkeit von Pflege und Beruf zu fördern. Neben den Angehörigen können davon ebenso deren Arbeitgeber, welche im Rahmen der alternativen Finanzierungsmethode Corporate Social Responsibiltiy auch als potenzielle Investoren infrage kommen, profitieren.

Das entwickelte Geschäftsmodell stellt nur einen ersten Schritt zur Gründung einer Tagesbetreuungseinrichtung für Senioren dar. Im Weiteren müssen die einzelnen Bereiche im Rahmen eines Social Businessplans detaillierter ausgearbeitet und mit Zahlen hinterlegt werden.

3.4.7 Literatur-/Quellenverzeichnis

Amt der Oberösterreichischen Landesregierung (2015a): Pflegevorsorge für ältere Menschen 03, Sozialbericht 2015. – www.land-oberoesterreich.gv.at/Mediendateien/Formulare/Dokumente%20GSGD%20Abt_So/03_Pflegevorsorge_Sozialbericht_100216.pdf (letzter Zugriff: 02.12.2019)

Amt der Oberösterreichischen Landesregierung (2015b): Pflegevorsorge für ältere Menschen in Oberösterreich. Bedarfs- und Entwicklungsplan 2015. – www.land-oberoesterreich.gv.at/Mediendateien/Formulare/Dokumente%20GSGD%20Abt_So/BEP_2015_Teil_1.pdf (letzter Zugriff: 02.12.2019)

Bundesministerium für Arbeit, Soziales und Konsumentenschutz (2013): Altern und Zukunft. Bundesplan für Seniorinnen und Senioren. – https://broschuerenservice.sozialministerium.at/Home/Download?publicationId=198 (letzter Zugriff: 02.12.2019)

Büker, C./Niggemeier, M. (2014): Tagespflege für ältere Menschen. Ein Praxisbuch. Kohlhammer, Stuttgart.

Caritas der Diözese Linz (2017): Tagesbetreuung für Menschen mit Demenz. – www.caritas-linz.at/hilfe-angebote/seniorinnen/tagesbetreuung-fuer-menschen-mit-demenz/ (letzter Zugriff: 14.07.2017).

Eder, J. (2013): Wie erfolgreich altern Österreichs Unternehmen? Die demographische Alterung und ihre Herausforderungen für Politik und Wirtschaft. Masterarbeit. Universität Wien, Wien.

Famira-Mühlberger, U. (Hrsg.) (2017): Österreich 2025: Pflegevorsorge – Künftiger Finanzierungsaufwand und regionalwirtschaftliche Verflechtungen. – www.fgv.at/index.php/ihr-projekt-1.html?file=files/Wissenschaft/WIFO%3A%20Oesterreich%202025%20Pflegevorsorge%2C%20Kuenftiger%20Finanzierungsauswand%20und%20regionalwirtschaftliche%20Verflechtungen.%202017.pdf (letzter Zugriff: 14.07.2017)

Faltin, G. (2008): Kopf schlägt Kapital. Die ganz andere Art, ein Unternehmen zu gründen. Hanser, München.

Gablenz, R./Golletz, H./Staeber, K. (2015): Praxis Tagespflege. Vom stimmigen Konzept zu zufriedenen Gästen. Schlütersche, Hannover.

Kunze, S./Offermanns, A. (2016): Mythos Businessplan. Vom Glauben an ein einzelnes Instrument und möglichen Alternativen. Springer, Wiesbaden.

Land Oberösterreich: Tagesbetreuung/teilstationäre Dienste. – www.land-oberoesterreich.gv.at/18788.htm (letzter Zugriff: 17.01.2017)

Lehner, M./Kränzl-Nagl, R./Prinz, T. (2019): Sozialökonomische Wirkungsevaluation in der Sozialwirtschaft. Walhalla Fachverlag, Regensburg.

Meyer, R. /Uebelhart, B. (2013): Social Business Plan. In: Uebelhart, B./Zängl, P. (Hrsg.): Praxisbuch zum Social-Impact-Modell. Nomos, Baden-Baden, S. 256–261.

Meyer, R./Uebelhart, B./Zängl, P. (2013): A12 Social Business Plan. In: Uebelhart, B./Zängl, P. (Hrsg.): Praxisbuch zum Social-Impact-Modell. Nomos, Baden-Baden, S. 327–364.

Osterwalder, A./Pigneur, Y. (2011): Business Model Generation. Ein Handbuch für Visionäre, Spielveränderer und Herausforderer. Campus, Frankfurt am Main.

Rauscher, O./Mildenberger, G./Krlev, G. (2015): Wie werden Wirkungen identifiziert? Das Wirkungsmodell. In: Schober, C./Then, V. (Hrsg.): Praxishandbuch Social Return on Investment. Wirkungen sozialer Investitionen messen. Schäfer-Poeschel, Stuttgart, S. 41–47.

Ruppe, G. (Hrsg.) (2015): Österreichische Interdisziplinäre Hochaltrigenstudie. Zusammenwirken von Gesundheit, Lebensgestaltung und Betreuung. – www.oepia.at/hochaltrigkeit/wp-content/uploads/2015/05/OEIHS_Endbericht_Endfassung1.pdf (letzter Zugriff: 02.12.2019)

Schober, C./Rauscher, O. (2014): Was ist Impact? Gesellschaftliche Wirkungen von (Nonprofit) Organisationen. Von der Indentifikation über die Bewertung bis zu unterschiedlichen Analyseformen. – www.forschungsnetzwerk.at/downloadpub/impact_gesellschaftliche_wirkungen_von_nonprofit_organisationen.pdf (letzter Zugriff: 01.07.2017)

Seniorenheim der Stadt Laakirchen: Tagesbetreuung, Unsere Tagesbetreuung. – www.laakirchen.at/seniorenheim/ (letzter Zugriff: 20.07.2017)

Wirtschaftskammer Österreich: Gewerbliche Wirtschaft optimistisch – Größte Sorge Fachkräftemangel. – https://news.wko.at/news/oesterreich/wko-barometer-2halbjahr2017.pdf (letzter Zugriff: 27.01.2017)

Volkshilfe Oberösterreich: Betreuung von Menschen mit Demenz. – www.volkshilfe-ooe.at/erwachsene/gesundheit-und-betreuung/demenz-tageszentrum (letzter Zugriff: 14.07.2017)

Zank, S./Schacke, C. (2001): Evaluation von Effekten gerontopsychiatrischer und geriatrischer Tagesstätten auf ihre Besucher(innen) und deren Angehörige. – www.hf.uni-koeln.de/data/gerontologie/File/EVA.pdf (letzter Zugriff: 20.07.2017)

Michaela Kührer ist Assistentin der Provinzökonomie der Barmherzige Schwestern vom heiligen Kreuz Europa Mitte. Sie hat einen Bachelor in Sozialmanagement und steht vor dem Abschluss des Masterstudiengangs Gesundheitsmanagement an der der FH Oberösterreich, Fakultät für Medizintechnik und Angewandte Sozialwissenschaften.

3.5 Ein Zukunftsbild wird Wirklichkeit: „Multifunktionales Altenheim"
Paul Brandl und Angelika Krallinger

3.5.1 Wenn es so weitergeht, bekommen wir Auslastungsprobleme ...

Am Anfang standen die Beobachtungen, dass ein neugebautes Altenheim in der Region nicht ausreichend belegt werden konnte und zumindest eine weitere Einrichtung desselben Trägers mit der Auslastung kämpfte. Ähnliche Schilderungen aus anderen Teilen Oberösterreichs und auch aus Deutschland – wenn auch aufgrund Personalmangels –- brachten die Überlegungen ins Rollen, wie das mit dem eigenen Haus weitergehen könnte. Zudem nahmen wir zur Kenntnis, dass die Verweildauer neueinziehender Bewohner/innen in den letzten Jahren stark gesunken ist und dadurch immer mehr neue ältere, meist immobilere und multimorbide Personen in das infrage stehende Haus eingezogen sind. Zu diesem Zeitpunkt gab es noch keine Auslastungsprobleme, da das Haus als kirchliche Einrichtung im Vergleich mit anderen Einrichtungen der Umgebung einen sehr guten Ruf genießt. Der Wunsch nach Aufnahme in das Haus war/ist noch relativ groß. Trotzdem stellte sich die Geschäftsführung des Trägers zusammen mit der Heimleitung die Frage nach der strategischen Ausrichtung des Hauses über die nächsten Jahre und startete eine Kooperation mit der FH Oberösterreich, Department Sozial- und Verwaltungsmanagement. In einem der Live-Projekte des Master-Studiengangs Gesundheits-, Sozial- und Public Management an der FH Oberösterreich Campus Linz sollte sich eine sechsköpfige Studentengruppe der strategischen Ausrichtung des Hauses annehmen. Sie hatten dazu ein Semester Zeit. Das Ziel: Die (kostendeckende) Auslastung der Immobilie sichern.

3.5.2 Ein Zukunftsbild entsteht

Vorbild für diese Projektarbeit war ein sog. Dialog-Bild[66] (Dialog-bild® 2019), wie wir es aus der Unternehmensberatung kennen. Frei nach dem Spruch „Ein Bild sagt mehr als tausend Worte" sollten die Studierenden eine Ideensammlung als Zukunftsbild erstellen, das alle möglichen Ideen für ein „Altenheim der Zukunft" zeigt und sich in fünf bis zehn Jahren auch realisieren lassen sollte. Dieses Bild sollte der Geschäftsführung als Projektabschluss präsentiert werden.

In einer ersten Vorbesprechung haben wir dieser Arbeitsgruppe die obigen Informationen gegeben, verbunden mit dem Hinweis, dass wir davon ausgehen, dass mehr Werbung nicht mit mehr Nachfrage nach Plätzen im Altenheim verbunden sein würde und daher anderweitig über bestehende Grenzen hinausgehende Lösungsansätze zu suchen seien. Auch solle es nicht notwendigerweise um das Auslasten des bestehenden Altenheims mit pflegebedürftigen älteren Menschen im Sinne eines Alten- und Pflegeheims gehen, sondern um das Auslasten der Immobilie durch soziale Dienstleistungen im weiteren Sinn – also über die Zielgruppe der alten Menschen hinausgehend. Die Studierenden erarbeiteten mit einem Begleiter im Rahmen eines Innovationsprojekts Lösungsmöglichkeiten. Die Analysephase war zweigeteilt: Zum einen sollten die Ressourcen des bestehenden Altenheims im Zuge einer SPOT-Analyse[67] ermittelt und dargestellt werden. Zum anderen recherchierten sie in Büchern, Zeitschriften und dem Internet Möglichkeiten, wie Altenheime (wieder) attraktiver gemacht werden könn(t)en. Diese Recherche nach bereits realisierten Varianten eines Altenheims erbrachte – abgesehen von internen Potenzialen – etwa 70 Möglichkeiten, wie ein bestehendes Alten- und Pflegeheim mit Kooperationen und neuen Dienstleistungen attraktiver gestaltet werden kann: zum einen für neue stationäre Bewohner/innen, zum anderen für die Umgebung im Sinne einer attraktiven Gestaltung des Sozialraums. Die Studierenden erkannten, dass durch die demografische Entwicklung die

---

[66]　Ein gezeichnetes oder gemaltes Bild, in dem in diesem Fall die Vorstellungen zur Lösung dargestellt werden.

[67]　Die Spot-Analyse ist ein Instrument der strategischen Planung. Sie dient der Positionsbestimmung und der Strategieentwicklung von Unternehmen und anderen Organisationen (S = Stärken, P = Probleme, O = Möglichkeiten/ Opportunities, T = Treahts/Risiken/Befürchtungen. Auch bekannt als SWOT-Analyse.

Belegung mit einem immer älteren und immobiler werdenden Klientel, mit einer Zunahme des Pflegeschlüssels und der Zunahme der Pflegefälle, auch die Notwendigkeit von mehr qualifiziertem Personal verbunden ist.[68] Mithilfe von Interviews vor Ort gelangten die Studierenden darüber hinaus zu der Erkenntnis, dass die Attraktivität des Arbeitsplatzes damit nicht gehoben, sondern – im Gegenteil – durch die einseitige psychische Belastung der Mitarbeiter/innen durch die ständige Konfrontation mit dem Thema „Tod" gesenkt wird: „Die Leute ziehen ein und verlassen das Haus – abgesehen von Krankenhausaufenthalten – schon nach kürzerer Zeit in der Regel nur im Sarg!"[69]

Insbesondere von der Heimleitung wurde/wird auch auf die Optimierung der internen Prozesse geachtet. Es stellte sich heraus, dass die ständige Optimierung der Prozesse, wie etwa die Einführung der Neuverblisterung der Medikamente, im Sinne des Eröffnens neuer Handlungsspielräume für die Führungskräfte unabdingbar sind, die Attraktivität der Einrichtung jedoch aus der Sicht der Mitarbeiter/innen nicht wesentlich beeinflussen können und somit nicht notwendigerweise zu einer Vollauslastung beitragen können. Fazit: Notwendig, aber es braucht ein „Mehr" an Aktivitäten: ein Neugestalten nicht nur von Prozessen, sondern auch von Dienstleistungen für neue Zielgruppen. Am Ende der Analysephase verdichteten die Studierenden diese externen Lösungsmöglichkeiten auf folgende zwei Schwerpunkte:

Neue Zielgruppen ansprechen:

- Die Lage des Hauses in einem Kurort würde die Möglichkeit der Kurzzeitpflege für pflegebedürftige Angehörige von Kurgästen eröffnen und es ermöglichen, dass die Angehörigen auf Kur/Erholung im nahegelegenen Kurheim gehen und parallel dazu die Möglichkeit der Kurzzeitpflege besteht.

- Kooperation mit den nahegelegenen Krankenhäusern im Sinne einer (Übergangs-)Pflege mit Therapie. Von den Pflegekräften kam die Idee, dass ältere Personen nach einem Krankenhausaufenthalt (z. B. Oberschenkelhalsbruch) befristet im Altenheim aufgenommen und mit mobiler Therapie versorgt werden, allerdings dann möglichst wieder nach Hause entlassen werden.

---

[68] In einem Jahr übersteigen die Sterbefälle die Anzahl der Bewohner/innen.

[69] Aussage einer Mitarbeiterin.

- Auf der einen Seite erkannten die Studierenden einen Mangel an Palliativbetten in der Region, auf der anderen Seite wurden Bedenken geäußert, da die einseitige psychische Belastung der Mitarbeiter/innen noch weiter verstärkt würde.

- Man könnte die bestehenden Zimmer nicht als Altenheim nützen, sondern als Wohnen mit Service („betreutes bzw. betreubares Wohnen").

- „Urlaub" für relativ immobile Menschen auch aus anderen Bundesländern: Es könnte etwa im Sommer in begrenztem Ausmaß auch ein Ortswechsel ermöglicht werden.

- (Ältere) behinderte Menschen wurden als neue Zielgruppe identifiziert, wobei in der Diskussion keine Aufteilung einzelner behinderter Personen auf die Abteilungen des Hauses, sondern die Umwidmung eines ganzen Wohnbereichs angedacht wurde.

- Integration eines Kindergartens, der sowohl für die Kinder der Umgebung als auch für die Kinder der Mitarbeiter/innen offenstehen sollte. Auch eine Kombination mit Generationenwohnen wäre denkbar.

- Angliederung einer Ausbildungsstätte für Pflegepersonal im Sinne wohnortnaher Ausbildung.

- Kooperation mit Forschungseinrichtungen nicht nur zur Steigerung der Attraktivität für zukünftige Bewohner/innen, sondern auch für zukünftige Mitarbeiter/innen.

Neue Dienstleistungen anbieten:

- Ein Stützpunkt für die mobile Alten- und Behindertenbetreuung könnte in das Heim integriert werden, womit auch für Mitarbeiter/innen eine abwechslungsreichere Tätigkeit geschaffen werden kann.

- Allgemeinmediziner/innen ordinieren stundenweise im Altenheim und können auch von extern in Anspruch genommen werden. Diese Idee entstand aus der Idee der „shared" oder „rolling docs". Ein Arzt/eine Ärztin kann auch zum Patienten/zur Patientin kommen und muss nicht nur in seiner/ihrer Ordination seine/ihre Tätigkeit verrichten.

- Gleiches gilt für Fachärzte/ärztinnen oder Ärzte/Ärztinnen aus Krankenhäusern.

- Mobile Therapeut/innen: Im Zuge der Überlegungen in Richtung Zusammenarbeit mit Krankenhäusern, entstand auch die Idee des Einbeziehens von mobilen Therapeut/innen.

- Güter des täglichen Bedarfs und aus der Region werden für die Bewohner/innen, aber auch für die Umgebung angeboten.

- Ein Café für die Bewohner/innen und für Besucher/innen.

- Essen kann auch extern angeboten werden: Kund/innen aus der Umgebung kommen zum Essen, Essen auf Rädern, Essen für andere Einrichtungen.

- Therapieräume können (stundenweise) auch für externe Klient/innen genützt werden.

Am Ende der Suche nach neuen Möglichkeiten passte die Bezeichnung „Altenheim" nicht mehr. Folgende Bezeichnungen standen zur Diskussion:

- Komplexanbieter: Alle im Sozialraum denkbaren Dienstleistungen für die Senior/innen, aber auch für behinderte Menschen können angeboten werden. Für die Mitarbeiter/innen würde diese Erweiterung der Dienstleistungspallette zu neuen Anforderungen und zu mehr Abwechslung führen.

- Multifunktionales Altenheim: Die Funktionen eines Altenheims werden auf den Sozialraum erweitert. In den Blick kommen auch neue Zielgruppen und die „Einrichtungsgrenzen" werden geöffnet.

- Mobiles Altenheim 4.0: Der Name soll signalisieren, dass die Einrichtung für andere Zielgruppen offen ist und auch (Alten-)Betreuung und -pflege im Umland verfügbar macht. Zudem wird ein weiterer Schwerpunkt auf die „Digitalisierung" der Altenbetreuung und -pflege gelegt.

Es sollte bei allen drei Versionen zum Ausdruck kommen, dass im Alten- und Pflegeheim neue Dienstleistungen sowohl für die Heimbewohner/innen als auch für betreuungs- und pflegebedürftige Personen außerhalb angeboten werden können. Damit können etwa auch ältere behinderte Menschen mitangedacht werden. Zudem sollte es möglich werden, Ressourcen des Hauses auch von „hausfremden" Einzelpersonen nutzbar zu machen. Damit kann die möglichst hohe Auslastung mit dem Nutzen für den Sozialraum verbunden werden. Schließlich bürgerte sich im Verlauf der Projektarbeit der Begriff „Multifunktionales Altenheim" ein. Es wurden und werden in der Folge drei Schritte beschrieben, die ihre Wurzel in diesem Zukunftsbild haben und seitens der Geschäftsführung verfolgt werden:

- Realisiert ist die Öffnung für ältere behinderte Menschen „SHG+"[70]. Damit wurde eine weitere Marke kreiert und mittlerweile auch etabliert.

- Unterstützende Technologien sollen Mitarbeiter/innen entlasten und Handlungsfreiräume für die Altenbetreuung und -pflege schaffen. Es gilt, Technologien zu finden und optimal in das (Pflege-)System einzubinden.

- Best Point of Medical Service and Care „Fit für zu Hause": Der beste Ort des „Medical Service" ist nicht nur beim Arzt oder im Krankenhaus, sondern dort, wo der Klient/die Klientin subjektiv am besten und kostengünstigsten versorgt ist. Das kann in Kooperation mit einem Krankenhaus auch etwa ein Altenheim mit der notwendigen medizinischen, pflegerischen und therapeutischen Ausstattung sein. Ein Altenheim ist nicht nur wohnortnäher, sondern in der Regel auch wesentlich billiger.

3.5.3 Erster Realisierungsschritt: SHG+

Eine Zeitungsmeldung – es stünden zu wenig „stationäre Plätze" für behinderte Menschen zur Verfügung – gab für die Heimleiterin den Anlass, nachzudenken und konkret beim Land Oberösterreich nachzufragen, inwieweit man behinderte Menschen in einer Wohngruppe des Alten- und Pflegeheims unterbringen könnte. Waren es anfänglich juristische Bedenken, kamen in der Folge auch Fragen hinsichtlich der ungenügenden Qualifizierung des Personals dazu. Auch offene finanzielle Fragen konnten in der Folge genauso gelöst werden wie die Frage des höheren Personalbedarfs bei (älteren) behinderten Menschen – daher auch der Name „SHG+" (= Sozialhilfegesetz plus eine Personaleinheit). Es bedurfte schließlich des Ausprobierens mit 17 Klient/innen und des Nachjustierens hinsichtlich weiterer Maßnahmen im Wohnbereich (Mitterlehner 2016) in Form des Erkundens der individuellen Bedürfnisse der Klient/innen. Mittlerweile läuft dieser Versuch und hat für viel Aufregung im Bereich der stationären Altenbetreuung sowie des Trägers gesorgt. Die Bilanz kann sich letztlich sehen lassen (Anderlik/Krallinger 2018):

Ziel von „SHG+" ist es, Menschen ein Betreuungsangebot im Caritas-Seniorenwohnhaus Schloss Hall bieten zu können, die im Laufe ihres Lebens eine Beeinträchtigung erworben haben, einen zuneh-

---

[70] SHG+ = Sozialhilfegesetz plus eine Personaleinheit

mend erhöhten Pflegebedarf aufgrund des fortschreitendes Alters aufweisen und in der häuslichen Umgebung nicht ausreichend versorgt werden können. Das Betreuungsangebot steht Frauen und Männern ab dem 50. Lebensjahr aus ganz Oberösterreich zur Verfügung, die durch Krankheit oder Unfall kognitiv oder psychisch beeinträchtigt und mindestens in Pflegestufe 3 (von 7) eingestuft sind. Die Vorentscheidung über eine Aufnahme in den „SHG+"-Bereich trifft das Land Oberösterreich. Der Sozialhilfeverband Steyr Land (SHV) entscheidet nach einem Besuch bei der vorgeschlagenen Person durch die Pflegedienstleitung von Schloss Hall gemeinsam mit dieser, ob die Person aufgenommen wird. Die Kosten übernimmt je nach privaten Vermögensverhältnissen der/die Bewohner/in ggf. gemeinsam mit dem SHV.

Der Altersdurchschnitt der „SHG+"-Bewohner/innen in Schloss Hall ist mit durchschnittlich 58 Jahren weitaus jünger. Im Seniorenwohnhaus liegt der Altersdurchschnitt derzeit bei 86 Jahren. Dementsprechend unterscheidet sich auch die Lebensphase, in der sich die Bewohner/innen befinden. In der „SHG+"-Wohngruppe sind die Menschen altersgemäß ihrer „Lebensmitte" näher und haben demnach mehr Bedürfnis danach, aktiv zu sein, während bei den Seniorenwohnhaus-Bewohner/innen aufgrund ihres Alters ein hohes Ruhebedürfnis im Vordergrund steht. Auch die Krankheitsbilder unterscheiden sich. Im Seniorenwohnhaus sind die Krankheiten eine Begleiterscheinung des natürlichen Alterungsprozess, während die „SHG+"-Bewohner/innen im Laufe ihres Lebens erkrankten. Auch die Geschlechterverteilung unterscheidet sich auffällig: Während im Seniorenwohnhaus 78 % Frauen leben, sind es in der „SHG+"-Wohngruppe „nur" 12 %.

Den besonderen Bedürfnissen der Bewohner/innen von „SHG+" wird natürlich auch in der Betreuung Rechnung getragen. Zusätzlich zu den drei diplomierten Gesundheits- und Krankenpfleger/innen und sechs Fachsozialbetreuer/innen für Altenarbeit gibt es eine diplomierte Sozialbetreuerin Behindertenarbeit. Durch das gute Zusammenspiel dieses interdisziplinären Teams können die Bewohner/innen sehr individuell gefördert werden. Das wiederum hat den positiven Effekt, dass die Menschen selbstständiger, mobiler und aktiver werden, zugleich auch in der Regel etwas weniger Medikamente benötigen.

Die Mitarbeiter/innen ermöglichen dieser neuen Zielgruppe verschiedene Beschäftigungsmöglichkeiten, die den Fähigkeiten, Bedürfnissen und Interessen der Bewohner/innen entsprechen. Sie fördern die

Selbstständigkeit, bieten eine abwechslungsreiche Tagesstruktur und motivieren die Menschen, aktiv zu sein. Dazu wurde in Schloss Hall eigens das sog. Aktiv-Team eingerichtet, das sowohl mit „SHG+"-Bewohner/innen als auch mit Seniorenwohnhaus-Bewohner/innen Ausflüge, Caféhaus-Besuche, Spaziergänge und verschiedene Gruppenaktivitäten unternimmt. Eine weitere beliebte Beschäftigungsmöglichkeit ist die Kreativ-Werkstatt, wo sich ebenfalls „SHG+"- und Seniorenwohnhaus-Bewohner/innen künstlerisch und handwerklich entfalten können. Um auf die Bedürfnisse der „SGH+"-Wohngruppe einzugehen, wurde auch die Spätschicht angepasst, um Abendaktivitäten, wie z. B. gemeinsames Grillen, veranstalten zu können. Ebenso fördert das Betreuungsteam die sozialen und gesellschaftlichen Kontakte der „SHG+"-Bewohner/innen, die schon vor Einzug in Schloss Hall bestanden.

Um die hohe Qualität in der Betreuung und Pflege zu garantieren, erhalten die Caritas-Mitarbeiter/innen der „SHG+"-Wohngruppe zudem hausinterne Schulungen zu den individuellen Krankheitsbildern der Bewohner/innen und im Umgang mit psychiatrischen Erkrankungen.

Beispiel:

Herr S. war, als er 2015 einzog, ans Bett gefesselt. Er konnte nicht alleine essen und trinken, nur schlecht sprechen und sich nicht länger als fünf Minuten auf eine Sache konzentrieren. Unter anderem dank gezielter Physiotherapie und kognitiven Übungen fährt er heute weitgehend selbstständig mit dem Rollstuhl, isst selbstständig, kann sogar wieder schreiben und liebt es, Kreuzworträtsel zu lösen oder in der Kreativwerkstatt zu basteln. Derzeit übt er mit dem Physiotherapeuten die ersten Schritte zu gehen.

Seit Projektstart 2015 wurde für die „SHG+"-Wohngruppe eine Reihe von Veränderungen vorgenommen. Nachfolgend ein Auszug:

- Gesellschaftsraum für Aktivitäten, Besuche und Feiern
- behindertengerechte Arbeitsfläche in der Bewohner/innen-Küche
- Einrichtung einer Kreativwerkstatt im Untergeschoss des Hauses
- Ausdehnung der Öffnungszeiten im hausinternen, renovierten Café

- Einzelzimmer
- behindertengerechter Ausbau der Gartengestaltung

> „Die ‚SHG+'-Wohngruppe hat sich hervorragend in das Caritas-Seniorenwohnhaus[71] integriert und ist heute nicht mehr aus Schloss Hall wegzudenken. Die Bewohner/innen entsprechen einer Altersgruppe, haben dadurch ähnliche Interessen und fühlen sich durch ihre ähnlichen Lebenssituationen und Krankheitsgeschichten stark miteinander verbunden. Der Kreis an Gleichgesinnten wirkt auf den Einzelnen überaus motivierend und hat mitunter zu Fortschritten geführt, die wir kaum für möglich gehalten hätten. Aber nicht nur den Mitbewohner/innen, sondern auch dem riesigen Engagement des interdisziplinären Teams ist es zu verdanken, dass sich die Bewohner/innen so gut entwickelt und an Lebensqualität gewonnen haben." (Anderlik/Krallinger 2018)

3.5.4 Zweiter Schritt: Assistierende Technologien

Ein ehemaliger Marathonläufer als Bewohner in Schloss Hall war der eigentliche Auslöser des nachfolgend skizzierten Projekts. Er war dement und lief sehr gerne aus dem Haus – dann aber auch gleich mehrere Kilometer weit weg. Eine Suche gestaltete sich daher oft schwierig und auch aufwendig, da er nicht immer dieselbe Route wählte. Die Suche nach Lösungen richtete sich alsbald auf eine elektronische Ortung und daher auf Geräte, die dies auf einfache Art ermöglichten. Der örtliche, technisch sehr affine Bandagist bot seine Hilfestellung an.

Das Band mit dem „roten Alarmknopf" half nichts, da der Alarm nur vom Bewohner ausgelöst werden konnte, zudem lehnte der Bewohner (und nicht nur er) das Tragen dieses Armbands strikt ab.

---

[71] Das Caritas-Seniorenwohnhaus Schloss Hall im Zentrum von Bad Hall verfügt insgesamt über 106 freundliche Einzelzimmer mit Dusche, WC, Telefon, die individuell möbliert werden können sowie über ein Appartement für zwei Personen. Das Seniorenwohnhaus bietet 78 Langzeitpflegeplätze, 13 Kurzzeitpflegeplätze (z. B. als Entlastung für Personen mit pflegebedürftigen Angehörigen, nach einem Krankenhausaufenthalt oder als Begleitung eines/r pflegebedürftigen Person) und seit 2015 17 „SHG+"-Langzeitpflegeplätze. Insgesamt bemühen sich 77 Mitarbeiter/innen um die Bewohner/innen.

Eine ebenso abgelehnte Fußfessel würde die Ortung außerhalb des Hauses ermöglichen, nicht innerhalb. Zudem verweigerte der Bewohner die Fußfessel, „da er ja nicht kriminell sei".

Damit begaben sich die Mitarbeiter/innen auf die Suche nach den Anforderungen an derartige Geräte bzw. Funktionen. Sie haben allesamt das Ziel, einerseits den Mitarbeiter/innen das Leben zu erleichtern, andererseits die Bewohner/innen in der Bewältigung ihrer Lebenssituationen zu unterstützen. Folgende Anforderungen wurden zusammengetragen:

- Die zunehmende Demenz führt zu einer zunehmenden Anzahl von Bewohner/innen, die mit unterschiedlicher Mobilität im Haus umhergehen und das Haus auch unkontrolliert verlassen. Die Suche nach diesen Personen gestaltet sich ohne Ortungsmöglichkeit mitunter recht (zeit-)aufwendig.

- In der Nacht sind meist nur zwei Mitarbeiter/innen im Einsatz. Sie müssen pro Nacht mindestens zwei Mal zu jedem Bewohner/ jeder Bewohnerin gehen und „nachschauen", ob irgendwelche Probleme aufgetreten sind. Insgesamt sind dies pro Haus etwa 106 Personen. Wenn der Hausnotruf betätigt wird, muss der/die Mitarbeiter/in zudem zuerst den Stützpunkt aufsuchen, um den Heimbewohner/die Heimbewohnerin zu lokalisieren. Hilfreich wäre eine Information auf das diensthabende „Handy" über den Heimbewohner/die Heimbewohnerin und seine/ihre Zimmernummer.

- Bei dieser Gelegenheit tauchten nun weitere Ideen der Mitarbeiter/innen auf, die sich im Wesentlichen auf die Vitalwerte Puls, Blutdruck und Blutzucker bezogen. Die Idee der Mitarbeiter/ innen: Wenn ein im Vorhinein eingestellter Schwellenwert überschritten wird, soll Alarm im Pflegestützpunkt und bei dem/der diensthabenden Mitarbeiter/in ausgelöst werden.

- Wenn jemand stürzt, kann er/sie nicht mehr den Notruf betätigen und Hilfe herbeiholen. Deshalb erschiene es zielführend, wenn es im Notfall eine Sprechverbindung über das „Notrufarmband" zwischen dem/der Bewohner/in und dem/der Nachtdienstmitarbeiter/in bzw. dem Pflegestützpunkt gäbe.

- Einer der immer wiederkehrenden Punkte war das Armband mit dem „roten Punkt", das genau deshalb zu mangelnder Akzeptanz bei den potenziellen Träger/innen führt und daher – wenn es beim Sturz irgendwo am Nachttisch liegt – die Alarmfunktion nicht ausfüllen kann. Der rote Punkt sollte wieder einer Uhr weichen.

- Eine wesentliche Funktion war/ist die Einbindung dieses Geräts in eine bestehende Pflegedokumentation vor dem Hintergrund, dass dann alle Vitalwerte inklusive des Alarms bereits in der Pflegedokumentation eingetragen sind. Eine wesentliche Arbeitserleichterung.

- Die Ideen reichten bis hin zum WLAN, das in den Augen der Mitarbeiter/innen mehrfach genutzt werden könnte: für die Pflegedokumentation, die interne Kommunikation, von den Bewohner/innen und Angehörigen etc.

Was sagt das Personal?

- Durch die anfängliche Zusammenarbeit mit dem Bandagisten ergab sich auch der Kontakt mit einem Anbieter assistiver Technologien mit Schwerpunkt „Notfall-Armband".

- Ausprobieren von Funktionen und Systemen führte zu neuen Erkenntnissen und Weiterentwicklungen.

- Batterien haben zu geringe Laufzeit, daher wurden verschiedene Modi des Stromverbrauchs getestet. Praktikabel ist die Übertragung im Notfall.

- Eine durchgehende Funktionsfähigkeit im Gebäude macht Sinn.

- Eine Firma, die experimentieren will – ein Altenheim und Mitarbeiter/innen, das auch will.

- Trotz aller Schwierigkeiten muss man am Thema dranbleiben.

3.5.5 Dritter Schritt: Fit für zu Hause oder „Best Point of Medical and Social Services"

Im Rahmen einer Reflexion der bisherigen Arbeit am Zukunftsbild „Multifunktionales Altenheim 4.0" überlegten wir über die Fortführung der Arbeiten in einem weiteren Arbeitsfeld. So entstand aufgund der sinkenden Verweildauer der Heimbewohner/innen und der Beobachtung von neurologischen und orthopädischen Krankheitsverläufen die Idee der Kooperation mit einem Krankenhaus. Theoretisch stand dabei das Modell der Wertschöpfungskette (Hirzel Matthias et al. 2013) Pate, das eine völlige Neugestaltung der Schnittstellen Krankenhaus – Altenheim ermöglichte. Daraus sollten Nahtstellen entstehen: Mit dem Konzept „Fit für zu Hause" haben die Caritas – Betreuung und Pflege in Oberösterreich, das Krankenhaus Sierning – Schwerpunktklinikum für ältere Menschen und die FH Oberösterreich – Department für Sozialmanagement ein machbares Konzept erarbeitet, das einen „Best Point of Medical and Social Services" nachvollziehbar und auch rechnerisch vorteilhaft für die Systempartner im Gesundheits- und Sozialbereich darstellt (Mayr/Grabner 2018).

Das Ziel dieses Konzepts verfolgt Vorteile in fünf wesentlichen Aspekten:

- Verkürzung von Krankenhausaufenthalten in der Akutgeriatrie
- Vermeidung von Langzeitpflege
- Verringerung des Bedarfs an mobilen Pflege- und Betreuungsleistungen
- Verbesserung der nachhaltigen Lebensqualität für geriatrische Patient/innen nach einem Akutereignis
- Reduktion der Gesamtkosten in der Behandlung und Betreuung von älteren Menschen

Mit „Fit für zu Hause" wird ein Angebot für eine kurzfristig verfügbare Betreuung und Versorgung von geriatrischen Personen geschaffen, die nach einem akuten Krankenhausaufenthalt zwar nicht mehr krankenhauspflichtig sind, allerdings „zu Hause" noch nicht hinreichend behandelt und versorgt werden könnten. Derzeit wechseln viele Personen direkt nach dem Krankenhaus in ein Pflegeheim und werden dort zu Langzeitpflegefällen, da eine durchaus mögliche medizinische und therapeutische Unterstützung zurzeit nicht erfolgt. Eine Rückkehr in das gewohnte Umfeld kann und soll nach einer relativ kurzen Phase intensiver medizinischer und therapeutischer Nachversorgung durch dieses Konzept ermöglicht werden.

Die Zielgruppen für „Fit für zu Hause" sind nach unseren Recherchen im Bereich der Neurologie, Dermatologie und Orthopädie angesiedelt. Diese im Projekt als „Patient Journeys" (Manolidis 2015) modellierten Zielgruppen verbringen ihren auf die Akutphase verkürzten stationären Krankenhausaufenthalt wie bisher und wechseln im Anschluss in eine adaptierte „Überleitungspflege" eines Pflegeheims. Im Krankenhaus wird die Akutversorgung durchgeführt und der Bedarf für die „Nachversorgung" mit dem Entlassungsmanagement erarbeitet. Darauf aufbauend erfolgt die weitere pflegerische Grundversorgung im Pflegeheim mit zusätzlicher Unterstützung von ambulanter Therapie und der medizinischen Versorgung aus dem Krankenhaus oder niedergelassenen Ärzten/ Ärztinnen. Damit wird für den geplanten Betreuungszeitraum im

Pflegeheim die medizinische und vor allem die therapeutische Behandlung aus dem Krankenhaus fortgesetzt.

Zu Hause angekommen, können im Bedarfsfall weitere mobile Leistungen bezogen werden, diese soll(t)en allerdings wesentlich geringer ausfallen als bei einer Entlassung nach Hause direkt aus dem Krankenhaus. Im Vordergrund steht die Erwartung, dass nach dem Aufenthalt in „Fit für zu Hause" der Bedarf an einem Krankenhaus- und Langzeitpflegeplatz sichtbar und messbar sinken sollte.

Ergänzend kann/soll während des Aufenthalts ein sog. „Wohnassessment" organisiert werden, damit die meist geringfügig notwendigen baulichen Adaptionen, die für ein sicheres Leben nach „Fit für zu Hause" notwendig sind, zeitgerecht durchgeführt werden können.

3.5.6 Ausblick in eine machbare Zukunft

Der Leitgedanke „Multifunktionales Altenheim" trägt bereits Früchte. Wenn man in diesem Bild bleiben will, lassen sich rückblickend drei Erfolgsfaktoren identifizieren:

- Die Führungskraft steht sichtbar dahinter: das ist der wichtigste Erfolgsfaktor.
- Die Technik muss funktionieren, WLAN bietet mehr Möglichkeiten, und Ziel muss die Einbindung in die Pflegedokumentation sein.
- Die Mitarbeiter/innen müssen eingeschult werden, dann haben sie den erforderlichen Einblick und ziehen mit.

Weitere Knospen im Sinne von Entwicklungspotenzial sind bereits erkennbar. Zum einen wäre im Bereich der Technik auch die „entbürokratisierte Pflegedokumentation" (Henke/Horstmann 2016) interessant, im Bereich der Dienstleistungen wäre ein (Fach-)Ärztezentrum („shared docs")[72], das Anbieten von Waren des täglichen Lebens – von der Zahncreme bis zu Keksen[73] – zu überlegen und im Bereich der Zusammenarbeit könnte über die agile Organisation in den Wohngruppen nachgedacht werden. Zudem könnte das Haus eine führende Rolle als „Service Innovation Lab"[74] – also die Entwicklung neuer Dienstleistungen im Sozialraum gedacht – einnehmen.

---

[72] Bereits im Vorschlag der Studentengruppe enthalten.
[73] Ebenso.
[74] In Anlehnung an das „INTRA Lab".

3.5.7 Literatur-/Quellenverzeichnis

Anderlik, A./Krallinger, A. (2018): Interne Unterlage für eine Führungskräfteklausur und für einen Bericht an das Land OÖ., unv. Manuskript.

DIALOGBILD GmbH (2019): Das Dialogbild als Diskussionsgrundlage. – www.dialogbild.de/de/leistungen/dialogbild/ (letzter Zugriff: 05.12.2019)

Glasl, F./Weiss, M. (2014): Zukunftsgestaltungs-Prozesse. In: Glasl, F./Kalcher, T./Piber, H. (Hrsg.): Professionelle Prozessberatung. Haupt, Freies Geistesleben, Bern.

Hirzel, M. et al. (2013): Prozessmanagement in der Praxis: Wertschöpfungsketten planen, optimieren und erfolgreich steuern. Wiesbaden, SpringerGabler.

Henke, F./Horstmann, C. (2016): Pflegeplanung exakt formuliert und korrigiert: Praktische Arbeitshilfen für Lehrende und Lernende unter Berücksichtigung der LA, ATL, A(B)EDL und Themenfelder der SIS zum Übergang in die vereinfachte (entbürokratisierte) Pflegedokumentation Pflegeplanung exakt formuliert und korrigiert: Praktische Arbeitshilfen für Lehrende und Lernende unter Berücksichtigung der LA, ATL, A(B)EDL und Themenfelder der SIS zum Übergang in die vereinfachte (entbürokratisierte) Pflegedokumentation. Kohlhammer, Neumarkt-Sankt Veit.

Manolidis, G. (2015): Patient Journey – Wohin geht die Reise? In: PM-Report 10/2015, Seite 1. – www.twt-digital-health.de/fileadmin/public/resources/img/agentur/201510-pm-report-gamification.pdf (letzter Zugriff: 05.12.2019)

Mitterlehner, M. (2016): Die integrierte Teilhabeplanung als Instrument zur Dienstleistungsentwicklung im Pilotprojekt Schloss Hall. Thening.

Angelika Krallinger hat im Jahr 2014 den Bachelor-Studiengang Sozialmanagement an der FH Linz abgeschlossen. Seit 2014 ist sie Hausleitung im Seniorenwohnhaus Schloss Hall und Qualitätsmanagerin in der Caritas für Betreuung und Pflege.

Prof. Dr. Paul Brandl, Professur für Organisation und Prozessmanagement mit Schwerpunkt Qualitätsmanagement in Alten- und Pflegeheimen an der FH-Oberösterreich – Department Sozial- und Verwaltungsmanagement, Linz, Österreich.

4. Autorenverzeichnis

Prof. Dr. Paul Brandl, Professur für Organisation und Prozessmanagement mit Schwerpunkt Qualitätsmanagement in Alten- und Pflegeheimen an der FH-Oberösterreich – Department Sozial- und Verwaltungsmanagement, Linz, Österreich.

Dr. Irmtraud Ehrenmüller, Betriebswirtin, langjährige Tätigkeit als Managerin und Geschäftsführerin von Pflegeheimen und Krankenhäusern in Österreich.

Hendrik Epe ist Sozialmanager und begleitet freiberuflich soziale Organisationen zu den Themen New Work, Agilität, Innovationsfähigkeit und der digitalen Transformation. Auf seinem Blog www.ideequadrat.org widmet er sich der Frage, wie die Zukunft der Arbeit in und für Organisationen der Sozialwirtschaft gestaltet werden kann.

Dr. Michael Garkisch, M.A., Dipl.-Soz.-Päd. (FH), ist nach zahlreichen beruflichen Stationen im Bereich Bildung, Nonprofit und Forschung aktuell Manager für Innovation und Kollaboration beim Cluster Mechatronik und Automation gGmbH. Er promovierte am Lehrstuhl für Nachhaltigkeitsmanagement der FAU Erlangen-Nürnberg zum Thema „Handlungsmuster von Manager*innen in Zeiten gesellschaftlicher Herausforderungen". Vorher schloss er den Master-Studiengang Innovationsmanagement an der FHWS Würzburg und das Studium der Sozialen Arbeit an der Evangelischen Hochschule Nürnberg mit dem Diplom ab. Michael Garkisch engagiert sich darüber hinaus ehrenamtlich als Rettungssanitäter beim Bayerischen Roten Kreuz.

Dr. Matthias Heuberger ist wissenschaftlicher Mitarbeiter und stellvertretender geschäftsführender Direktor des Instituts für Zukunftsfragen der Gesundheits- und Sozialwirtschaft der Evangelischen Hochschule in Darmstadt. Der examinierte Krankenpfleger, Diplompflegewirt (FH) und M.Sc. in Public Health, promovierte zwischen 2012 und 2016 am Institut für Medizinische Psychologie der Ludwig-Maximilians-Universität München zum Doktor der Humanbiologie.

Daniel Iseli, Dipl. Sozialarbeiter und Supervisor, Schweiz. Nachdiplom Unternehmensentwicklung; mehrjährige Praxis in Sozialarbeit und Führung; Professor an der Berner Fachhochschule, Soziale Arbeit von 1992 bis 2019. Seine Themenschwerpunkte sind Management und Organisationsentwicklung; Soziale Dienste, Sozialhilfe und Schulsozialarbeit.

Julia Kitzberger, B.A., ist in der Sozialwirtschaft tätig und studiert derzeit im Masterstudiengang „Gesundheits-, Sozial- und Public Management" berufsbegleitend an der FH Oberösterreich – Fakultät für Medizintechnik und Angewandte Sozialwissenschaften am Campus in Linz. Im Zuge der Bachelorarbeit entwickelte sie ein zukunftsfähiges Zielbild für den Verein zur Förderung von Arbeit und Beschäftigung FAB im Bereich arbeitsmarktpolitischer Maßnahmen. Ihre besondere Leidenschaft gilt der Forschung und ebenfalls der Entwicklung innovativer Ansätze im Sozialbereich, wobei sie ihr Wissen erweitern bzw. neue Methoden und Modelle erlernen kann.

Angelika Krallinger hat im Jahr 2014 den Bachelor-Studiengang Sozialmanagement an der FH Linz abgeschlossen. Seit 2014 ist sie Hausleitung im Seniorenwohnhaus Schloss Hall und Qualitätsmanagerin in der Caritas für Betreuung und Pflege.

Michaela Kührer ist Assistentin der Provinzökonomie der Barmherzige Schwestern vom heiligen Kreuz Europa Mitte. Sie hat einen Bachelor in Sozialmanagement und steht vor dem Abschluss des Masterstudiengangs Gesundheitsmanagement an der der FH Oberösterreich, Fakultät für Medizintechnik und Angewandte Sozialwissenschaften.

Prof. Anne Parpan-Blaser ist Professorin am Institut Integration und Partizipation der Hochschule für Soziale Arbeit FHNW in Olten/CH und Lehrbeauftragte an der Akademie für Sozialmanagement ASOM in Wien. Neben diversen Forschungs- und Entwicklungsvorhaben zum Thema Soziale Innovation widmet sie sich in Lehre, Forschung und Dienstleistung den Themen Partizipation, Leichte Sprache und kooperative Prozessgestaltung. Anne Parpan-Blaser ist diplomierte Sozialarbeiterin und hat 2011 zu Innovation in der Sozialen Arbeit promoviert.

Prof. Dr. Thomas Prinz lehrt an der Fachhochschule Linz, Department Gesundheits-, Sozial- und Public Management, Betriebswirtschaftslehre mit Schwerpunkt Controlling und Finanzierung sowie Risikomanagement, Performance Measurement und Social Business Planning. Als Unternehmensberater begleitet er soziale Organisationen beim Aufbau des Wirkungscontrollings und sozialökonomischen Wirkungsanalysen. Seine Forschungsschwerpunkte bewegen sich in den Bereichen Wirkungsmessung sozialer Dienstleistungen, wirkungsorientierte Prozesskostenrechnung, sozialökonomische Wirkungsevaluation und NPO-Controlling. Zudem ist Prof. Prinz wissenschaftlicher Leiter des Masterlehrgangs Management Sozialer Innovationen in Wien und Leiter des Zertifikatlehrgangs NPO-Controlling in Linz.

Dr. Klaus Schellberg (Diplom-Kaufmann) lehrt Betriebswirtschaftslehre von Sozialunternehmen an der Evangelischen Fachhochschule Nürnberg, Gesellschafter der xit GmbH forschung · planung · beratung.

Prof. Dr. Michael Vilain ist Vizepräsident für Forschung und Internationales an der Evangelischen Hochschule in Darmstadt und Professor für Allgemeine Betriebswirtschaftslehre. Zudem ist der studierte Betriebswirt und Politikwissenschaftler geschäftsführender Direktor des Instituts für Zukunftsfragen der Gesundheits- und Sozialwirtschaft der EHD sowie wissenschaftliche Leitung in Nonprofit-Management Weiterbildungsstudiengängen der Universitäten Heidelberg und Münster.

Matthias von Bergen ist Dozent und Projektleiter im Departement Soziale Arbeit der Berner Fachhochschule BFH. Er ist Historiker und Volkswirtschaftler mit langjähriger Expertise in den Bereichen Sozialpolitik, Public und Nonprofit Management sowie Strategie- und Organisationsentwicklung in sozialen Organisationen.